温州市域铁路机电设备
接口调试实践

温州市铁路与轨道交通投资集团有限公司运营分公司　编

西南交通大学出版社
·成　都·

图书在版编目（CIP）数据

温州市域铁路机电设备接口调试实践 / 温州市铁路
与轨道交通投资集团有限公司运营分公司编. —成都：
西南交通大学出版社，2020.12
　ISBN 978-7-5643-7829-5

Ⅰ. ①温… Ⅱ. ①温… Ⅲ. ①铁路工程 – 机电设备 –
接口 – 调整试验 – 温州　Ⅳ. ①U22

中国版本图书馆 CIP 数据核字（2020）第 223113 号

Wenzhou Shiyu Tielu Jidian Shebei Jiekou Tiaoshi Shijian
温州市域铁路机电设备接口调试实践

温州市铁路与轨道交通投资集团有限公司运营分公司　　编

责任编辑	何明飞
封面设计	吴　兵

出版发行	西南交通大学出版社
	（四川省成都市金牛区二环路北一段 111 号
	西南交通大学创新大厦 21 楼）
邮政编码	610031
发行部电话	028-87600564　028-87600533
网址	http://www.xnjdcbs.com
印刷	四川煤田地质制图印刷厂

成品尺寸	185 mm × 260 mm
印张	19.25
字数	339 千
版次	2020 年 12 月第 1 版
印次	2020 年 12 月第 1 次
定价	56.00 元
书号	ISBN 978-7-5643-7829-5

编委会 >>>>

本书编写人员 >>>>

主　编	吴　越			
副主编	王　威	杨　广	李　红	徐　军
参编人员	林　肯	张　健	孔国权	张冠男
	张　威	韩　星	叶　飞	叶亮亮
	厉万力	徐平平	陈继渊	张　腾
	周一民	潘圣凯	张喜元	郑儆醒
	周增惠	邹海双	邵鸣和	林周瑜
	李洪非	张晓芳	姜天琦	诸葛启寅
	金　健	张九高		

序 言 >>>>

　　温州市铁路与轨道交通投资集团有限公司（以下简称"温州铁投集团"）是温州市唯一承担城市轨道交通项目前期规划、工程建设、投融资、运营管理及沿线资源开发等"五位一体"建设的市级国资企业。温州市铁路与轨道交通投资集团有限公司运营分公司（以下简称"运营分公司"）成立于2014年3月21日，为温州铁投集团全资控股子公司，主要承担温州轨道交通的建设、运营、管理等职责。自成立以来，温州铁投集团紧紧围绕市委市政府总体部署，坚持"轨道交通+新型城镇化+智慧化"发展理念，秉承"用心温暖每一程"的服务理念，努力践行"幸福轨道，链接温州新未来"的企业使命，着力把温州轨道交通真正打造成温州的"民生线、幸福线、安全线、风景线、致富线"。

　　温州地处我国东南沿海，山水分隔、土地稀少、海相冲积，素有"七山二水一分田"之称，加之民营经济发达、人口密集、城镇化程度高，块状经济、城镇组团特征明显。为构建紧凑集约、资源要素配置合理的城市格局，打造温州1小时"交通圈""经济圈"，温州铁投集团发扬"敢为人先、特别能创业创新"的新时代温州人精神，围绕打造"全国性综合交通枢纽"的目标，结合《温州市城市总体规划（2003—2020年）》，制定了"国家干线铁路+城际铁路+市域铁路S线+城区地铁M线"四层功能互补、融合发展的轨道交通发展体系。

　　温州轨道交通S1线作为全国首条制式模式创新的轨道交通线路，被国家发改委列为"国家战略新兴产业示范工程"，拥有"市域动车组项目""点式ATC信号系统""基于TD-LTE的通信技术""同相供电系统"四项创新关键技术，并凭借上述技术在轨道交通业内获得了多项科技进步奖项。另外，温州轨道交通 S1 线还被授予"城市轨道交通技术创新推广项目（工程类）"荣誉称号，在全国轨道交通建设中予以推广。该线于 2019 年 9 月 28 日全线开通运营，标志着温州正式迈入城市轨道交通时代。

近年来，随着我国综合实力与科技水平的提升，城市轨道交通建设和运营得到快速发展，但"日益增长的运营专业技术人才需求与现有市场人才供应不足之间的矛盾"已成为轨道交通行业和企业发展的主要矛盾。在这样的大环境下，企业的人才自主孵化和自主培养显得尤为重要，开发贴合温州轨道交通运营人才培养需求的教材迫在眉睫。运营分公司于 2019 年开始着手编写培训教材，结合规章及实际运营的优秀经验，历时一年开发出了一套符合专业技能人才培训的系列教材。本套教材涵盖了客运、乘务、调度和市域铁路机电设备接口调试实践等多个模块内容，可应用于全国市域轨道交通"订单班""定向班"、员工上岗取证等人才培养项目，希望能对轨道交通行业，尤其是市域线的人才培养有所帮助。

最后祝愿各行业同仁能学有所获、学有所用、学有所长，立足岗位，创出佳绩。

温州市铁路与轨道交通投资集团有限公司 董事长

前　言　>>>>

　　市域铁路是一种服务于城市与郊区、中心城市与卫星城的快速、大运量、公交化的城市轨道交通系统。市域铁路建设对于拉开城市框架，促进老城区人口转移，缓解老城区发展空间不足，促进中心区和外围组团均衡、合理、一体化发展，最终形成城市空间的合理布局具有非常重要的作用。

　　市域铁路机电系统庞大且复杂，各系统间的通信、电气接口众多，在有限的调试时间内还会面临各种各样的问题。如何合理地制订调试方案及组织接口调试显得尤为重要。

　　本书基于温州市域铁路 S1 线一期工程各机电系统接口调试实践编制而成。第一章温州市域铁路概况简述了温州市域铁路总体规划及 S1 线工程建设概况，总结了车辆、信号、通信、供电及车站设备五大机电系统的技术特点。第二章机电设备接口调试组织介绍了接口调试的目的、组织架构、职责分工，强调了专业调试组、参建单位在接口调试中的作用和职责分工。第三章机电设备接口调试前置条件明确了各机电系统在接口调试前应具备的条件，包括设备安装完成条件、单机/单系统调试完成条件等。第四章机电设备接口调试方案阐述了各系统和与其存在接口关系的系统间的接口调试方案，每项调试方案均制订了标准化的测试步骤和测试表格。第五章机电设备调试问题案例，列举了温州市域铁路 S1 线调试过程中，实际发生的一些问题案例并进行了解析。第六章机电设备调试管理建议是编者基于实践经验对调试过程中存在的管理问题提出了建议。本书全面阐述了接口调试各阶段的实践成果，对市域铁路接口调试系统性探索具有实际指导意义，可为其他城市的轨道交通项目接口调试提供参考。

本书在编写过程中得到了上海申通轨道交通研究咨询有限公司的大力支持，在此表示衷心的感谢！

由于编者的知识水平和时间所限，书中疏漏和不妥之处在所难免，敬请各位专业、同行及广大读者批评指正。

编　者
2020 年 9 月

目 录 >>>>

第一章

温州市域铁路概况

第一节　温州市域铁路总体规划

　　温州市现辖鹿城、龙湾、瓯海和洞头 4 个市辖区，瑞安、乐清、龙港（省辖）三个县级市，以及永嘉、平阳、苍南、文成、泰顺五个县，总面积 22 784 km²，其中陆域面积 12 065 km²。在自然地理条件方面，温州有瓯江、飞云江、鳌江三大水系和众多山体，山水阻隔、土地稀少，水文地质上属于典型的深厚软土地区，市区轨道交通建设条件差、难度大。温州是典型的地少人多城市，其人口分布呈现组团式的特点，2017 年末温州市常住人口为 921.5 万人，城镇化率达 69.7%，主城区面积狭小、道路拥挤、老旧房屋密集。温州市产业呈现块状式、组团式分布，主要包括市区的服装和鞋革、乐清的电子电器、瑞安的汽摩配、永嘉的泵阀、苍南的包装印刷、平阳的塑编等，城镇之间、城镇与市区之间交流联系密切。

　　温州市城市总体规划于 2017 年重新修订，其总体布局为"一主两副三级多点"，强化各级中心城市集聚整合的网络型市域城镇体系空间结构。市域铁路作为中心城区连接周边城镇组团及其城镇组团之间的通勤化、快速度、大运量的城市轨道交通系统，是最契合温州当前城市发展的轨道交通方式。

　　温州市城市轨道交通线网规划采用"市域铁路+大运量轨道交通"双层次的概念线网，如图 1.1 所示。在大都市区域构建多层次的轴线式市域铁路网（S1、S2、S3 线），北至乐清虹桥组团、南至苍南灵溪组团，串联都市区范围内各主要城镇，充分体现"城市交通区域化""区域交通城市化"的特点，并为瓯洞、瓯飞等城市未来进一步发展保留交通供给的条件。在主城+龙湾+瑞安 3 个主要核心城区构建大运量轨道交通网（M1、M2、M3 线），形成环大罗山发展的新中心城区，串联各核心区，并延伸至中心城市范围内主要城市功能片区。与国内大部分城市轨道交通先市区后市域的建设模式不同，为了拉大城市框架，温州通过先修建外围市域线来串联沿线城镇群。

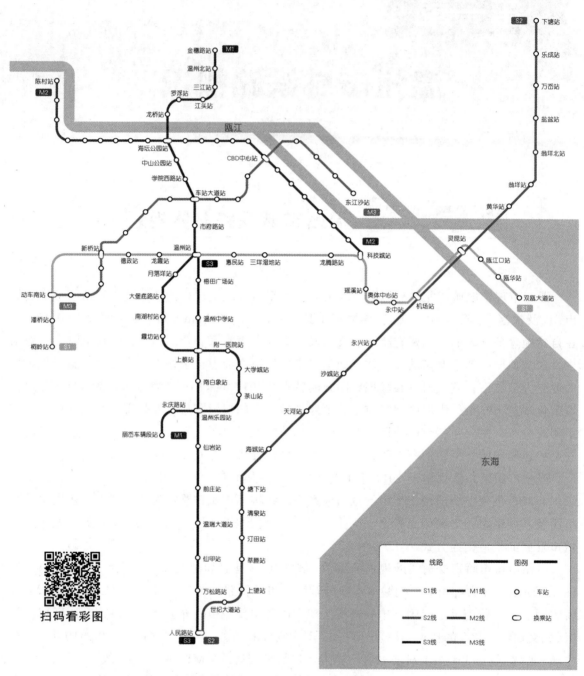

图 1-1 温州市城市轨道交通近期建设规划线路图（2020—2026 年）

扫码看彩图

第二节 温州市域铁路 S1 线工程建设概况

温州市域铁路 S1 线一期工程（以下简称 S1 线一期工程）全长 53.507 km，其中地面线 3.029 km、高架线 39.112 km、地下线 10.043 km、隧道 1.323 km，全线设桐岭、潘桥、动车南、新桥、德政、龙霞路、惠民路、三垟湿地、龙腾路、科技城、瑶溪、奥体中心、永中、机场、灵昆、瓯江口、瓯华、双瓯大道共 18 座车站，近期工程平均站间距 3.7 km，远期平均站间距 2.7 km，设牵引变电所 2 座，分区所 2 座，箱式变电站 2 座，区间隧道洞口变电所 2 座，设工作井 3 座，车辆段 1 处，控制中心 1 座。

S1 线一期工程结合市域铁路自身特点，对车辆、信号、通信和供电多项技术装备进行了创新和应用。成功研制出融合了地铁车与动车组各自优点的新型市域动车组；信号系统采用满足 120 km/h 速度目标值要求的点式 ATC 系统，且远期能升级至 CBTC 系统；首次将同相供电技术引入铁路供电设计；车地无线通信采用基于 TD-LTE 的通信技术；综合监控系统采用云计算架构；AFC 系统采用基于云平台的四层架构。

S1 线一期工程于 2015 年全面铺开工程建设；2018 年 5 月，桐岭至奥体中心段（以下简称西段）轨通；2018 年 7 月，西段接触网电通；2019 年 1 月 23 日，西段进入载客试运营阶段；2019 年 6 月，奥体中心至双瓯大道段（以下简称东段）轨通及接触网电通；2019 年 9 月 28 日，东段及全线进入载客初期运营阶段。

S1 线一期工程除执行《市域快速轨道交通设计规范》（T/CCES 2）、《市域铁路设计规范》（T/CRSC 0101）等市域轨道交通标准、规范外，还参照了《地铁设计规范》（GB 50157—2013）、《城市轨道交通技术规范》（GB 50490—2016）、《城市轨道交通试运营基本条件》（GB/T 30013—2013）等城市轨道交通标准、规范。

第三节 温州市域铁路 S1 线主要机电系统概述

一、车辆系统

1. 市域动车组

温州市域动车组是依托高速动车组研发体系，基于 CRH6 型动车组平台，针对温州市域铁路研制的国内首款新型轨道交通车辆——市域 D 型动车组，它具有持续运行速度高、平均旅行速度快、载客量大、舒适便捷、节能环保、安全可靠等优点。车辆的核心技术和关键技术如牵引系统、网络系统、辅助供电系统、制动系统，以及转向架轮轴、空气弹簧、抗侧滚扭杆等完全自主研发、国产化设计制造，整车国产化率超过 85%，有效推动了轨道交通装备业的自主化健康发展，具有良好的科技驱动创新示范效应[3]。

动车组主要有以下特点：

（1）速度快、旅行时间短。最高运行速度 140 km/h、正线运行速度 120 km/h，在全线（平均站间距仅为 3.15 km）平均旅行速度超过 55 km/h，既可满足站站停、密集停站的需要，又可快速输送乘客，近期全线旅行时间不超过 50 分钟。

（2）载客量大、满足潮汐式客流运输。编组形式：初期 4 辆编组+Tc-Mp-Mp-Tc+，近、远期 6 辆编组+Tc-Mp-M -T-Mp-Tc+。4 辆编组定员载客量 AW2（座席载客量 AW1+5 人/m²）超过 900 人，超员载客量（座席载客量 AW1+8 人/m²）达到 1 350 人以上。

（3）快速乘降、站停时间短。快速乘降、站停时间短与地铁运营指标一致，单车每侧设计 4 对客室侧门、等间距设计。每对门为 1.3 m 开度气密性双向塞拉门，能在 3 s 内完成开门或关门动作，满足站停时间要求：中间站不少于 25 s、换乘站不多于 35 s、终点站不少于 25 s。

（4）车体。采用大型中空铝型材通长焊接结构，整体承载，执行 EN12663 强度标准；具有气密性、等强度、等刚度和轻量化等特性；采用鼓形断面、3 300 mm 宽车体，外形流畅，车头具有一定的流线造型。

（5）转向架。采用 H 形焊接构架，无摇枕空簧二系悬挂，轮对轴箱转臂定位，牵引电机架悬，动车轮盘制动，拖车轴盘制动，设置抗侧滚扭杆等；具有大轴重（17 t）、轻量化的特点，结构紧凑简洁、便于维护，轮轨作用力低、磨耗小、噪声小、临界速度高，运行安全、平稳、可靠、舒适。

（6）牵引系统。动力分散型交流传动系统，供电制式 AC 25 kV/50 Hz(变化范围 AC 17.5 ~ 31 kV)，主要由牵引变压器、牵引变流器、牵引电机、齿轮传动等组成。变流器采用架控，系统可靠性高；加速性能优良（0 ~ 40 km/h 起动加速度不小于 0.8 m/s²，0 ~ 140 km/h 平均加速度不小于 0.4 m/s²），满足快速起动要求；电制动功率大于牵引功率，再生制动能力强，且 100%反馈电网，降低机械磨耗；故障运行、救援能力强。

（7）辅助系统。采用主辅一体化设计，既满足过分相时交流辅助设备不断电的运用要求，减少电器件通断次数、提高电气系统寿命，又可实现牵引变流设备的轻量化。辅助系统自动并网供电，系统可靠、冗余性好。

（8）制动系统。采用微机控制直通式电空复合制动系统，电制动优先，具有载荷补偿功能；主要由制动控制系统、风源系统、基础制动装置等组成，具有常用、快速、紧急、保持和停放制动，以及防滑保护等功能；电制动与空气制动相互转换平滑，无冲动；制动能力强，常用制动平均减速度（140 km/h ~ 0）不小于 1.0 m/s²、紧急制动平均减速度（140 km/h ~ 0）不小于 1.2 m/s²、满足高速快速停车的需要。

（9）微机控制单元。采用架控方式，具有响应快、一致性好，控制冗余性强、可靠性高。

（10）网络系统。采用总线型 TCN 网络，符合 IEC61375《列车通信网络》。由 MVB 车辆总线、以太网、RS485 总线以及 I/O 设备等组成。系统具有冗余度高、安全可靠、先进成熟等特点。

（11）空调系统。空调系统具有噪声小、制冷量大、气密性好、R407C 环保制冷剂、气流组织均匀等特点；设有被动式压力保护装置，车辆以 140 km/h 运行时，无论是穿越隧道、还是高速会车，乘客都不会耳鸣不适。

（12）旅客信息系统。车载通信和乘客信息系统保证了行车安全和提高乘车服务质量，主要包括车载广播系统、乘客信息显示系统、车载多媒体信息播放系统、车载视频监视系统、车载专用无线通信设备。

（13）客室噪声小、舒适度高。客室中部连续噪声目标控制值不高于 75 dB，这与目前地铁车辆在地上线路 60 km/h 运行、客室连续噪声不高于 75 dB 的要求一致。

（14）环境适应性稳定性好、抗大风能力强。9 级大风时仍能安全可靠运行；11 级时，空载列车可在线路上安全停留，并不超过设备限界；当风速为 12 级时空载列车不侧翻；采用可靠的防雷击设计，可有效地避免遭受雷击；从材料选择、密封方式和工艺措施等方面，保证车辆适应盐雾环境。

（15）优异的节能环保优势。车体及设备均采用轻量化设计，电制动产生的电能全部反馈电网再用，加之 LED 冷光源灯具的全面应用更加节能。

（16）车内宽敞明亮、简约清新。车辆色彩设计体现温州沿海城市和绿色环保理念及独特温州文化；车内设施、布局人性化，高大宽敞的客室空间（客室高度超过 2 150 mm、车辆宽度 3 300 mm），宽阔视野的客室侧窗，一体化的贯通道，全方位的旅客信息系统，纵横结合的座椅，大制冷量的空调系统，加之简洁明亮的色彩搭配，给人以简洁、明快、舒适的清新之感。

（17）车辆可靠性、安全性。可靠性（故障次数）3 min 或以上的延误不大于 1.5 次/百万车千米；不适合继续服务/未能出车不大于 4.5 次/百万车千米。安全性，整车进行故障导向安全设计，国内首创整车及关键系统部件通过第三方独立安全评估。

2. 工程车辆

温州市域铁路桐岭车辆段共有工程车辆 10 辆，分别承担车辆、供电、工务检修作业任务。工程车辆均采用 13 号车钩，其中重型轨道车、接触网作业车、钢轨打磨车自带动力，动力均由柴油机提供。综合检测车具备接触网、轨道、限界的综合检测能力。钢轨打磨车一列共两节，每节 8 个打磨单元，负责全线的钢轨打磨作业。

3. 车辆段工艺设备

温州市域铁路桐岭车辆段工艺设备主要承担市域动车组、工程车辆的检修保养任务，较大型的工艺设备有不落轮镟床、列车外皮清洗机、轨道桥、作业平台、安全联锁系统、转向架更换设备等。

二、信号系统

S1 线一期工程信号系统采用增强式点式 ATC 系统，技术原理如图 1.2 所示。系统是基于 ETCS-1 架构，支持区域无线通信加强防护以及 ATO 功能的 ATC 系统，在站台及其运行接近区域、自动折返区域、转换轨及存车线覆盖无线车地通信网络，系统架构支持远期升级 CBTC 移动闭塞系统。信号系统主要由列车自动监控（ATS）子系统、列车自动防护（ATP）子系统、列车自动驾驶（ATO）子系统、计算机联锁（CBI）子系统，以及数据传输（DCS）子系统组成。

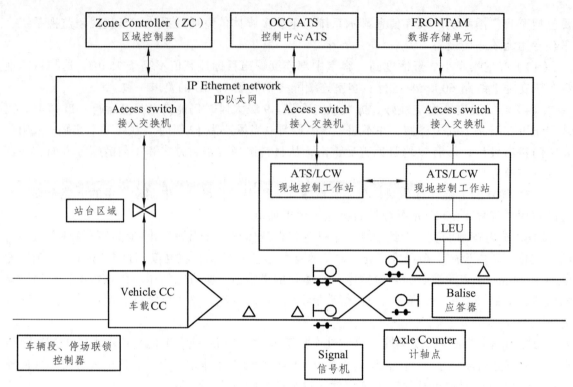

图 1.2　点式 ATC 系统原理

　　ATC 系统提供三种列车控制等级，即带通信的点式 ATC 控制级、无通信的点式 ATC 控制级和联锁控制级。每一个等级基于各个列车控制子系统的运行状态提供相应的操作和性能。系统正常运行模式为带通信的点式 ATC 控制级，无通信的点式 ATC 控制级和联锁为系统降级的运行模式。正常运行模式与降级运行模式之间可实现安全、可靠的转换。

　　点式 ATC 系统有如下特点。

　　（1）基于 ETCS-1 标准，建立了互联互通的平台。欧洲列车控制系统 ETCS 标准可以保证高速列车在欧洲铁路网内互通运行，我国国铁的 CTCS 标准也是在 ETCS 的基础上演变而来的。市域铁路点式 ATC 系统基于 ETCS-1 标准，能够实现轨旁设备的完全国产化，并将设备的通信接口协议统一标准化，无论列车进入线网中的哪条线路，都能与轨旁设备进行无障碍通信，保障了运行的安全性，因此在信号层面上建立了互联互通的平台。

　　（2）自动化程度高，能够满足 120~140 km/h 最高速度值要求。温州市域铁路的速度目标值为 120~140 km/h，点式 ATC 信号系统方案在保障安全的前提下，能够满足列车高速运行的需求，并拥有区间自动驾驶、自动折返、精确停车和车门/站台门联动等自动化功能，系统的自动化程度高。

　　（3）系统架构简单，功能完善，后期维护量小。市域铁路点式 ATC 信号系统是根据温州市域铁路线网运营需求量身定制的，一方面在保障运营安全和效率的前提下，在不降低正常运营时自动化程度的基础上，简化了系统架构，轨旁设备也得到精简，备品备件数量也可相应减少；另一方面，系统结构越简单其故障率越低，可减少运营期间因设备故障造成的负面社会效应，也可大大减小维护人员的工作量。

三、通信系统

S1 线一期工程通信系统包括专用通信系统、公安通信系统和民用通信系统。专用通信系统主要包括电源、传输、专用无线、专用电话、公务电话、闭路电视监视、乘客信息、时钟、广播、信息网络、集中告警、数字广告系统、大屏幕显示以及安防等子系统。公安通信系统主要包括电源、传输、公安无线、公安视频监视、视频会议、安检、计算机网络及有线电话等子系统。民用通信系统主要包括电源、移动通信引入和传输等子系统。通信系统主要是传输温州市域铁路运营、维护、管理相关的语音、数据、图像等信息,保证乘客安全、列车高效快速运行的智能自动化综合业务数字通信网。各系统特点如下:

(1)传输系统作为温州市域铁路专用通信系统的基础网络,是通信系统的重要子系统和保证市域铁路运行所必须信息的传输媒介。

(2)无线通信系统为控制中心调度员、车站值班员等固定用户与列车司机、防灾、维修、公安等移动用户之间提供通信手段,必须满足行车指挥与紧急抢险的需求。

(3)公务电话系统为市域铁路运营、管理、维修等部门的工作人员提供语音、数据和图像等服务,可实现与温州市公用电话联网。

(4)专用电话系统是调度员和车站、车辆段值班员指挥列车运行和下达调度命令的重要通信工具,是为列车运营、电力供应、日常维修、防灾救护、维修管理提供指挥手段的专用通信系统。

(5)时钟系统主要为运营工作人员及乘客提供统一的标准时间信息。

(6)广播系统主要是对乘客和工作人员进行广播,通知列车到站、离站的相关信息以及发布有关通知信息。

(7)闭路电视监视系统是保证市域铁路行车组织和安全的重要手段,主要用于监视车站、列车的运行和客流情况。同时,它还作为防灾调度员指挥抢险的指挥工具。

(8)乘客信息系统是在各车站的站台、站厅和列车车厢内设置乘客服务信息系统显示屏,让乘客通过显示屏及时了解列车的运行状态及注意事项,方便乘客候车和上下车。

(9)信息网络系统主要围绕温州市域铁路工程建设、运营、维护管理,可经营资源的开发利用等方面,为其提供信息传输及交换的网络平台。

(10)电源系统采用 UPS 不间断电源和高频开关电源供电,温州市域铁路通信系统所有电源设备通过传输系统的以太网传输信道集中到控制中心进行维护管理。

(11)大屏幕显示系统是温州市域铁路在控制中心和车辆段/停车场建设以 DLP 大屏幕为主体的显示系统,是为温州市域铁路提供了一个统一的网络集中监控平台、信息资源共享平台、分析决策平台和指挥调度平台。

(12)集中告警系统是将通信系统中各子系统的有关故障告警信息集中在集中告警系统网管工作站上进行显示,实现不同等级故障的分级显示,并具有声音告警显示、记录和打印功能。

(13)数字广告系统(DAS)是在车站通过数字广告屏为乘客提供视频、图像、动画、动态文字等咨询及其他广告和多媒体娱乐信息。

(14)车辆段、停车场安防系统包括视频监视系统和周界入侵告警系统两部分。周界入侵报警系统采用光纤光栅振动光缆设防在周界围墙,同时将光纤光栅振动光缆周界入侵报警系统与视频监视系统联动，一旦入侵信号发生，则产生报警，并联动视频系统切换到预置位进行远程确认。

（15）公安传输系统是为温州市域铁路远程控制管理用房机房、1个治安管理用房及沿线18个车站的公安/消防无线通信系统引入、公安数据网络及公安电话、公安视频会议、UPS电源网管等提供一个信息传输及交换平台。确保远程控制管理用房、治安管理用房、警务室间的语音、数据信息能够高质量、安全、可靠地传输。

公安无线通信系统采用350 MHz PDT数字集群设备组网，同时该系统中划分VPN来满足消防部门的通信需求。

温州市域铁路公安通信系统增设一套TD-LTE无线通信系统。该无线通信系统可以提供语音服务，也能提供高速可靠的数据业务，以满足温州市公安的需求。

电源系统保证对公安通信系统设备（包含公安传输系统、公安视频监视系统、公安/消防无线通信系统、公安数据网络系统及公安电话系统、公安视频会议系统等设备）提供不间断、无瞬变的供电。

视频会议系统应能与浙江省公安厅、温州市公安局高清会议系统数字级联，实现厅、市、分局公安视频数字级联会议召开。

安检系统主要完成对进站旅客随身携带物品及行李的安全检查，防止危险、违禁物品进站、上车，确保站、车安全。

公安数据网络（公安内部简称公安网）是为了便于公安民警收集、掌握有关信息，提高整体作战水平和快速反应能力而建立的计算机网络。公安数据网络是公安人员开展信息查询比对、办公自动化、网上追逃等公安业务不可缺少的工具。公安网工作站可登录全国公安快速查询综合信息系统和温州市公安综合信息系统。

公安电话系统为市轨道交通分局、派出所、警务室等部门的工作人员提供语音、数据等服务，可实现与温州市公用电话联网。

四、供电系统

1. 变配电系统

S1线一期工程共设温州站和灵昆站2座牵引变电所。牵引变电所将110 kV交流电降压为27.5 kV通过上网馈线向全线接触网供电。电力变电所将110 kV交流电降压为20 kV交流电后，通过环网电缆向全线综合变电所供电。瑶溪站附近设分区所1座，分区所采用两断路器方案，同一供电分区上、下行线路进线之间通过断路器实现并联供电，提高供电臂末端接触网上的电压水平，均衡上下行供电臂电流，降低电能损失。不同供电分区上下行分别设置电动隔离开关以实现越区供电。全线设网开关控制系统测控全线接触网隔离开关。灵昆车辆段内设开闭所1座，开闭所采用单母线分段接线，馈线断路器采用互为备用运行方式。实现分束、分段供电，提高供电的可靠性，缩小停电范围，减少事故对市域铁路运行的影响。桐岭车辆段内设分区所兼开闭所1座。分区所兼开闭所中分区所采用断路器方案，同一供电分区上、下行线路进线之间通过断路器实现并联供电。开闭所部分采用单母线分段接线，馈线断路器采用互为备用运行。

S1 线一期工程供电系统包括全线 20 kV 高压环网电力电缆、20/0.4 kV 综合变电所（含箱变）、桐岭车辆段 10 kV 变配电所、SCADA 电力远动系统。20 kV 电力贯通线采用双环网供电方式，全线新建两条 20 kV 电力贯通线，通过沿线区间、工作井、和车站的 20/0.4 kV 综合变电所（含箱变）对低压设备进行供电，并在奥体中心站 B 端 20/0.4 kV 综合变电所内设环网分断开关。桐岭车辆段 10 kV 配电所由地方接引两路相互独立的 10 kV 电源供电，通过 10/0.4 kV 变电所对车辆段内的低压设备进行供电。灵昆车辆段 20/0.4 kV 变电所由灵昆修造基地接引 20 kV 电源，对车辆段内的低压设备进行供电。在控制中心内设置调度中心，利用通信专业提供的通信通道，将沿线重要的供电设备纳入电力远动系统。控制中心大楼 10 kV 配电所由地方接引两路相互独立的 10 kV 专用电源供电，通过 10/0.4 kV 变电所对控制中心大楼内的低压设备进行供电，由地方供电局运维管理。

2. 接触网系统

S1 线一期工程采用架空接触网系统，由接触网悬挂系统和附加导线悬挂系统两大部分构成。隧道外及山岭隧道内采用柔性悬挂系统，地下线隧道采用刚性悬挂系统。柔性接触网系统由基础、支持装置（包括支柱、吊柱、硬横跨、软横跨、腕臂）、定位装置、接触线、承力索、补偿装置、吊弦及电连接等部分构成。刚性接触网系统由基础、吊柱、汇流排、接触线、膨胀接头及刚柔过渡段构成。附加导线悬挂系统由回流线、架空地线、避雷线、供电线或供电线电缆构成。

五、车站设备系统

1. 综合监控系统

温州市域铁路采用基于云平台架构的综合监控系统。S1 线一期工程综合监控系统集成了 FAS、BAS、PSD 等子系统，同时与 ACS、SCADA、PA、CCTV、PIS、AFC、SIG、CLK 等互联。综合监控系统由中央级服务器、车站服务器、工作站、打印机、交换机、FEP、线缆、IBP 盘、平台软件、数据库等软硬件组成。综合监控系统在换乘站和控制中心应预留与其他线路系统、控制中心大楼或更高一级系统的接口。

环境与设备监控系统（BAS 系统）主要负责对温州市域铁路建筑物内的环境与空气调节、通风、给排水、照明、乘客导向、自动扶梯及电梯、屏蔽门/安全门、人防门等建筑设备和系统进行集中监视、控制和管理的系统。BAS 系统由数据服务器、监控工作站、工业监控软件、PLC、现场总线、传感器/执行器等软硬件设备组成。

火灾自动报警系统（FAS 系统）一般由控制盘、消防电话系统、消防联动盘、网络通信设备、现场设备（包括感温探测器、感烟探测器、手动报警器、楼层显示器、控制模块、监视模块、隔离模块、感温电缆、警铃）、隧道感温光纤系统、防火门监控系统、电气火灾监控系统等构成。地下车站的环控电控室、弱电综合机房、弱电电源室、变电所等重要的电气设备用房设置了气体灭火系统（介质为 IG541）。长区间中间风井内需保护的电气设备用房采用了无管网柜式七氟丙烷气体灭火系统。

门禁系统（ACS系统）又称人员出入口安全管理控制系统，指集计算机、网络、自动识别、控制等技术和现代安全管理措施为一体的自动化安全管理控制系统。温州市域铁路车站、车辆段的主要设备和管理用房设置门禁系统。门禁系统的门禁卡与温州市域铁路员工票合用。

2. 自动售检票系统

自动售检票系统是一个计程、限时的封闭式自动收费系统。自动售检票系统主要由清分中心系统、车站计算机系统、车站现场设备、车票和其他辅助配套设备及相关接口等组成，是由计算机集中控制的自动售票、自动检票及进行票务管理、财务结算、客流统计分析的市域铁路票务自动化管理系统。系统全部使用非接触式IC卡作为车票媒体，系统所有设备均具备处理非接触式IC卡车票能力。

3. 通风空调系统

通风空调系统包含隧道通风系统（含中间风井）、车站公共区通风空调系统（大系统）、设备管理用房空调通风系统（小系统）、空调水系统（水系统）。

隧道通风系统分为区间隧道通风系统和车站隧道排风系统。

区间隧道通风系统由活塞风道、隧道风机、消声器、组合风阀等组成。车站的每端均设置一条活塞风道，活塞风口对应每条轨道出站端，并设置电动组合风阀，满足正常及事故工况模式要求。

车站隧道排风系统由排风道、排热风机、消声器、风阀等组成。针对列车的主要发热部位，在站台层设置列车顶部通风道和站台板下通风道。

地下车站大系统采用全空气双风机一次回风系统，由新风机、回排风机、空调器、风阀、风管、风口等组成。高架及地面车站公共区不设空调系统，采用自然通风。

车站设备和管理用房通风空调系统设置通风空调和防排烟系统，正常运行时为设备工作提供必需的运行环境和为运营管理人员提供舒适的工作环境，事故状态时迅速组织排除烟气。

车站公共区通风空调系统采用螺杆式冷水机组，同时配置冷冻水泵、冷却水泵、冷却塔等，除冷却塔外，其他设备设于冷水机房内。

4. 给排水系统

给排水系统包含区间及车站内的给排水及水消防系统，主要包括给水系统、排水系统及消防设施。

地下区间隧道设两根消防给水管，区间消防管在车站两端和车站消防环状管网相接，连接处设手、电两用蝶阀。

区间消火栓只设消火栓口，不设消火栓箱和水龙带，水龙带均设置在相邻车站端部及区间联络通道的区间专用消防器材箱内。

区间排水系统用于排出地下区间隧道的结构渗漏水、消防废水和不定期冲洗废水。

车站采用生产、生活与消火栓相对独立的给水系统。每个车站均设消防水池。

车站污水排水系统主要是将车站生活污水集中到污水泵房，再排入城市污水排水系统。

隧道排水系统先将结构渗漏水、冲洗水及消防废水，通过线路排水沟集中到线路坡度最低点的排水泵站，然后排入城市排水系统。

局部排水系统是将自动扶梯下基坑、折返线车辆检修坑等低洼处的积水以及敞口风亭的雨水、风机房内的生产废水，通过排水泵提升排入城市排水系统。

5. 低压配电与照明系统

低压配电与照明系统主要包括一、二、三级负荷配电。

一级负荷配电中，地下车站站台和站厅公共区照明由车站 20/0.4 kV 变电所的两段母线分别接引一回路低压电源交叉供电；车站两端的排热风机、隧道风机、区间射流风机、区间废水泵、冷水机组等大型用电设备，由车站内就近的 20/0.4 kV 变电所直配供电；在车站两端各设一间环控电控室，除大型用电设备外的其他通风、空调设备均由环控电控室供电。应急照明、疏散指示等一级负荷中特别重要的负荷，除两路低压电源外，还设置 EPS 应急电源装置。高架车站一级负荷配电除不设置环控电控室外，其余与地下车站基本相同。

车站二级负荷配电采用两路 20 kV 高压电源，由车站 20/0.4 kV 变电所（或环控电源室）其中一段一二级负荷母线提供一路低压电源至用电设备供电。

车站三级负荷配电一般采用单回路供电，正常时由 20/0.4 kV 车站变电所或环控电控室三级负荷母线引一回电源至设备配电箱或电源箱。当供电系统为非正常运行方式时，允许将其切除。

6. 电扶梯系统

电扶梯系统主要包括自动扶梯和垂直电梯。

自动扶梯选用重载荷公共交通型扶梯。按照使用地点的不同，自动扶梯分为室内型和室外型，室内型自动扶梯一般安装在站厅和站台之间，室外型自动扶梯一般安装在站厅和地面之间。自动扶梯可每天连续工作 20 小时，每周 7 d，常年连续运行，在任何 3 小时间隔内，其载荷达到 100% 的制动载荷（120 kg/梯级）的持续重载时间至少为 1 小时，其余时间按 60% 制动载荷运行。

垂直电梯按无机房电梯设计。站厅至站台间的垂直电梯设置在付费区。出入口至站厅电梯配置在非付费区。轿厢内设主、副控制面板、电梯层站门召唤有盲文，并有语音播报功能。轿厢壁有轮椅乘客专用的扶栏，轿厢和车站控制室之间有对讲机能实现直通电话功能。

7. 站台门系统

站台门系统是一项集建筑、机械、材料、电子和信息等学科于一体的高科技产品，安装于站台边缘，将站台和列车运行区域隔开，设有与列车门相对应的滑动门，通过控制系统控制其自动开启/关闭。站台门系统整体由机械结构和电气结构组成。

站台门的机械结构包括门体结构和门机系统。门体结构包括滑动门、固定门、应急门、端门、顶箱、固定侧盒、底部支撑结构及承重结构等。门机系统是站台门系统滑动门的操作机构，主要由电机、传动装置、导轨与滑块总成、锁紧及解锁装置、行程开关和位置检测装置等组成。

站台门的电气结构包括电源系统和控制系统。

第二章

机电设备接口调试组织

第一节　机电设备接口调试的概述及目的

接口调试是指各专业系统在完成单机单系统调试后与存在接口关系的专业系统间的接口调试与测试等活动，以保证各系统的功能、技术参数及接口特性满足设计和合同要求。

接口调试在设备安装工程中所处的阶段，如图 2.1 所示。在单机、单系统调试完成后，即进入接口调试阶段。

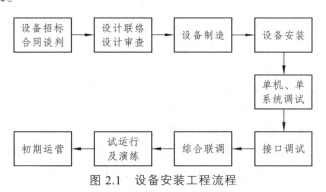

图 2.1　设备安装工程流程

为确保各专业系统接口调试工作的顺利开展及实施，接口调试工作开始前，需对单机、单系统调试成果文件进行审核，确保系统具备接口调试条件。

接口调试的目的。

（1）接口调试是对系统接口的一次重要验证，高质量的接口调试是验证各子系统设计完整性、安全性、可靠性、合理性的重要保证。系统接口种类繁多，而且极其复杂。整个轨道交通工程质量的优劣，运行的安全可靠，不仅取决于系统接口的前期阶段，更取决于后期的实施阶段。

（2）接口调试可以减少因接口问题而造成的项目风险，即接口风险。在系统接口调试计划实施过程中，确保各系统之间，各设备之间，系统与土建之间的各环节的接口都能准确无误地实施衔接，达到预期的设计功能。

（3）接口调试是各设备系统确定功能和规模的依据之一，它是保证系统的总体完整性和协调运作的一致性，充分发挥轨道交通工程功能、降低造价、提高效益的重要保证。

第二节 机电设备接口调试的参考依据

（1）《市域快速轨道交通设计规范》（T/CCES 2—2017）。

（2）《市域铁路设计规范》（T/CRSC 0101—2017）。

（3）《地铁设计规范》（GB 50157—2013）。

（4）《城市轨道交通技术规范》（GB 50490—2009）。

（5）《城市轨道交通试运营基本条件》（GB/T 30013—2013）。

（6）《城市轨道交通运营管理规范》（GB/T 30012—2013）。

（7）《城市轨道交通通信工程质量验收规范》（GB 50382—2016）。

（8）《自动扶梯和自动人行道的制造与安装安全规程》（GB 16899）。

（9）《电梯制造与安装安全规范》（GB 7588—2016）。

（10）《城市轨道交通信号系统通用技术条件》（GB/T 12758—2004）。

（11）《地下铁道工程施工质量验收标准》（GB/T 50299—2018）。

（12）《城市轨道交通信号工程施工质量验收标准》（GB/T 50578—2018）。

（13）《城市地铁工程项目建设标准》（JB 104—2008）。

（14）《铁路电力牵引供电设计规范》（TB 10009—2016）。

（15）《铁路电力牵引供电工程施工质量验收标准》（TB 10421—2003）。

（16）《城市区域环境振动标准》（GB 10070—88）。

（17）《城市轨道交通工程测量规范》（GB/T 50308—2017）。

（18）《城市轨道交通综合监控系统工程施工与质量验收规范》（GB/T 50732—2011）。

（19）《城市轨道交通综合监控系统工程技术标准》（GB/T 50636—2018）。

（20）《铁路信号设计规范》（TB 10007—2017）。

（21）《轨道交通 电磁兼容 第3-2部分：机车车辆 设备》（GB/T 24338.4—2018）。

（22）《轨道交通 电磁兼容 第 4 部分：信号和通信设备的发射与抗扰度》（GB/T 24338.5—2018）。

（23）《城市轨道交通自动售检票系统技术条件》（GB/T 20907—2007）。

（24）《城市轨道交通自动售检票系统工程质量验收标准》（GB 50381—2018）。

（25）《城市轨道交通自动售检票系统检测技术规程》（CJJ/T 162—2011）。

（26）《城市建设档案管理规定》（住房和城乡建设部第 90 号令）。

（27）《城市轨道交通运营管理规定》（中华人民共和国交通运输部令 2018 年第 8 号）文件。

（28）《初期运营前安全评估技术规范 第 1 部分 地铁和轻轨》（交办运〔2019〕17 号）。

S1 线一期工程接口调试由联合试运转办公室下设的联调组牵头负责,联调组下设车辆专业组、信号专业组、通信专业组、供电专业组、车站设备组、动车调试及轨行区管理组共 6 个小组负责具体开展各专业机电设备接口调试方案、计划的编制和执行,如图 2.2 所示。

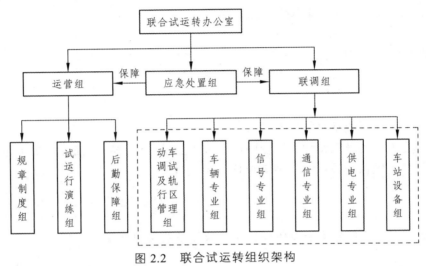

图 2.2 联合试运转组织架构

一、联调组

1. 成 员

组长:运营单位分管副总经理。

组员:运营单位、维保单位、综合联调咨询单位等相关单位或部门以及系统承包商、施工、设计、监理等负责人。

2. 职 责

(1)编制调试工作的一系列文件,报联合试运转办公室批准后负责贯彻执行。

(2)负责各专业组的正、副组长的任免和调整。

(3)审核、批准各专业调试计划、调试方案等文件。

(4)定期组织召开周、月例会,问题协调例会,做好协调工作,推进调试进度。

(5)对调试进行质量和安全的监控,负责相应的评估和考核。

(6)协调各专业间的调试工作,推进工作计划时间节点。

(7)对各专业组的工作进度、质量和安全进行监督、控制、评估,跟进问题的整改。

(8)按照规定传递和收集相关信息及资料,撰写相关的文书。

二、车辆专业组

1．成　员

组长：运营单位车辆专业负责人。

组员：运营单位车辆专业工程师，综合联调咨询单位车辆工程师，车辆承包商，维保、设计、监理等单位相关人员。

2．职　责

负责市域动车组与其他专业设备的接口调试。

三、信号专业组

1．成　员

组长：运营单位信号专业负责人。

组员：运营单位信号工程师，综合联调咨询单位信号工程师，信号系统承包商、信号系统设备安装单位、维保、设计、监理等单位相关人员。

2．职　责

负责正线、车辆段信号系统设备与其他专业设备的接口调试。

四、通信专业组

1．成　员

组长：运营单位通信专业负责人。

组员：运营单位通信专业工程师，综合联调咨询单位通信工程师，通信系统承包商、设备厂商、维保、设计、监理等单位相关人员。

2．职　责

负责通信各子系统设备与其他专业设备的接口调试。

五、供电专业组

1．成　员

组长：运营单位电力专业负责人。

组员：由运营单位电力专业工程师，综合联调咨询单位电力工程师，电力系统承包商、设备厂商、维保、设计、监理等单位相关人员。

2. 职 责

负责变电、电力、接触网等子系统设备与其他专业设备的接口调试。

六、车站设备组

1. 成 员

组长：运营单位机电专业负责人。

组员：运营单位 ISCS、BAS、FAS、AFC、PSD、电扶梯、风水电专业工程师，综合联调咨询单位相关专业工程师，风水电专业工程师，PSD、电扶梯等相关专业系统承包商、维保、设计、监理等单位相关人员。

2. 职 责

（1）负责 BAS、FAS 以及综合监控系统与其他专业设备接口的接口调试。

（2）负责 AFC 设备和清分中心设备与其他专业设备接口的接口调试。

（3）负责环控、给排水、气体灭火系统、低压配电、屏蔽门、电扶梯的等车站机电系统设备与其他专业设备的接口调试。

七、动车调试及轨行区管理组

1. 成 员

组长：运营单位调度专业负责人。

组员：运营单位调度专业工程师，综合联调咨询单位调度工程师，轨行区管理单位、供电、信号、通信等参建单位相关人员组成。

2. 职 责

（1）负责编制行车、施工和安全（安保）管理的系列文件，报联调组批准后实施。

（2）定期组织召开周、月例会，编制会议纪要。

（3）推进工作计划时间节点。

（4）组织行调、电调做好安全工作的监督、控制，跟进问题的整改。

（5）协调好各方工作的开展，必要时报告联调组协调解决。

（6）按照规定传递和收集信息及资料，撰写相关的文书。

（7）负责编制时刻表，监控行车设备的运行，做好故障记录，并组织处理，发布调度命令，及时调整列车运行。

（8）负责组织行车设备检修以及各种施工、工程车开行。

（9）按照施工、调试计划等要求，配合做好调试等各项工作。

S1 线一期工程接口调试工作主要由运营单位、维保单位、综合联调咨询单位及系统承包商、施工、设计、监理等单位组成，职责分工见表 2.1。

表 2.1　接口调试工作的职责分工表

阶段	单位						
	运营单位	维保单位	综合联调咨询单位	施工单位	系统承包商及厂家	设计单位	监理单位
单体调试报告收集	管理	参与	参与	提报	提报	技术支持	技术支持
接口调试前置条件检查	管理	参与	组织	检查	检查	技术支持	检查
专业间设备安装位置核对	管理	参与	参与	实施	实施	技术支持	检查
设备节点操作	管理	参与	组织	实施	参与	技术支持	技术支持
系统节点动作	管理	参与	组织	参与	实施	技术支持	技术支持
数据记录	管理	参与	组织	参与	记录	技术支持	技术支持
问题整改	整改督促	整改督促	整改确认	整改消缺	整改消缺	技术支持	整改督促
调试报告编制	管理	协助	牵头组织	实施	实施	技术支持	监督

一、运营单位

S1 线一期工程运营管理采用机电+运营一体化管理模式。运营单位作为机电建设、运营筹备及运营管理单位，牵头负责建立调试工作的组织机构，协调各系统承包商、施工、设计、监理等单位确定人员名单；协调各单位人员按计划参与调试各项工作；督促责任单位对调试过程中发现的问题按时整改；参与编制《单体调试方案》《接口调试方案》《调试计划》；对调试过程中发现的问题及其整改情况进行统计与复查。

二、维保单位

S1 线一期工程引入国内轨道交通设备维保标杆企业，并与多家国内轨道交通行业内优秀的维保公司共同组建合资公司，由合资公司承担 S1 线设备设施维保。维保单位在接口调试过程中的职责为协助建立 S1 线调试的组织机构，确定各级组织机构的人员名单；全程参与调试过程，对调试过程中发现的问题及其整改情况进行统计与复查。

三、系统承包商或施工单位

系统承包商或施工单位的职责为确定调试人员名单；根据专业组需求提供点位表、模式表等技术资料及单系统调试报告、接口调试报告等前提条件验证资料；按计划派员参与调试工作，一般在设备使用权接管前由系统承包商或施工单位对设备进行操作，使用权接管后由运营单位对设备进行操作，相关单位现场保驾；对调试过程中发现的问题按时整改；编制《单体调试方案》《接口调试方案》《调试计划》。

四、设计单位

设计单位的职责为确定调试人员名单；根据专业组需求提供技术规格书、点位表、模式表等技术资料以及初步设计、施工图设计等图纸资料；为调试工作提供技术支持。

五、监理单位

监理单位的职责为确定调试人员名单，督促所辖责任单位（总包商、施工单位、设备供货商等）人员按时到场，并对调试过程中发现的问题督促责任单位按规定时间落实整改。

六、综合联调咨询单位

综合联调咨询单位的职责为牵头编制《接口调试方案》《调试计划》；牵头前提条件的确认工作；协助建立组织机构；根据调试方案，协助业主组织各相关单位开展各项具体工作；对调试过程中发现的问题提供技术支持或建议方案。

 第五节　机电设备接口调试的管理

一、实施管理

接口调试实施流程如图 2.3 所示。

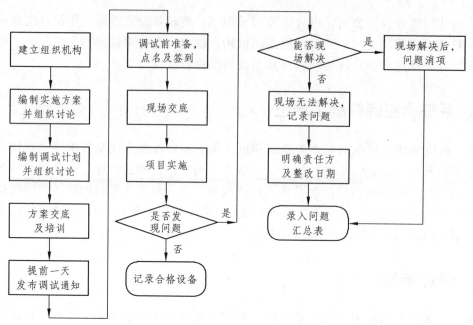

图 2.3 接口调试实施流程

1. 计 划

调试计划分为总体调试计划和专业调试计划。联调组负责审核和发布总体调试计划。总体调试计划应根据公司总体工作计划制订。专业调试计划由专业组根据总体调试计划分别制订。

调试启动前各专业组组织开展本专业调试计划讨论会，并制订整体调试计划，由各专业根据调试计划完成各自系统单体调试等接口调试所需的前置工作，保证接口调试工作顺利开展。各层级严格按照调试计划、调试方案、相关工作管理规定及合同要求有序开展接口调试工作。

2. 交 底

（1）在调试开展前，由牵头专业组的组长召开交底会。

（2）交底会中应对调试方案进行详细说明，使所有参与人员知晓本次调试的目的、分工、步骤、安全注意事项等内容。

3. 实 施

（1）调试开始前由现场负责人组织签到、请点、现场交底、任务分配、工器具确认等准备工作。

（2）准备工作完成后，各单位的调试人员听从现场负责人指挥，并按照方案开展各项具体工作。

（3）测试结果应由专人记录，调试结束后统一提交现场负责人。

（4）对于调试过程中发现的问题，应由专人记录，在不影响调试进度的情况下（由现场负责人把控），可由责任单位现场解决，若问题解决则消项（问题还应当记录）。

（5）若问题无法现场解决或无法判定责任单位，则先记录问题，待调试总结会时进一步讨论解决。

（6）各调试相关单位要随时关注调试计划（调试群内更新），以便明确调试任务，提前确认下一个调试地点工作的可实施性，确保在调试时满足调试需求。

（7）各调试相关单位人员如因事请假，需在调试通知发出当日向专业组提出申请，并提供补缺人员名单及联系方式，保证能满足现场调试需求。

（8）各调试相关单位确定一名联调工作负责人，负责联络、协调、解决调试过程中遇到的问题。

4. 总　结

（1）各调试相关单位调试完成后，由调试负责人在现场组织当日工作小结会。各方对调试相关问题确认无误后签字方可离开现场。

（2）总结会中应根据测试结果或数据对本次调试的效果进行评估，判断系统功能或设计能力是否满足设计要求。

（3）若本次调试未达到目的或效果，应另行安排时间进行复测。

（4）针对调试过程中遗留的问题，应在总结会中明确责任单位、整改时限等，并作为总结附件上报，为后续考核提供依据。

二、会议管理

各专业组每周召开周小结会议，总结本周工作，提出存在的问题及整改措施，安排下周工作计划，并形成周报。视调试情况不定期召开调试安全会议，会上通报调试过程中出现的安全隐患和整改完成情况。

三、问题整改管理

（1）各专业组应指定专人统计由本专业组牵头负责的调试项目在实施过程中发现的问题，并于调试结束当日录入表2.2中。

表2.2　温州市域铁路S1线调试问题统计表

发现日期	责任牵头单位	责任相关单位	计划日期	完成情况	完成日期	缺陷原因	缺陷类型	备注	更新日期	联系人

（2）联调组指定专人管理问题库，各专业组每周一将上周统计数据提交联调组。

（3）调试过程中发现的问题由各责任单位迅速制订整改计划，落实整改措施、指定专人负责，要求在指定时间范围内完成整改，不得影响后续调试、其他专业施工及整个工程的进度计划。

（5）联调组每周更新一次问题库。

（6）对于一次到期未完成整改的项目，由联调组牵头在例会上分析原因，重新确定整改日期。

（7）对于两次到期未整改完成的项目，由联调组进行考核。

四、安全管理

调试阶段涉及单位多、专业多、调试点多，同时轨道交通作业环境与普通的工地作业不同，一般工地的作业人员对列车、轨道及接触网并不十分了解，作业中容易忽略存在的危险。一旦出现安全问题，不仅会导致调试工作的中断，影响整体进度计划，还可能造成人员伤亡及设备损坏。因此，管理单位和参与单位要特别重视调试现场的安全管理，做好以下相关安全管理工作。

（1）建立健全各项安全管理制度和各种突发事件应急预案，遇有突发事件，按照各类应急预案果断处置。

（2）参与调试人员应严格执行运营单位安全施工流程，落实各项安全制度，结合工程调试的实际情况，认真分析调试过程中可能产生的安全问题，并采取有效的防范措施。

（3）调试组织单位应建立安全监督和检查机制。定期对参与单位的工作进行必要的安全检查，确保各项安全规定和措施已经得到落实，及时发现安全隐患并予以消除并完善预案。

（4）在开始调试工作之前应做好安全预想，准备相应的预防和应急措施。

（5）调试各专业在每个项目调试前，提交详细的调试计划，调试计划经调度所批准后方可实施。

（6）调试应严格按照调试方案进行，如遇特殊情况须变更调试方案时，应立即报调试专业组，由专业组研究决定。

（7）各小组须根据调试方案及所承担的任务明确各成员分工，并应指定专人负责联系工作，确保调试正常进行。

（8）轨行区调试作业必须严格遵守运营单位的相关规定，按照申请作业令内的范围作业，凭调度命令进行调试工作，并做好安全防护，调试结束后工完料清。

（9）调试期间，当明确调试范围和影响范围后，严禁超范围调试。

（10）调试过程中应认真监控设备运行情况，遇有设备发生故障，影响调试正常进行时，及时提出处理方案报专业组，并负责组织有关人员进行处理。

（11）参试人员由现场指挥统一指挥，不得随意离岗，离开调试车。

（12）各单位、各专业指定专人随车或在指定地点及时记录调试中发现的问题，并于总结会上汇报，提出解决办法或要求，由系统调试领导组确定完成期限。

（13）调试车上由车厂配备维修人员，维修人员应携带必要的工具及配件，及时处理车辆故障。

（14）为确保调试正常进行，调试组视调试情况适时召开协调会，解决调试过程中发生的各类问题。

（15）所有人员均需接受安全培训，加强个人安全意识。

（16）各调试相关单位人员在工作现场必须戴安全帽，佩戴工作证件。在调试过程中，严禁穿拖鞋，禁止在施工现场吸烟、追逐打闹，严禁酒后作业。

（17）各调试相关单位人员须配备足够照明工具，对危险源（如预留孔洞、临时围挡等）相互交代提醒。

（18）参与调试人员均应严格执行各项设备技术操作规程。

（19）各调试相关单位配备兼职安全员，并佩戴标志，对本专业调试工作的安全进行监督检查。确保调试工作安全进行。

五、考核管理

为加强调试管理工作，激励参建单位及人员的积极性，本着奖优罚劣的原则，对在调试工作做出贡献和起促进作用的集体和个人进行相应的奖励，对在调试工作中阻碍调试进展或有恶劣影响的集体和个人进行相应的处罚。

1. 考 核

在调试过程中，出现以下现象或行为时，将视情况进行处罚。

（1）调试迟到、早退情况严重，无故不参加者。

（2）未完成单体调试工作或现场条件不满足调试条件（如现场物理环境不具备，设备未送电等情况）。

（3）未按照要求及时提供调试资料。

（4）现场仪器、仪表、工具等准备工作不到位。

（5）现场调试人员不足、配合不到位或业务水平明显不足（如部分设备需软件、硬件工程师同时到场参与调试）。

（6）现场人员违反相关安全管理规定（如室内抽烟、岗前饮酒）。

（7）未按相关管理办法实施，或其他影响调试工作的行为。

（8）问题汇总表根据小问题当日解决，大问题3日内解决，重大问题限时解决的原则制订整改时限。若问题汇总表中出现问题累计两期未整改、未回复各专业组情况。

2. 奖 励

在调试工作结束后，联调组将上报运营单位，对在调试工作中表现优异或做出突出贡献的单位和个人综合评优，并进行奖励。

第三章

机电设备接口调试前置条件

第一节 车辆接口调试前置条件

（1）车辆部完成试验车辆的静、动态调试，组织对车下走行部、制动风源系统、车顶高压受流系统等进行专项重点检查，确认车辆牵引、制动等各项功能正常，具备运行条件。

（2）正线轨道系统良好。提供书面的测试线路的线路图，包括平纵断面图、钢轨型号、轨枕类型、每千米轨枕数、道岔型号、道床结构；曲线半径、超高、曲线长度及顺坡率；限速区段和限制速度以及线路维护等级等参数；提供有效线路合格证明文件。负责确认正线隧道内设备无侵限、设备无脱落风险、无轨道异物等安全隐患。

（3）正线的接触网状态良好，供电系统具备满足列车运行要求的正常送电能力等。

（4）控制中心具有能够封锁区间、车站的能力和条件；试验前确认影响车辆试验施工的停工、设备及人员出清，组织工程车完成压道等工作。

（5）自动化部负责无线通信设备良好，能实现车站与列车、列车与 OCC、车辆段之间的双向联系；保证有足够的无线对讲机实现列车上调试人员与各调试岗位之间的联系。

（6）试验所需工具由车辆供货方自备并自行保管，车辆咨询单位负责校核工具质量是否良好。

（7）车辆与信号系统接口调试。

① 车辆系统设备已投入使用，所有功能均按合同各项条款的要求已经完全具备，且工作状况良好。

② 信号系统满足车辆接口调试条件。

（8）车辆与地面 PIS 接口调试。

① 车辆系统设备已投入使用，所有功能均按合同各项条款的要求已经完全具备，且工作状况良好。

② 地面 PIS 系统与车辆系统满足接口调试条件。

（9）车辆与专用无线通信系统接口调试。

① 车辆系统设备已投入使用，所有功能均按合同各项条款的要求已经完全具备，且工作状况良好。

② 专用无线通信系统与车辆系统满足接口调试条件。

第二节　信号系统接口调试前置条件

一、信号与 PSD 接口调试

（1）信号设备室至 PSD 设备室电缆导通，电路调试完成。

（2）PSD 系统已完成单站单系统调试。

（3）具备继电接口的测试条件。

二、信号与 ISCS 接口调试

（1）ISCS 控制中心及车站系统调试已完成。

（2）车控室综合监控工作站已投入使用。

（3）信号设备室至车控室电缆导通，电路调试完。

（4）车站 IBP 盘调试完成。

（5）各站站台紧急停车按钮安装及电缆敷设与调试完成。

三、信号与时钟系统接口调试

（1）时钟系统调试已完成。

（2）时钟系统与信号系统 ATS 接口线缆校线已完成。

四、信号与 RS 接口调试

（1）RS 无线子系统设备具备正式电，中心、车站设备安装调试已完成。

（2）信号系统 ATS 与 RS 系统线缆校线已完成。

五、信号与 SCADA 系统接口调试

（1）SCADA 系统单体调试已完成。

（2）信号 ATS 与 SCADA 系统接口电缆铺设、校线已完成。

六、信号维护支持子系统与通信传输子系统接口调试

信号系统与通信系统网络配线架之间线缆配线、校线已完成。

七、信号系统与大屏接口调试

信号系统与控制中心、车辆段的大屏线缆铺设及配线、校线已完成。

八、信号与车辆接口调试

车辆静调/动调完成。

第三节　通信系统接口调试前置条件

一、PA、CCTV、PIS 与 ISCS 接口调试

（1）ISCS 控制中心及车站系统调试已完成。
（2）PA 系统安装调试已完成，车站广播扬声器和车控室广播控制盒安装调试已完成。
（3）CCTV 系统安装调试已完成，车站摄像机安装和调试已完成。
（4）PIS 系统安装调试已完成，车站 LCD/LED 显示屏安装和调试已完成。
（5）PA、CCTV、PIS 与 ISCS 系统接口链路已联通。

二、时钟系统与信号、ISCS、SCADA、AFC 接口调试

（1）时钟系统调试已完成。
（2）时钟系统与信号、ISCS、SCADA、AFC 各系统接口链路已完成。
（3）信号、ISCS、SCADA、AFC 各系统接口设备已调试完成。

三、车载 PIS 接口调试

（1）完成指定车辆的信号动车调试，按照 CBTC 模式跑图。
（2）PIS 系统已完成地面 PIS 系统的调试，车地无线传输与无线优化工作。

（3）已完成列车车载 PIS 程序软件的调试，完成 PIS 显示屏、车载 PA、车辆信号、CCTV、LED 显示屏的单体调试。

（4）已完成车载显示屏、传输线缆、车载广播、车载 CCTV 的安装和调试。

四、车载 PA 接口调试

（1）完成指定车辆的信号动车调试，按照点式 ATP 模式跑图。

（2）PIS 系统已完成地面 PIS 系统的调试，车地无线传输与无线优化工作。

（3）已完成列车车载 PA 程序软件的调试，完成 PIS 显示屏、车载 PA、车辆信号、CCTV、LED 显示屏的单体调试。

（4）已完成车载显示屏、传输线缆、车载广播、车载 CCTV 的安装和调试。

五、专用无线、大屏显示系统与信号系统接口调试

（1）专用无线完成控制中心设备安装及调试，大屏显示系统完成控制中心、车辆段设备安装及调试。

（2）信号系统控制中心、车辆段接口设备安装及调试已完成。

（3）专用无线、大屏显示系统至信号系统的物理链路已联通。

六、传输接口调试

（1）公务电话系统功能调试完成，与传输系统链路已完成。

（2）专用无线系统功能调试完成，与传输系统链路已完成。

（3）无线通信系统功能调试完成，与传输系统链路已完成。

（4）广播系统功能调试完成，与传输系统链路已完成。

（5）时钟系统功能调试完成，与传输系统链路已完成。

（6）CCTV 系统功能调试完成，与传输系统链路已完成。

（7）PIS 系统功能调试完成，与传输系统链路已完成。

（8）OA 系统功能调试完成，与传输系统链路已完成。

（9）电源系统功能调试完成，与传输系统链路已完成。

（10）信号系统功能调试完成，与传输系统链路已完成。

（11）AFC 系统功能调试完成，与传输系统链路已完成。

（12）门禁系统功能调试完成，与传输系统链路已完成。

（13）PSCADA 系统功能调试完成，与传输系统链路已完成。

（14）ISCS/BAS 系统功能调试完成，与传输系统链路已完成。

（15）FAS 系统功能调试完成，与传输系统链路已完成。

（16）其他需要介入传输系统功能调试完成，与传输系统链路已完成。

第四节　供电系统接口调试前置条件

一、电力监控系统接口测试

（1）供电系统 110 kV 主变电所，（27.5 kV 牵引、20 kV 电力）混合变电所，20 kV 车站（含箱变所、风井所）电力变电所，10 kV 电力变电所，27.5 kV 开闭所、分区所及接触网设备均已完成单机、单系统交接试验；设备保护功能校验以及逻辑闭锁关系验证均已完成；施工单位已完成相应验收自评报告；监理单位已完成相应验收评估报告。

（2）供电系统 110 kV 主变电所，（27.5 kV 牵引、20 kV 电力）混合变电所，20 kV 车站（含箱变所、风井所）电力变电所，10 kV 电力变电所，27.5 kV 开闭所、分区所及接触网的一次设备均已带电。

（3）接触网系统已完成冷、热滑试验，施工单位已完成相关验收自评报告、监理单位已完成相关验收评估报告。

（4）SCADA 系统电力调度端平台设备安装及单体调试已完成。所内电力监控系统与所内设备所有接口已完成调试，系统投入运行并工作正常。

（5）SCADA 系统与主变电所、电力变电所、接触网开闭所及分区所等通信控制器的接口已完成调试，通道具备正常通信功能。

（6）提供供电系统最终版的设计说明书、技术规格书、设计联络会记录等各类设计、施工资料。

（7）提供供电系统最终版的电力调度设备命名明细表，并已核对现场设备标示一致。

（8）提供供电系统设备最终版继电保护整定书，现场设备继电保护参数设置与继电保护整定书已确认一致。

二、400 V 开关柜接口测试

（1）10 kV、20 kV 电力变电所均已向下级负荷送电。

（2）车站机电设备安装、调试完毕。

（3）FAS 系统安装、调试完毕。

第五节 车站设备接口调试前置条件

一、综合监控、环境与设备监控专业前置条件

（1）车站环控电控室 EMCS 设备、环控设备、EMCS 模块箱已完成安装调试。

（2）EMCS 系统至各接口专业线缆敷设及接续、校验已完成。

（3）EMCS 系统与各接口专业设备点表已根据接口规格书核对，对点工作已完成。

（4）EMCS 系统 PLC 程序已根据最新图纸进行编制，并经过现场验证。

（5）控制中心及车站 ISCS 服务器，FEP 设备已完成安装调试。

（6）车控室 ISCS 工作站已完成安装调试，可投入使用。

（7）ISCS 系统至各接口专业线缆敷设及接续、校验已完成。

（8）ISCS 系统与各接口专业设备点表已根据接口规格书核对，对点工作已完成。

（9）车控室 IBP 盘已安装完成，IBP 盘至各接口专业设备专用线缆敷设、接续、校验完成，IBP 盘各操作按钮与风机、屏蔽门、EMCS、门禁、售票闸机、消防栓泵、乘客信息系统、信号系统、电扶梯等接口已完成对点测试。

二、火灾自动报警专业前置条件

（1）车控室火灾报警主机，车站各区域 FAS 模块箱已完成安装调试，烟感、温感、手报、警铃、消防电话等安装、接线、调试完成。

（2）模块箱至消防水泵、动力及照明配电箱、湿式报警阀、信号蝶阀、电接压力表、广播、AFC、门禁、消防电源、气体灭火、消防专用风机、风阀、感温光纤 TFDS 等专业线缆敷设及接续、校验完成，与 FACP 通信对点完成。

（3）FAS 主机程序已更新至最新图纸，联动程序已编制完成。

三、通风空调专业前置条件

（1）车站各类风机包括隧道风机、排热风机、射流风机、回排风机、送风机、排风机、电动组合式风阀、电动风量调节阀安装调试完成，其中连锁风阀与风机接线完成，控制柜就地工频、变频可控。

（2）环控电控机房智能低压柜，变频器控制柜，环控电控柜安装调试完成，环控可控。

（3）智能低压与 EMCS 系统通信线缆敷设及接续完成，与 EMCS 对点完成通信正常。

（4）冷水机组、冷冻水泵、冷却水泵、冷却塔、水处理仪、自动定压排气补水装置、水阀（电动蝶阀、动态平衡电动调节阀、电磁阀、二通阀、压差旁通阀等）安装调试完成，就地可控。

（5）组合式空调机组，空调多联机 VRV，温湿度传感器已安装调试完成，就地可控，与 EMCS 按照接口规格书对点完成通信且正常。

（6）空调风系统、水系统与 EMCS、风水联动系统通信线缆敷设及接续完成，已按照接口规格书对点完成通信且正常。

四、给排水专业前置条件

（1）地下车站生活污水泵、地下车站废水泵、潜水泵（车站出入口、风亭、通风道等）、区间排水泵、洞口雨水泵、真空排污提升装置、电动蝶阀、超声波液位计、浮球液位计以及水泵控制柜安装调试完成，就地可控。

（2）水泵控制柜与 ISCS/EMCS 通信线缆已完成敷设及接续并完成对点。

五、自动扶梯、垂梯专业前置条件

（1）车站垂直电梯、站台与站厅间自动扶梯、出入口通道自动扶梯已安装调试完成，可启用。

（2）垂直电梯小半球摄像机、对讲电话、专用电话系统已完成安装调试可启用。

（3）垂直电梯控制柜至 EMCS 模块箱通信线缆已完成敷设及接续并完成对点。

（4）垂直电梯控制柜至 FAS 现场模块箱控制线缆已完成敷设及接续并完成对点。

（5）自动扶梯电控箱至 EMCS 模块箱通信线缆已完成敷设及接续并完成对点。

（6）自动扶梯电控箱至 FAS 现场模块箱控制线缆已完成敷设及接续并完成对点。

六、动力照明专业前置条件

（1）照明系统包括站厅正常照明、站台正常照明、出入口地面厅照明、出入口通道照明、区间正常照明、广告照明、节电照明、屏蔽门光带、导向照明，区间疏散指示配电箱已完成安装配线，照明系统可正常启用。

（2）一般照明智能控制模块至 EMCS 模块箱线缆已完成敷设及接续，对点完成。应急照明配电柜（EPS）至 FAS 模块箱线缆已完成敷设及接续，对点完成。应急照明配电柜（EPS）至 EMCS 模块箱通信线缆完成敷设及接续。

（3）非消防电源切除分励脱扣器至 FAS 模块箱的线缆已完成敷设及接续，对点完成。

七、站台门专业前置条件

（1）车站站台门全部完成安装及单体调试（粗调、精调），通过验收可投入使用。

（2）站台门控制室网络接口设备与 ISCS（FEP）设备的通信电缆、IBP 盘控制电缆已完成敷设和接续，对点工作已完成。

（3）站台门控制室中央接口盘（PSC）与信号联锁子系统的控制电缆已完成敷设和接续，对点工作已完成。

八、自动售检票专业前置条件

（1）ACC/AFC 系统设备已投入运行，所有功能均具备，工作状况良好。

（2）综合监控系统设备已经具备车站级和中央级对 AFC 系统的联调功能，工作状况良好。双方接口能正常发送/接受客流信息。

（3）综合监控系统与 AFC 系统的通讯通道满足其数据的传输要求。

第四章

机电设备接口调试方案

第一节　车辆接口调试方案

车辆专业在接口调试阶段的主要工作为配合信号、通信专业开展接口调试。其中，车辆与信号系统调试内容见本章第二节"九、信号与车辆 TCMS 接口调试"，车辆与通信系统的接口调试内容见本章第三节"一、内部接口调试"。

第二节　信号系统接口调试方案

一、信号与 PSD 接口调试

1. 测试目的

验证信号联锁系统与 IBP 系统的物理接口、接口功能是否满足设计要求。

2. 功能描述

在信号系统级控制方式下，列车进站停车，只有在信号系统检查列车停靠位置准确且其他安全条件满足时，信号系统才能向站台门系统发出开/关门命令，站台门系统通过硬线安全回路将开/关门命令发送到相应门控单元，实现站台门实时开/关，实现系统级控制。

3. 前提条件

（1）信号设备室至 PSD 设备室电缆导通，电路调试完成。
（2）PSD 系统已完成单站单系统调试。
（3）信号联锁已完成安装及单体调试，且满足设计要求。

（4）PSD 系统与信号联锁设备的一致性已全部检查，且全部正确。

4. 测试步骤

测试步骤见表 4.1。

表 4.1　信号与 PSD 接口测试步骤

序号	操作步骤	预期结果	结果检查
1	模拟发送开门指令	开门继电器吸合，站台门打开，GSJ 落下，BiLOCK 采集 PSD 信息，HMI 有显示	
2	站台门打开同时，在站台门现地控制盘上发出"互锁解除"信号	旁路继电器吸合	
3	模拟发送关门指令	关门继电器吸合，站台门关紧，GSJ 吸起，BiLOCK 采集 PSD 信息，HMI 有显示	

5. 注意事项

（1）人身安全保护措施：站台门开关时防止人员掉入隧道。
（2）测试人员进入设备室，注意用电安全，不得倚靠、碰撞其他机柜。
（3）测试过程中如发现异常情况，应及时进行相应处理，并报告联调工作小组。
（4）按规定穿戴劳保用品，佩戴好胸卡。
（5）严格按照请点区间作业，禁止超范围作业。
（6）测试过程中注意人身安全，用电安全。
（7）所有参加调试试人员必须遵守施工现场相关安全管理规定，牢记"安全第一，预防为主"。
（8）安全生产方针，严格遵守"三不动，三不离"的安全原则。

6. 测试表格

测试表格见表 4.2。

表 4.2　信号与 PSD 接口测试表格

项目名称	_____项目		
车站/联锁区名称	_____站/联锁区		
调试工程师		监督工程师	
测试完成日期			
IBP 盘一致性测试	测试通过后在各项空格处打"√"，测试未通过打"×"，无此项测试打"—"		

项目名称	检查结果	备注
目视测试		
点对点测试		
配线检查		
通信测试		
紧急停车按钮功能		
蜂鸣器功能		
报警切除按钮功能		
站台扣车按钮功能		
计轴预复位功能		
指示灯功能		

二、信号与 IBP 接口调试

1. 测试目的

验证信号联锁系统与综合监控系统的车站综合后备盘（IBP 盘）之间的物理接口连接、接口功能是否满足设计要求。

2. 功能描述

信号和 IBP 盘之间的信息传输，通过继电接口通信，IBP 盘上为信号设置了紧停、扣车、计轴预复位功能，为列车运行提供安全保障。

3. 前提条件

（1）控制室 IBP 盘已经安装，施工厂家已完成的配线检查和测试。
（2）信号设备室到控制室的线缆安装良好，并完成线缆一致性测试。
（3）信号联锁已完成安装及单体调试，且满足设计要求。

4. 测试步骤

测试步骤见表 4.3。

表 4.3 信号与 IBP 接口测试步骤

序号	操作步骤	预期结果	结果检查
1	紧停按钮处于正常未激活状态时，按压 IBP 盘/站台紧停按钮	JTAJ 落下，紧停激活，蜂鸣器激活，紧停指示灯点亮红灯	
2	按压报警切除按钮	QCAJ 吸起，蜂鸣器关闭	
3	按压 IBP 盘紧停解除按钮	JTAJ 吸起，紧停解除，蜂鸣器激活，紧停指示灯灭灯	
4	按压报警切除按钮	QCAJ 吸起，蜂鸣器关闭	
5	IBP 盘站台扣车按钮处于正常未激活状态时，按压 IBP 盘站台扣车按钮或者 ATS 下发扣车命令	KCAJ 吸合，KCJ 吸合，扣车激活，扣车指示灯点亮黄灯	
6	按压 IBP 盘终止扣车按钮	KCAJ 落下，KCJ 落下，扣车终止，扣车指示灯灭灯	
7	按压信号试灯按钮	CSAJ 吸合，此时 IBP 盘上的所有指示灯均应点亮	
8	松开信号试灯按钮	CSAJ 落下，此时 IBP 盘上的指示灯恢复正常	
9	按压 IBP 盘上的相应区段，同时按压总复位按钮	FWAJ 吸合，IBP 盘相应区段亮灯，计轴柜里的板卡显示预复位成功	

5. 注意事项

（1）人身安全保护措施：站台门开关时防止人员掉入隧道。

（2）测试人员进入设备室，注意用电安全，不得倚靠、碰撞其他机柜。

（3）测试过程中如发现异常情况，应及时进行相应处理，并报告联调工作小组。

（4）按规定穿戴劳保用品，佩戴好胸卡。

（5）严格按照请点区间作业，禁止超范围作业。

（6）测试过程中注意人身安全，用电安全。

（7）所有参加调试人员必须遵守施工现场相关安全管理规定，牢记"安全第一，预防为主"。

（8）安全生产方针，严格遵守"三不动，三不离"的安全原则。

6. 测试表格

测试表格见表 4.4。

表 4.4　信号与 IBP 接口测试

项目名称	_____项目	
车站/联锁区名称	_____站/联锁区	
调试工程师	监督工程师	
测试完成日期		
IBP 盘一致性测试	测试通过后在各项空格处打"√"，测试未通过打"×"，无此项测试打"—"	
项目名称	检查结果	备注
目视测试		
点对点测试		
配线检查		
通信测试		
紧急停车按钮功能		
蜂鸣器功能		
报警切除按钮功能		
站台扣车按钮功能		
计轴预复位功能		
表示灯功能		

三、信号与 ISCS 接口调试

1. 测试目的

验证信号 ATS 系统与综合监控（ISCS）系统之间物理接口连接、接口功能是否满足设计要求。

2. 功能描述

信号系统（ATS）和综合监控系统之间进行通信，实现信息共享。
信号系统职责：
（1）SIG（ATS）将向综合监控系统发送列车运行信息。
（2）SIG（ATS）将向综合监控系统发送车站广播和旅客向导系统所需要的信息。
（3）SIG（ATS）将发送列车在区间的阻塞信息给综合监控系统。
（4）SIG（ATS）发送当天使用的时刻表的全部信息给综合监控系统。
（5）SIG（ATS）发送主要的报警信息给综合监控系统。

3. 前提条件

（1）ISCS 控制中心及车站系统调试已完成。

（2）信号系统 ATS 与 ISCS 系统线缆校线完成，且完成了一致性测试。

（3）信号 ATS 系统已完成单体调试。

4. 测试步骤

测试步骤见表 4.5。

表 4.5　信号与 ISCS 接口测试步骤

序号	操作步骤	预期结果	结果检查
1	建立 ATS-ISCS 接口连接	在 ISCS 和接口服务器之间有四个连接端口，1 个主用通道，其余为备用通道	
2		启动 IFS 和 ISCS 系统软件，确认初始化成功。 确认 ISCS 通过 TCP/IP 协议连接到 IFS，并且仅有一个主连接，后备的连接保持等待	
3	观察 ATS 和 ISCS 之间的通信	双方互发心跳信息	
4		所有接收到的消息都需要发送确认消息。 若在指定的超时范围内未收到确认消息，将重新发送消息。 重发两次仍未收到确认信息，则认为通信中断	
5	ISCS 连接到 IFS，保持连接 30 s，然后切断主连接	确认 IFS 切换到备用连接并且重新设置连接，中断的连接保持等待	
6	关闭 ISCS 系统，然后重新启动	确认 ISCS 重新连接到 IFS	
7	切断 ATS 和 IFS 之间的连接，ATS 进行重连	确认 IFS 与 ISCS 之间的主用连接仍然保持	
8	观察 ATS 和 ISCS 系统间通信的消息轨迹	所有消息包括 BAS 信息类型和末位的 CRC-16 校验码（参见接口文件中的通用格式）	
9	观察 ATS 发送到 ISCS 的 BAS 信息	确认 IFS 发送 BAS 信息到 ISCS，并且 BAS 信息正常	
10	当新增一列车，观察从 ATS 发送到 ISCS 的 BAS 信息	信息格式与接口协议中定义的内容相匹配	
11	当删除一列车，观察从 ATS 发送到 ISCS 的 BAS 信息	信息格式与接口协议中定义的内容相匹配	

5. 注意事项

（1）人身安全保护措施：站台门开关时防止人员掉入隧道。

（2）测试人员进入设备室，注意用电安全，不得倚靠、碰撞其他机柜。

（3）测试过程中如发现异常情况，应及时进行相应处理，并报告联调工作小组。

（4）按规定穿戴劳保用品，佩戴好胸卡。

（5）严格按照请点区间作业，禁止超范围作业。

（6）测试过程中注意人身安全，用电安全。

（7）所有参加调试人员必须遵守施工现场相关安全管理规定，牢记"安全第一，预防为主"。

（8）安全生产方针，严格遵守"三不动，三不离"的安全原则。

6. 测试表格

测试表格见表4.6。

表 4.6　信号与 ISCS 接口测试

测试用例编号	WZS1_BiView_013_001		预计用时		
测试目的	与 ISCS 的接口				
初始条件	1. ATS 系统正常 2. 用户已登录 MMI 系统 3. 用户有控制区域权限 4. 用户有列车控制权限 5. 各种外部系统已连接		测试人员		
			测试日期		
			执行次数		
			1 次		
项目需求覆盖			是否可自动化		
			否		
			■工程实验室测试 ■工程现场测试		
测试描述					
序号	操作步骤	输入数据	预期结果	恢复条件	结果检查	备注
1	建立 ATS-ISCS 接口连接		在 ISCS 和接口服务器之间有 4 个连接端口，1 个主用通道，其余为备用通道			
2	观察 ATS 和 ISCS 之间的通信		启动 IFS 和 ISCS 系统软件，确认初始化成功。 确认 ISCS 通过 TCP/IP 协议连接到 IFS，并且仅有一个主连接，后备的连接保持等待			
3			双方互发心跳信息			
4			所有接收到的消息都需要发送确认消息 若在指定的超时范围内未收到确认消息，将重新发送消息 重发两次仍未收到确认信息，则认为通信中断			

序号	操作步骤	输入数据	预期结果	恢复条件	结果检查	备注
5	ISCS 连接到 IFS，保持连接 30 s，然后切断主连接		确认 IFS 切换到备用连接并且重新设置连接，中断的连接保持等待			
6	关闭 ISCS 系统，然后重新启动		确认 ISCS 重新连接到 IFS			
7	切断 ATS 和 IFS 之间的连接，ATS 进行重连		确认 IFS 与 ISCS 之间的主用连接仍然保持			
8	观察 ATS 和 ISCS 系统间通信的消息轨迹		所有消息包括 BAS 信息类型和末位的 CRC-16 校验码参见接口文件中的通用格式			
9	观察 ATS 发送到 ISCS 的 BAS 信息		确认 IFS 发送 BAS 信息到 ISCS，并且 BAS 信息正常			
10	当新增一列车，观察从 ATS 发送到 ISCS 的 BAS 信息		信息格式与接口协议中定义的内容相匹配			
11	当删除一列车，观察从 ATS 发送到 ISCS 的 BAS 信息		信息格式与接口协议中定义的内容相匹配			

测试用例执行情况						
测试版本	测试结果	缺陷号	测试人员	测试日期	备注	

四、信号与时钟系统接口调试

1. 测试目的

验证信号 ATS 系统与时钟系统之间物理接口连接、验证双方接口功能是否满足设计要求。

2. 功能描述

时钟系统为信号系统提供实时的标准时间信息。信号系统接收时间信号，并根据时间信号校准信号系统时钟。信号系统应具备屏蔽错误时间信号的能力。

3. 前提条件

（1）时钟系统调试已完成。

（2）时钟系统与信号系统ATS接口线缆校线已完成。

（3）信号ATS系统已完成单体调试。

4. 测试步骤

测试步骤见表4.7。

表4.7 信号与时钟系统接口测试步骤

序号	操作步骤	预期结果	结果检查
1	建立ATS-Clock接口连接	ATS分成2路，建立两条冗余连接	
2	观察ATS与时钟系统间通信	时钟系统通过两个网口向ATS系统发送时间数据信息	

5. 注意事项

（1）人身安全保护措施：站台门开关时防止人员掉入隧道。

（2）测试人员进入设备室，注意用电安全，不得倚靠、碰撞其他机柜。

（3）测试过程中如发现异常情况，应及时进行相应处理，并报告联调工作小组。

（4）按规定穿戴劳保用品，佩戴好胸卡。

（5）严格按照请点区间作业，禁止超范围作业。

（6）测试过程中注意人身安全，用电安全。

（7）所有参加调试人员必须遵守施工现场相关安全管理规定，牢记"安全第一，预防为主"。

（8）安全生产方针，严格遵守"三不动，三不离"的安全原则。

6. 测试表格

测试表格表4.8。

表 4.8　测试

测试用例编号	WZS1_BiView_013_001		预计用时	
测试目的	与通信时钟系统的接口			
初始条件	1. ATS 系统正常 2. 用户已登录 MMI 系统 3. 用户有控制区域权限 4. 用户有列车控制权限 5. 各种外部系统已连接		测试人员	
			测试日期	
			执行次数	
			1 次	
项目需求覆盖			是否可自动化	
			否	
			■工程实验室测试 ■工程现场测试	

测试描述

序号	操作步骤	输入数据	预期结果	恢复条件	结果检查	备注
1	建立 ATS-Clock 接口连接		ATS 分成 2 路，建立两条冗余连接			
2	观察 ATS 与时钟系统间通信		时钟系统通过两个网口向 ATS 系统发送时间数据信息			

测试用例执行情况

测试版本	测试结果	缺陷号	测试人员	测试日期	备注

五、信号与 RS 接口调试

1. 测试目的

验证信号 ATS 系统与 RS 系统之间的物理接口连接、接口功能是否满足设计要求。

2. 功能描述

信号系统（ATS）向无线通信系统提供以下数据信息，以便控制中心调度员、车站值班员用列车号呼叫列车：列车车组号、列车服务号、目的地 ID、终点站 ID、乘务组号、列车位置信息（包括列车位置，列车运行位置，轨道名称，车站 ID）。

3. 前提条件

（1）RS 无线子系统设备具备正式电，中心、车站设备安装调试完成。

（2）信号系统 ATS 与 RS 系统线缆校线完成。

（3）信号 ATS 系统已完成单体调试。

4. 测试步骤

测试步骤见表4.9。

表 4.9　信号与 RS 接口测试步骤

序号	操作步骤	预期结果	结果检查
1	建立 ATS-RS 接口连接	经由通过2个终端服务器的冗余网络链路建立连接	
2	观察 ATS 以及 RS 之间的通信	信息周期性在两条通信通道由 ATS 发送至 RS。 RS 无响应	
3	关闭每个通信通道	当连接关闭，其他通道保持有效	
4	观察 ATS 与 RS 系统间消息轨迹	所有消息包括消息开头 STX 字符以及最后的 ETX 字符和 CRC-16 检验和（通用格式见接口协议）	
5	观察一个列车位置消息（由 ATS 发送至 RS）	数据格式与接口协议定义一致。 确认一条信息内的数据包括所有列车的信息，以 PVID 升序排列	
6	观察一列计划外的列车追踪 ID 不可用的列车位置信息	列车跟踪 ID 以 ASCII "000"表示，信息其余部分数据格式与接口协议定义一致	
7	观察一个心跳信息（RS 发送到 ATS）	心跳消息格式与接口协议定义一致	

5. 注意事项

（1）人身安全保护措施：站台门开关时防止人员掉入隧道。

（2）测试人员进入设备室，注意用电安全，不得倚靠、碰撞其他机柜。

（3）测试过程中如发现异常情况，应及时进行相应处理，并报告联调工作小组。

（4）按规定穿戴劳保用品，佩戴好胸卡。

（5）严格按照请点区间作业，禁止超范围作业。

（6）测试过程中注意人身安全，用电安全。

（7）所有参加调试人员必须遵守施工现场相关安全管理规定，牢记"安全第一，预防为主"。

（8）安全生产方针，严格遵守"三不动，三不离"的安全原则。

6. 测试表格

测试表格见表4.10。

表 4.10　信号与 RS 接口测试

测试用例编号	WZS1_BiView_013_001		预计用时	
测试目的	与无线通信系统的接口			
初始条件	1. ATS 系统正常 2. 用户已登录 MMI 系统 3. 用户有控制区域权限 4. 用户有列车控制权限 5. 各种外部系统已连接		测试人员	
			测试日期	
			执行次数	
			1 次	
项目需求覆盖			是否可自动化	
			否	
			■工程实验室测试 ■工程现场测试	

测试描述

序号	操作步骤	输入数据	预期结果	恢复条件	结果检查	备注
1	建立 ATS-RS 接口连接		经由通过 2 个终端服务器的冗余网络链路建立连接			
2	观察 ATS 以及 RS 间通信		信息周期性在两条通信通道由 ATS 发送至 RS。 RS 无响应			
3	关闭每个通信通道		当连接关闭，其他通道保持有效			
4	观察 ATS 与 RS 系统间消息轨迹		所有消息包括消息开头 STX 字符以及最后的 ETX 字符和 CRC-16 检验和。 通用格式见接口协议			
5	观察一个列车位置消息（由 ATS 发送至 RS）		数据格式与接口协议定义一致。 确认一条信息内的数据包括所有列车的信息，以 PVID 升序排列			
6	观察一列计划外的列车，追踪 ID 不可用的列车位置信息		列车跟踪 ID 以 ASCII "000" 表示，信息其余部分数据格式与接口协议定义一致			
7	观察一个心跳信息（RS 发送到 ATS）		心跳消息格式与接口协议定义一致			

测试用例执行情况

测试版本	测试结果	缺陷号	测试人员	测试日期	备注

六、信号与 SCADA 系统接口调试

1. 测试目的

验证信号 ATS 系统与 SCADA 系统接口之间物理连接、接口功能是否满足设计要求。

2. 功能描述

信号系统（ATS）和电力监控系统之间进行通信，实现信息的共享。

信号系统的功能包括：

（1）接收电力监控系统的相关信息。

（2）在人机界面上显示供电区段状态。

3. 前提条件

（1）SCADA 系统单体调试已完成。

（2）信号 ATS 与 SCADA 系统接口电缆铺设、校线已完成。

（3）信号 ATS 已完成单体调试。

4. 测试步骤

测试步骤见表 4.11。

表 4.11　信号与 SCADA 系统接口测试步骤

序号	操作步骤	预期结果	结果检查
1	观察 ATS 和 ISCS 系统间通信的消息轨迹	所有消息包括 SCADA 信息类型和末位的 CRC-16 校验码（参见接口协议中的通用格式）	
2	观察从 IFS 发送到 ISCS 的 SCSDA 请求	确认每秒 IFS 发送 SCADA 请求信息给 ISCS（参见接口协议）	
3	观察请求后从 ISCS 发送到 ATS 的 SCADA 信息	确认 IFS 每秒发送 SCADA 请求信息，SCADA 回复更新的信息给 IFS。验证这个设计是正确的（参见接口协议）	
4	当所有区段都供电时，观察一个牵引供电信息	数据格式与接口协议中匹配	
5	当部分区段供电和其他一些已知区段失电，观察牵引供电信息	数据格式与接口协议匹配	
6	当多有区段都失电时，观察牵引供电信息	数据格式与接口协议匹配	

5. 注意事项

（1）人身安全保护措施：站台门开关时防止人员掉入隧道。

（2）测试人员进入设备室，注意用电安全，不得倚靠、碰撞其他机柜。

（3）测试过程中如发现异常情况，应及时进行相应处理，并报告联调工作小组。

（4）按规定穿戴劳保用品，佩戴好胸卡。

（5）严格按照请点区间作业，禁止超范围作业。

（6）测试过程中注意人身安全，用电安全。

（7）所有参加调试人员必须遵守施工现场相关安全管理规定，牢记"安全第一，预防为主"。

（8）安全生产方针，严格遵守"三不动，三不离"的安全原则。

6. 测试表格

测试表格见表4.12。

表 4.12　信号与 SCADA 系统接口测试

测试用例编号	WZS1_BiView_013_001			预计用时	
测试目的	与 SCADA 的接口				
初始条件	1. ATS 系统正常 2. 用户已登录 MMI 系统 3. 用户有控制区域权限 4. 用户有列车控制权限 5. 各种外部系统已连接			测试人员	
				测试日期	
				执行次数	
				1 次	
项目需求覆盖				是否可自动化	
				否	
				■工程实验室测试 ■工程现场测试	
测试描述					
序号	操作步骤	输入数据	预期结果	恢复条件	结果检查	备注
1	观察 ATS 和 ISCS 系统间通信的消息轨迹		所有消息包括 SCADA 信息类型和末位的 CRC-16 校验码（参见接口协议中的通用格式）			
2	观察从 IFS 发送到 ISCS 的 SCSDA 请求		确认每秒 IFS 发送 SCADA 请求信息给 ISCS（参见接口协议）			
3	观察请求后从 ISCS 发送到 ATS 的 SCADA 信息		确认 IFS 每秒发送 SCADA 请求信息，SCADA 回复更新的信息给 IFS。验证这个设计是否正确（参见接口协议）			

序号	操作步骤	输入数据	预期结果	恢复条件	结果检查	备注
4	当所有区段都供电时，观察一个牵引供电信息		数据格式与接口协议匹配			
5	当部分区段供电和其他一些已知区段失电，观察牵引供电信息		数据格式与接口协议匹配			
6	当多有区段都失电时，观察牵引供电信息		数据格式与接口协议匹配			
测试用例执行情况						
测试版本	测试结果	缺陷号	测试人员	测试日期		备注

七、信号系统与大屏接口调试

1. 测试目的

验证信号 ATS 系统与大屏系统接口之间物理连接、接口功能是否满足设计要求。

2. 功能描述

信号系统将通过该接口发送信息到大屏幕显示系统，大屏幕显示系统根据预先配置，在其指定的区域上实时显示信号系统的相关界面信息。

信号系统通过大屏接口工作站上的专业软件，根据大屏的比例制作相对应的位图。信号系统的信息实时发送给大屏幕显示系统。

大屏幕显示系统通过正常接收信号系统发送过来的信息并确保：线路布置图显示清晰，颜色显示正常，整个系统字体显示正常，图像和数据刷新速度与模拟系统同步。

3. 前提条件

信号系统与控制中心、车辆段的大屏线缆铺设及配线、校线已完成。

4. 测试步骤

测试步骤见表 4.13。

表 4.13　信号系统与大屏接口测试步骤

序号	操作步骤	预期结果	结果检查
1	通过网络接口连接大屏的输入端口	提供实时的列车运行状态和信号系统的状态信息,大屏能正确识别和处理信号系统提供的有关信息	

5. 注意事项

（1）人身安全保护措施：站台门开关时防止人员掉入隧道。

（2）测试人员进入设备室,注意用电安全,不得倚靠、碰撞其他机柜。

（3）测试过程中如发现异常情况,应及时进行相应处理,并报告联调工作小组。

（4）按规定穿戴劳保用品,佩戴好胸卡。

（5）严格按照请点区间作业,禁止超范围作业。

（6）测试过程中注意人身安全,用电安全。

（7）所有参加调试人员必须遵守施工现场相关安全管理规定,牢记“安全第一,预防为主”。

（8）安全生产方针,严格遵守“三不动,三不离”的安全原则。

6. 测试表格

测试表格见表 4.14。

表 4.14　信号系统与大屏接口测试

测试用例编号	WZS1_BiView_013_001	预计用时
测试目的	1. 与大屏幕显示系统的接口 2. 与进站警示设备的接口	
初始条件	1. ATS 系统正常 2. 用户已登录 MMI 系统 3. 用户有控制区域权限 4. 用户有列车控制权限 5. 各种外部系统已连接	测试人员
		测试日期
		执行次数
		1 次
项目需求覆盖		是否可自动化
		否
		■工程实验室测试 ■工程现场测试

测试描述						
序号	操作步骤	输入数据	预期结果	恢复条件	结果检查	备注
1	通过网络接口连接大屏的输入端口		提供实时的列车运行状态和信号系统的状态信息，大屏能正确识别和处理信号系统提供的有关信息			

测试用例执行情况					
测试版本	测试结果	缺陷号	测试人员	测试日期	备注

八、信号系统与传输子系统接口调试

1. 测试目的

验证信号系统与传输子系统接口之间物理连接、接口功能是否满足设计要求。

2. 功能描述

维护子系统将基于通信系统，为信号维护支持子系统提供的传输通道构建信号维护支持网络，通信专业提供给维护支持子系统的网络应为环网，并在正线每个车站、车辆段、停车场、控制中心以及维护中心为信号维护支持子系统各提供 1 个网络端口。信号系统提供至通信系统交换机间的连接线缆。

3. 前提条件

（1）传输子系统已完成预留给信号端口的配置。
（2）信号系统与传输子系统的网线或光缆已铺设完成。

4. 测试步骤

测试步骤见表 4.15。

表 4.15　信号系统与传输子系统接口测试步骤

序号	操作步骤	预期结果	结果检查
1	通过网络接口连接传输系统的预留端口	控制中心的维护子系统能够查看所有站的维护子系统的状态	

5. 注意事项

（1）人身安全保护措施：站台门开关时防止人员掉入隧道。

（2）测试人员进入设备室，注意用电安全，不得倚靠、碰撞其他机柜。

（3）测试过程中如发现异常情况，应及时进行相应处理，并报告联调工作小组。

（4）按规定穿戴劳保用品，佩戴好胸卡。

（5）严格按照请点区间作业，禁止超范围作业。

（6）测试过程中注意人身安全，用电安全。

（7）所有参加调试人员必须遵守施工现场相关安全管理规定，牢记"安全第一，预防为主"。

（8）安全生产方针，严格遵守"三不动，三不离"的安全原则。

6. 测试表格

测试表格见表 4.16。

表 4.16　信号系统与传输子系统接口测试表格

项目名称		_____项目	
车站/联锁区名称		_____站/联锁区	
调试工程师		监督工程师	
测试完成日期			
通信检查	测试通过后在各项空格处打"√"，测试未通过打"×"，无此项测试打"—"		
站名	通信检查结果		备注
停车场			
维护中心			
××站			
××站			

九、信号与车辆 TCMS 接口调试

1. 测试目的

验证信号系统与车辆 TCMS 系统接口之间物理连接、接口功能是否满足设计要求。

2. 功能描述

CC 与 TCMS 采用 2 路冗余串口链接的通信方式，CC 发送给 TCMS 的信息有车辆的牵引命令、制动命令、保持制动请求、CC 日常发车测试、超速报警、CC 监测的故障状态等。

3. 前提条件

车辆静调/动调已完成。

4. 测试步骤

测试步骤见表 4.17。

表 4.17　信号与车辆 TCMS 接口测试步骤

序号	操作步骤	预期结果	结果检查
1	通信连接	CC 与 TCMS 通信建立	
2	CC 向 TCMS 发送码位信息	TCMS 能够接收到 CC 发送的码位信息，并与接口协议定义文件描述一致	
3	TCMS 向 CC 反馈码位信息	CC 能够接收到 TCMS 反馈的信息，并与接口协议定义文件描述一致	

5. 注意事项

（1）人身安全保护措施：站台门开关时防止人员掉入隧道。

（2）测试人员进入设备室，注意用电安全，不得倚靠、碰撞其他机柜。

（3）测试过程中如发现异常情况，应及时进行相应处理，并报告联调工作小组。

（4）按规定穿戴劳保用品，佩戴好胸卡。

（5）严格按照请点区间作业，禁止超范围作业。

（6）测试过程中注意人身安全，用电安全。

（7）所有参加调试人员必须遵守施工现场相关安全管理规定，牢记"安全第一，预防为主"。

（8）安全生产方针，严格遵守"三不动，三不离"的安全原则。

6. 测试表格

测试表格见表 4.18。

表 4.18　信号与车辆 TCMS 接口测试

序号	操作步骤	预期结果	结果检查
1	通信连接	CC 与 TCMS 通信建立	
2	CC 向 TCMS 发送码位信息	TCMS 能够接收到 CC 发送的码位信息，并与接口协议定义文件描述一致	
3	TCMS 向 CC 反馈码位信息	CC 能够接收到 TCMS 反馈的信息，并与接口协议定义文件描述一致	

第三节　通信系统接口调试方案

一、内部接口调试

1. 测试目的

为验证通信系统内部与外部系统接口功能及性能是否满足设计要求，组织通信各子系统内部以及相关的外部系统进行接口对接，提前发现和解决问题，为后续系统顺利开通做好调试工作。

2. 功能描述

（1）电源系统为各子系统在提供控制中心与车辆段、停车场提供直流或者交流电源。

（2）传输系统为各子系统提供控制中心与车辆段、停车场之间传输通道。

（3）时钟系统为各子系统提供控制中心与车辆段、停车场之间提供标准时钟信号。

（4）集中告警系统根据各子系统网管发出的监控信息，实现并进行集中监视。

（5）CCTV 与无线：车载视频解码后通过专用无线送至 CCTV 系统；专用无线通过流媒体服务器与 CCTV 服务器连接，实现手持终端视频接入大屏显示系统。

（6）广播与 PIS：广播系统与 PIS 终端协调运行。

（7）CCTV 与大屏：CCTV 将视频解码后，根据需求将图像显示到大屏。

（8）专用无线与公务电话互联。

（9）专用电话与广播：实现库内扩音对讲终端的广播功能、广播系统的录音功能。

（10）PIS 与无线：专用无线为车载 PIS 系统提供直播流媒体的传输通道。

（11）CCTV 与周界：实现与周界告警系统的联动。

3. 前提条件

（1）控制中心及典型车站提供正式电。

（2）控制中心与典型车站的传输调通，提供电源供电。

（3）通信系统控制中心及典型车站单系统调试完成。

（4）对接物理连接安装完成。

（5）对接外部系统单机调试完成。

说明：外部接口的车站对接，选择一个典型站点做详细对接测试，其他站点只在开通是正常调试，有问题单独解决。

4. 测试步骤

测试步骤见表 4.19。

表 4.19 通信系统内部接口测试步骤

序号	操作步骤	预期结果
1	确认相关调试设备所需线缆连接正确	
2	万用表检测设备电源	DC48 V，AC 220 V
3	传输网管查看各子系统传输网络是否连通	正常
4	基站与核心网通过传输的 RJ45 以太网接口通道可以进行连接	正常
5	各子系统以时钟提供的时钟信号为基准自动校验本系统时间	正常
6	各子系统一个模拟故障可以将告警上报给集中告警系统正常显示	正常
7	车载视频解码后通过专用无线送至 CCTV 系统；专用无线通过流媒体服务器与 CCTV 服务器连接，实现手持终端视频接入大屏显示系统	正常
8	PIS 与广播系统通信正常	正常
9	CCTV 将视频解码后，根据需求将图像显示到大屏	正常
10	无线手持台可以公务电话互通	正常
11	广播对库内进行扩音；广播网管系统查看录音文件	正常
12	检测与车载 PIS 系统之间的通道是否连通	正常
13	触发周界告警是否跳转告警画面	正常

5. 合格标准

合格标准见表 4.20。

表 4.20 通信系统内部接口测试合格标准

序号	调试内容	说明	调试结果		备注
			控制	反馈	
1	万用表检测设备电源	电压满足 DC48 V，AC 220 V	☐	☐	
2	传输网管查看各子系统传输网络是否连通	通信正常	☐	☐	
3	基站与核心网通过传输的 RJ45 以太网接口通道可以进行连接	通信正常	☐	☐	
4	各子系统以时钟提供的时钟信号为基准自动校验本系统时间	子系统在网管上随意更改时间，可自动校准	☐	☐	
5	各子系统可以将告警上报给集中告警系统正常显示	各子系统分别模拟故障，是否可以将告警上报给集中告警系统正常显示	☐	☐	
6	车载视频解码后通过专用无线送至 CCTV 系统；专用无线通过流媒体服务器与 CCTV 服务器连接，实现手持终端视频接入大屏显示系统	CCTV 可在网管系统查看车载视频；手持终端通过 CCTV 将视频投上大屏	☐	☐	
7	PIS 与广播系统通信正常	通信正常	☐	☐	
8	CCTV 视频解码后将图像显示到大屏	查看图像是否正常并且清晰	☐	☐	
9	无线手持台可与公务电话互通	通话正常	☐	☐	
10	实现库内扩音对讲终端的广播功能；实现广播系统的录音功能	库内广播正常，网管可查看录音记录	☐	☐	
11	检测无线与车载 PIS 系统之间的通道是否连通	通信正常	☐	☐	
12	CCTV 与周界告警系统的联动	触发周界告警是否跳转告警画面	☐	☐	

6. 注意事项

（1）调试前需准备调试记录表。

（2）所有调试人员准时到场，并到达工作地点待命。

（3）各方检查测试前提条件，并准备好测试工具。

7. 测试表格

测试表格见表 4.21。

表 4.21　通信系统内部接口测试

项目名称	温州市域铁路一期工程通信系统集成及专用通信系统设备采购项目				
通信子系统名称			接口名称		
接口描述					
调试时间			调试地点		
序号	测试项目	检验标准		测试记录	结论
					☐合格 ☐不合格
					☐合格 ☐不合格
					☐合格 ☐不合格
					☐合格 ☐不合格
					☐合格 ☐不合格
签字栏：					

注：请各专业建设、监理、系统总包、设备厂家等单位签字，格式为"系统名称-单位名称-调试人员姓名"。

二、通信与信号接口调试

1. 测试目的

为验证通信系统内部与外部系统接口功能及性能是否满足设计要求，组织通信各子系统内部以及相关的外部系统进行接口对接，提前发现和解决问题，为后续系统顺利开通提前做好调试工作。

2. 功能描述

传输系统根据信号要求，提供每个车站、车辆段、停车场、控制中心以及维修中心用于传输信号维护监测系统的传输通道。

时钟系统在控制中心为信号系统提供标准时钟信号。

列车在正线正常运行时，车载台可以呼叫控制中心行车调度员，中心行车调度员可呼叫列车，车场行车调度员不能呼叫列车车载台，列车车载台不能呼叫车场行车组，列车车载台在正线行车组。当列车从正线到车辆段时，车载台接收信号系统 ATS 的信号，自动从正线行车组转为车场行车组，此时控制中心行车调度台不能呼叫到列车，车场行车组可呼叫到列车。

通信系统在 OCC、车辆段和停车场为信号系统提供大屏（其中 OCC 2×10 块，车辆段和停车场各 2×4 块），并将信号系统的输入信号源投至大屏。

3. 前提条件

（1）通信设备室至信号设备室电缆导通，电路调试完成。

（2）通信系统已完成单站单系统调试完成。

（3）ATS 至通信配线架的电缆连接和测试完成。

（4）CLK 的现场接口测试完成。

（5）提供测试计划和测试报告。

（6）外部系统调试完成。

（7）确定接口传输协议。

（8）大屏信号系统部分的画面设计完成。

（9）信号系统至大屏显示系统外线端子处的网络线缆铺设完成。

（10）提供网络方式时使用的协议。

（11）无线 LTE 系统调试完成。

（12）二次开发与无线 LTE 内部接口调试完成。

（13）信号系统提供调试信号。

4. 测试步骤

测试步骤见表 4.22。

表 4.22　通信与信号接口测试步骤

序号	操作步骤	预期结果
1	测试人员分 3 组，第 1 组在 OCC，第 2 组在信号楼调度室，第 3 组在列车上	
2	列车上线前，列车无线车载台呼叫信号楼调度，信号楼调度收到呼叫，并进行回复	声音清晰、通话连续
3	列车上线投入运营，经过出场段信号机，到达正线，列车无线车载台发出呼叫请求，控制大厅调度收到呼叫，并进行回复	声音清晰、通话连续
4	列车运营结束后，从正线到达车场，经过信号机，到达厂段，列车无线车载台发出呼叫请求，信号楼调度收到呼叫，并进行回复	声音清晰、通话连续
5	传输系统在网管终端看 ATS 系统各站端口的通信情况	通信正常
6	大屏件 ATS 提供的信息可正常投送至大屏	显示正常
7	ATS 在网管端更改时间后，查看网管时间是否会自动校准	可自动校准

5. 合格标准

合格标准见表 4.23。

表 4.23　通信与信号接口测试合格标准

序号	调试内容	说明	调试结果		备注
			控制	反馈	
1	车地间呼叫	满足功能要求且语音清晰通话连续，则便是接口正常	☐	☐	
2	ATS 系统控制中心与各站件通信	通信正常并无丢包则表示传输通道符合要求	☐	☐	
3	ATS 可将需显示的信息投送至大屏	大屏正常显示 ATS 信息则表示接口正常	☐	☐	
4	ATS 时钟校准测试	如时间可自行校准这接口正常	☐	☐	

6. 注意事项

（1）调试前需准备调试记录表。

（2）所有调试人员准时到场，并到达工作地点待命。

（3）各方检查测试前提条件，并准备好测试工具。

7. 测试表格

测试表格见表 4.24。

表 4.24 通信与信号接口测试

测试地点	控制中心		测试时间	
序号	调试项目		测试结果	判定
1	车地间呼叫		符合要求	☐合格 ☐不合格
2	ATS 系统控制中心与各站件通信		符合要求	☐合格 ☐不合格
3	ATS 可将需显示的信息投送至大屏		符合要求	☐合格 ☐不合格
4	ATS 时钟校准测试		符合要求	☐合格 ☐不合格
结论				
签字栏	专用通信接口单位: 专用通信施工单位: 监理单位:		信号接口单位: 信号施工单位: 监理单位:	

三、通信与车辆段接口调试

1. 测试目的

为验证通信系统内部与外部系统接口功能及性能是否满足设计要求，组织通信各子系统内部以及相关的外部系统进行接口对接，提前发现和解决问题，为后续系统顺利开通做好调试工作。

2. 功能描述

安全联锁系统在DCC将需显示的信息通过大屏系统投送并显示。

3. 前提条件

（1）信号系统至大屏系统所需要的电缆铺设完成，并完成接口调试。
（2）大屏安装调试完成。

4. 测试步骤

测试步骤见表4.25。

表 4.25　通信与车辆段接口测试步骤

序号	操作步骤	地点	负责人	参与人员
大屏与安全联锁及轮对受电弓动态检测系统接口测试				
准备	测试人员在DCC，测试记录表及测试人员就位	DCC	咨询单位	
步骤1	检测大屏系统设备线缆连接情况	DCC	通信专业人员	
步骤2	安全联锁系统将信号接入到大屏系统，大屏显示该信号	DCC	通信专业人员	

5. 测试合格标准

安全联锁系统信号可在大屏上正常显示。

6. 注意事项

（1）调试前需准备调试记录表。
（2）所有调试人员准时到场，并到达工作地点待命。
（3）各方检查测试前提条件，并准备好测试工具。

7. 测试表格

测试表格见表4.26。

表 4.26　通信与车辆段接口测试表格

测试地点	惠民站		测试时间		
序号	调试项目		测试结果		判定
1	安全联锁系统将信号接入到大屏系统，大屏显示该信号		符合要求		□合格 □不合格
结论					
签字栏	FAS 接口单位： FAS 施工单位： 监理单位：			车辆段接口单位： 车辆段施工单位： 监理单位：	

四、通信与 AFC 接口调试

1．测试目的

为验证通信系统内部与外部系统接口功能及性能是否满足设计要求，组织通信各子系统内部以及相关的外部系统进行接口对接，提前发现和解决问题，为后续系统顺利开通做好调试工作。

2．功能描述

通信专业根据 AFC 系统要求，向其提供连接控制中心、车站、车辆段的传输通道。

3．前提条件

（1）AFC 机房接至通信设备室配线架外侧的网络电缆，敷设电缆并且调试完成。
（2）传输系统调试完成。
（3）电源系统调试完成。
（4）时钟系统调试完成。

4. 测试步骤

测试步骤见表4.27。

表 4.27　通信与 AFC 接口测试步骤

序号	操作步骤	预期结果
1	传输系统在控制中心网管查看提供给 AFC 的传输通道通信是否正常	
2	使用万用表检测配电柜上提供给 AFC 的电源电压是否正常	现场门禁设备释放打开，"释放状态"指示灯亮起
3	AFC 系统时间更改后可否自行校准	现场门禁设备释放功能释放终止，"释放状态"指示灯熄灭，门禁设备恢复供电

5. 合格标准

合格标准见表4.28。

表 4.28　通信与 AFC 接口测试合格标准

序号	调试内容	说明	调试结果		备注
			控制	反馈	
1	AFC 系统在其网管能与各站相互通信	通信正常且无丢包则接口符合要求	□	□	
2	检测专用通信配电柜中 AFC 空开电压	AC 220 V，表示接口符合要求	□	□	
3	AFC 系统网管时钟自动校准	时间可自动校准则接口符合要求	□	□	

AFC 系统在其网管能与各站相互通信。

6. 注意事项

（1）调试前需准备调试记录表。

（2）所有调试人员准时到场，并到达工作地点待命。

（3）各方检查测试前提条件，并准备好测试工具。

7. 测试表格

测试表格见表4.29。

表 4.29 通信与 AFC 接口测试

测试地点	控制中心		测试时间	
序号	调试项目		测试结果	判定
1	通信专业根据 AFC 系统要求，向其提供连接控制中心、车站、车辆段的传输通道		符合要求	合格[ ] 不合格[ ]
2	检测专用通信配电柜中 AFC 空开电压		符合要求	合格[ ] 不合格[ ]
3	AFC 系统网管时钟自动校准		符合要求	合格[ ] 不合格[ ]
结　论				
签字栏	FAS 接口单位： FAS 施工单位： 监理单位：		AFC 接口单位： AFC 施工单位： 监理单位：	

五、通信与 ISCS 接口调试

1. 测试目的

为验证通信系统内部与外部系统接口功能及性能是否满足设计要求，组织通信各子系统内部以及相关的外部系统进行接口对接，提前发现和解决问题，为后续系统顺利开通做好调试工作。

2. 功能描述

ATS 通过 ISCS 系统向 PIS、PA 发送到站及列车时刻等相关信息，PIS 能正确接收并且将信息显示在 LED 屏；PA 可正确接收 ATS 即将到站的信息做出相应反馈。时钟系统为 ISCS 在控制中心提供时钟校准信号。CCTV 在个车站值班室为 ISCS 工作站提供 CCTV 的画面切换和单画面、四画面选择。

3. 前提条件

（1）通信系统控制中心、惠民路车站设备调试完成。
（2）综合监控系统单站调试完成。

4. 测试步骤

测试步骤见表4.30。

表4.30　通信与ISCS接口测试步骤

序号	操作步骤	预期结果
1	测试人员在控制中心调度大厅，站台测试人员在站台，测试记录表及测试人员就位	
2	站台观察并记录上行和下行列车进站的进站广播，到站广播是否与列车实际情况一致	情况一致
3	站台测试人员观察并记录上行和下行列车进站时，PIS显示倒计时是否与列车实际到站情况一致	情况一致
4	ISCS系统在其网管终端上更改时间	自动校准
5	ISCS在车控室的工作站中对CCTV的画面切换和单画面、四画面选择	可正常操作

5. 合格标准

合格标准见表4.31。

表4.31　通信与ISCS接口测试合格标准

序号	调试内容	说明	调试结果		备注
			控制	反馈	
1	ATS通过ISCS给PIS系统发送3列列车的信息，包括已经到达站台的列车以及30 min内即将到达站台的2列列车。对于每列列车，发给PIS的信息包括列车ID、预计到达时间、预计离开时间、折返站台、末班车	PIS接口功能正常	☐	☐	
2	ATS通过ISCS向PA发送的信息包括已经到达站台的列车以及30 min内即将到达站台的2列列车，列车接近站台相关信息，当列车距离站台180 m距离时触发。对于每列列车，发给PA的信息包括：列车ID、预计到达时间、预计离开时间、折返站台	PA接口功能正常	☐	☐	
3	ISCS系统在其网管终端上更改时间可自动校准	接口功能正常			
4	ISCS在车控室的工作站中对CCTV的画面切换和单画面、四画面选择	接口功能正常			

6. 注意事项

（1）调试前需准备调试记录表。

（2）所有调试人员准时到场，并到达工作地点待命。

（3）各方检查测试前提条件，并准备好测试工具。

7. 测试表格

测试表格见表 4.32。

表 4.32　通信与 ISCS 接口测试

测试地点	控制中心	测试时间	
序号	调试项目	测试结果	判定
1	PIS 接收列车 ID、预计到达时间、预计离开时间、折返站台、末班车	符合要求	□合格 □不合格
2	PA 接收列车 ID、预计到达时间、预计离开时间、折返站台	符合要求	□合格 □不合格
结论			
签字栏	专用通信接口单位： 专用通信施工单位： 监理单位：		ISCS 接口单位： ISCS 施工单位： 监理单位：

六、通信与屏蔽门接口调试

1. 测试目的

为验证通信系统内部与外部系统接口功能及性能是否满足设计要求，组织通信各子系统内部以及相关的外部系统进行接口对接，提前发现和解决问题，为后续系统顺利开通做好调试工作。

2. 功能描述

实现车站站台屏蔽门内 LCD 屏幕的播放。

3. 前提条件

（1）LCD 播放控制器输出端至 LCD 屏线缆敷设完成。
（2）提供车站对接同车站调试计划。

4. 测试步骤

PIS 配置好安装与屏蔽门机房内的播控器，将显示信息同步与站台屏蔽门内的 LCD 屏上，测试步骤见表 4.33。

表 4.33　通信与屏蔽门接口测试步骤

序号	操作步骤	预期结果
1	PIS 配置好安装与屏蔽门机房内的播控器	配置完成
2	PIS 将显示信息同步于站台屏蔽门内的 LCD 屏上	显示正常且显示内容与 PIS 站台 LCD 屏内容同步

5. 合格标准

合格标准见表 4.34。

表 4.34　通信与屏蔽门接口测试合格标准

序号	调试内容	说明	调试结果		备注
			控制	反馈	
1	站台屏蔽门内的 LCD 屏显示内容与 PIS 站台 LCD 屏内容同步	显示正确且内容同步则表示接口测试接口符合要求	□	□	

6. 注意事项

（1）调试前需准备调试记录表。
（2）所有调试人员准时到场，并到达工作地点待命。
（3）各方检查测试前提条件，并准备好测试工具。

7. 测试表格

测试表格见表 4.35。

表 4.35　通信与屏蔽门接口测试

测试地点	惠民路站	测试时间	
序号	调试项目	测试结果	判定
1	站台屏蔽门内的 LCD 屏能正常显示	符合要求	□合格 □不合格
结论			
签字栏	专用通信接口单位： 专用通信施工单位： 监理单位：	屏蔽门接口单位： 屏蔽门施工单位： 监理单位：	

七、通信与 SCADA 接口调试

1. 测试目的

为验证通信系统内部与外部系统接口功能及性能是否满足设计要求，组织通信各子系统内部以及相关的外部系统进行接口对接，提前发现和解决问题，为后续系统顺利开通做好调试工作。

2. 功能描述

专用通信系统为 SCADA 提供传输通道，并将 SCADA 提供的信息投上控制中心大屏。

3. 前提条件

（1）大屏系统调试完成。
（2）SCADA 至大屏的视频线布放完成。
（3）传输系统调试完成。
（4）SCADA 受控点至传输的线路布放完成。
（5）SCADA 单系统调试完成。

4. 测试步骤

测试步骤见表 4.36。

表 4.36　通信与 SCADA 接口测试步骤

序号	操作步骤	预期结果
1	传输系统网管查看提供给 SCADA 的通信是否正常	通信正常
2	大屏系统将 SCSDA 的信息投送至大屏	显示正常

5. 合格标准

合格标准见表 4.37。

表 4.37　通信与 SCADA 接口测试合格标准

序号	调试内容	说明	调试结果		备注
			控制	反馈	
1	SCADA 系统各站之间通信线路正常	通信正常且无丢包则表示传输接口符合要求	□	□	
2	大屏系统将 SCSDA 的信息投送至大屏	显示正常则表示传输接口符合要求	□	□	

6. 注意事项

（1）调试前需准备调试记录表。
（2）所有调试人员准时到场，并到达工作地点待命。
（3）各方检查测试前提条件，并准备好测试工具。

7. 测试表格

测试表格见表 4.38。

表 4.38 通信与 SCADA 接口测试

测试地点	惠民路站		测试时间		
序号	调试项目		测试结果		判定
1	SCADA 系统各站之间通信线路正常		符合要求		□合格 □不合格
2	大屏系统将 SCSDA 的信息投送至大屏		符合要求		□合格 □不合格
结 论					
签字栏	专用通信接口单位： 专用通信施工单位： 监理单位：			SCADA 接口单位： SCADA 施工单位： 监理单位：	

八、通信与电梯接口测试

1. 测试目的

为验证通信系统内部与外部系统接口功能及性能是否满足设计要求，组织通信各子系统内部以及相关的外部系统进行接口对接，提前发现和解决问题，为后续系统顺利开通做好调试工作。

2. 功能描述

CCTV 可调取垂梯内的视频信号。

3. 前提条件

（1）电梯安装完成，视频信号在控制箱输出。

（2）CCTV 车站设备调试完成。

（3）通信设备室至电梯控制箱光纤布放完成。

4. 测试步骤

测试步骤见表 4.39。

表 4.39　通信与电梯接口测试步骤

序号	操作步骤	预期结果
1	垂梯系统根据要求将摄像机配置完毕	
2	CCTV 将已配置号的垂梯内摄像机添加进系统	添加成功，正常调取视频

5. 合格标准

合格标准见表 4.40。

表 4.40　通信与电梯接口测试合格标准

序号	调试内容	说明	调试结果		备注
			控制	反馈	
1	CCTV 系统网管可调取垂梯内摄像机视频	正常调取视频则接口符合要求	□	□	

6. 注意事项

（1）调试前需准备调试记录表。

（2）所有调试人员准时到场，并到达工作地点待命。

（3）各方检查测试前提条件，并准备好测试工具。

7. 测试表格

测试表格见表 4.41。

表 4.41　通信与电梯接口测试

测试地点	惠民路站		测试时间		
序号	调试项目		测试结果		判定
1	CCTV 系统网管可调取垂梯内摄像机视频		符合要求		□合格 □不合格
结　论					
签字栏	专用通信接口单位 专用通信施工单位： 监理单位：			电梯接口单位 电梯施工单位： 监理单位：	

第四节　供电系统接口调试方案

一、电力监控 SCADA 调试对点方案

1. 测试目的

（1）检验全线 SCADA 系统功能及布局满足相关设计标准。

（2）检验全线 SCADA 配置满足供电可靠性程度是否满足设计要求。

（3）按相关合同技术规格书全面检查设备/系统，检漏纠错，并对发现的问题进行及时有效的整改，确保系统能满足运营要求。

（4）通过现场端对端测试，验证以下内容：

① 变电所与控制中心 SCADA 之间链路接口、通信正常。

② 控制中心能准确监视 SCADA 底层设备的"三遥"信息。

③ 控制中心能通过 SCADA 向底层 AC 110 kV、AC 20 kV、AC 27.5 kV、AC 0.4 kV 开关柜及机构箱，发送控制开关、闸刀操作指令令和接收设备信号，并准确执行。

在全线 SCADA 联调过程中，由运营供电变配电专业人员进行实际操作、参与"四遥"对点验证（供货商保驾），使操作、检修人员熟悉设备提高操作维护技能，确保一期工程供电系统安全运营。

2. 功能描述

温州市域铁路一期电力工程全线采用 20 kV 双环网供电方式，沿线区间、工作井和正线所有车站的 20/0.4 kV 综合变电所（箱变）均由 20 kV 环网供电。

温州 110/20 kV 变配电所共馈出四个"环馈回路（即 20 kV 双环网）"，变配电所每段 20 kV 母线各馈出两个"环馈回路"。其中，"左环馈回路"供电范围：温州 110/20 kV 变配电所至桐岭站；"右环馈回路"供电范围：温州 110/20 kV 变配电所至奥体中心站 20/0.4 kV 变电所环网分断开关。

全线采用 20 kV 双环网供电方式，在奥体中心站 B 端变电所内设环网分断开关。正常运行时，"奥体中心站 B 端 20/0.4 kV 综合变电所环网分断开关"断开，每座 110/20 kV 变电站按照各自的供电范围分段供电。当某一座 110/20 kV 变电站因故退出运行时，SCADA 电调台通过远方手动操作方式，先分断故障所两个进线电源断路器，再闭合"奥体中心站 B 端 20/0.4 kV 变电所环网分断开关"，由另一座 110/20 kV 变电站带全线一、二级重要用电负荷（三级负荷通过 20/0.4 kV 综合变电所内的三级负荷总开关失压分闸功能或 SCADA 远方手动操作退出运行）。当 110/20 kV 变电站外部电源恢复送电后，SCADA 电调台通过远方手动操作方式，先分开"奥体中心站 20/0.4 kV 综合变电所环网分断开关"，再对原故障所两路进线电源送电，并恢复正常供电模式。

温州市域铁路一期工程线路全长 53.507 km，全线近期设置车站 17 座，其中地面车站 2 座，高架车站 12 座，地下车站 3 座，预留车站 3 座，近期工程平均站间距 3.13 km，远期平均站间距 2.73 km；于桐岭站位置设车辆段一处，半岛二站东端设灵昆车辆段和灵昆车辆维修基地。

全线采用带回流线直接供电方式，地下线隧道内采用刚性悬挂，其他区段采用全补偿简单链型悬挂。一期工程新建 110/27.5 kV 牵引变电所 2 座（温州、灵昆）、分区所 1 座（南洋大道）、分区所兼开闭所 1 座（桐岭）和开闭所 1 座（半岛二站）。

牵引变电所两回 110 kV 进线电源采用分列运行方式，正常时，两台电力变压器同时运行，牵引变压器一台运行一台备用。

正常运行时，牵引网以供电臂为单元，采用单边供电方式。每个供电臂的上、下行接触网在分区所处进行并联。变电所出口处上、下行并联开关打开。

桐岭分区所兼开闭所故障退出运行时，此时闭合桐岭车辆段出入段线上联络开关，由正线接触网向动车停车场内各供电分段供电。

3. 前提条件

前提条件见表 4.42。

表 4.42　电力监控 SCADA 调试前提条件

序号	前置条件	备注
1	供电专业完成变电所 110 kV、27.5 kV、20 kV 交流 GIS 柜，0.4 kV 交流低压柜、变压器、综合自动化柜等设备安装、试验、验收，并完成二次接线，各开关柜二次电源通电	
2	供电专业完成所内综合自动化监控设备安装且调试完毕，并完成对所内、所外设备单体对点调试完毕	
3	电力 SCADA 专业完成控制中心设备安装调试，并且完成调度大厅大屏及调度操作工作站安装调试完毕	
4	控制中心至各变电所通信线缆敷设连通接口调试完毕	
5	供电一次系统的所有设备编号、回路名称、电压等级表示已获取相关部门及领导签发	

4. 测试步骤

（1）对样板车站进行遥控、遥信、遥测综合联调，获取点表相关信号确认。

（2）由控制中心电力调度在工作台（临时）综合自动化屏和现场上操作分、合变电所各个开关和闸刀，并核对现场开关和闸刀动作状态和位置是否正确。

（3）主要项目如下。

① 20 kV 进、出线开关柜，配电变开关柜的开关遥控分、合闸操作，并核对对应的三工位闸刀遥控分、合闸，以及三工位地刀分、合闸位置的遥信信号。

② 20 kV 进、出线开关柜，配电变开关柜的电流、电压遥测信号量核对。远动/就地切换开关位置信号，整定值组核对。

③ 三类负荷开关接触器分、合位置信号，远方复归功能测试。

④ 0.4 kV 进线、母联、三级负荷总开关遥控分、合闸操作，核对对应的开关位置信号，远动/就地控制开关位置信号。

⑤ 0.4 kV 进线、母联开关柜的电流、电压、电度量遥测信号量核对。

⑥ 动力变绕组温度、铁心温度非电量核对。

具体测试项目详见表 4.43。

5. 合格标准

按照满足符合设计要求标准。

6. 注意事项

（1）试验开始前，相关变电所开关应处于冷备用状态，20 kV 进、出线路改为冷备用（带电操作调试，要求中铁建电气化局集团有限公司安排好上、下级变电所操作人员各 2 名）。

（2）为保障车站用电和不影响其他专业的调试工作，相关调试测试采取 20 kV、0.4 kV 一段进行模式，等待 20 kV、0.4 kV 一段恢复正常供电后，再开展 20 kV、0.4 kV 二段调试测试工作。保证车站 0.4 kV 一类、部分二类负荷有一路正常供电。

（3）为了保障设备安全，对不调试带电的一段用红白安全带围上，参调人员不得入内。

（4）试验完毕，应恢复现场设备到调试前的状态，故障信号全部复归，如有保护投退，应重新启用。确保所有设备恢复正常供电。

7. 测试表格

测试表格见表 4.43 ~ 表 4.46。

表 4.43　电力监控 SCADA 测试（一）

柜号	提交 SCADA 厂家遥测名称	遥测码	计算系数	单位	核对	备注
401	401 进线一 A 相电压	16385	1	V		
401	401 进线一 B 相电压	16386	1	V		
401	401 进线一 C 相电压	16387	1	V		
401	401 进线一 A 相电流	16388	1	A		
401	401 进线一 B 相电流	16389	1	A		
401	401 进线一 C 相电流	16390	1	A		
401	401 进线一有功功率	16391	1			
401	401 进线一无功功率	16392	1			
401	401 进线一功率因数	16393	1			
403	403 母联 A 相电压	16397	1	V		
403	403 母联 B 相电压	16398	1	V		
⋮						

表 4.44　电力监控 SCADA 测试（二）

柜号	综合自动化厂家遥信名称	遥脉码	核对	备注
401	401 进线一有功电度	1		
401	401 进线一无功电度	2		
403	403 母联有功电度	3		
403	403 母联无功电度	4		
P07	P07-1 无功电度	72		
⋮				

表 4.45　电力监控 SCADA 测试（三）

装置名称	提交 SCADA 厂家遥信名称	遥信码			核对	备注
401	401 进线一开关合位	1	分	合		
401	401 进线一开关分位	2	分	合		
401	401 进线一远方信号	3	分	合		
401	401 进线一开关故障	4	发信	复归		
401	401 进线一遥控返校	5	发信	复归		
403	403 母联开关合位	6	分	合		
⋮						

表 4.46　电力监控 SCADA 测试（四）

装置柜号	提交 SCADA 厂家遥控名称	遥控码			核对	备注
401	401 进线一开关控制	24577	分	合		
403	403 母联开关控制	24578	分	合		
P04	P04-1 开关控制	245711	分	合		
P04	P04-2 开关控制	24580	分	合		
P04	P04-3 开关控制	24581	分	合		
P04	P04-4 开关控制	24582	分	合		
P04	P04-5 开关控制	24583	分	合		
⋮						

二、0.4 kV 双电源切换箱测试方案

1. 测试目的

0.4 kV 双电源切换箱测试是为了验证双切装置动作的正确性，验证断路器整定值上下级匹配性，验证主备回路接线正确性。

2. 功能描述

对于车站一、二级重要负荷设置双电源供电，确保供电可靠性。电源由车站 20/0.4 kV 变电所 2 段母线分别接引，引入车站双电源切换箱，通过双电源切换装置给设备供电，当

一路电源故障失电时，双电源切换装置切换到二路供电，确保车站一、二级重要负荷的不间断供电。

3. 前提条件

（1）车站 20/0.4 kV 变电所带电运行，并且已给车站正常供电，各回路整定值按设计要求正确配置。

（2）车站双电源切换箱安装完成，双切装置单体调试完成，整定值按设计要求正确配置，具备送电条件。

（3）双电源下端负荷的 UPS 电源装置（如果有）已安装完成，并完成单体调试，电源切换过程不会导致设备失电。

4. 测试步骤

（1）发布调试通知，通知调试时间、地点、参加单位。

（2）电力专业向电调请点，明确需要停送电的 400 V 回路开关名称。

（3）风水电专业向车控室请点，明确调试的双电源切换箱名称、位置、功能，可能会导致的影响。

（4）各系统单位检查各自设备、UPS 状况，风水电专业检查双切的状况，确定是否具备调试条件。

（5）综合联调咨询单位宣布调试开始，风水电专业通过对讲机通知电力专业需要停电的回路，电力专业在车站综合变电所进行停送电操作，风水电专业观察双切箱动作的正确性，主备回路接线正确性，并与电力专业核对双切箱整定值与 400V 整定值上下级匹配性。

（6）逐个双切箱测试，并进行记录。

5. 合格标准

（1）车站 400 V 回路进行停送电过程中，双电源箱投切动作正确、可靠，保证下端负荷的不间断供电。

（2）车站 400 V 回路进行停送电过程中，双电源切换箱主备回路与车站 400 V 变电所主备回路一致。

（3）双电源切换箱断路器整定值不大于车站 400 V 变电所断路器整定值，确保上下级匹配性。

（4）对供电回路的电压、相序核对，确保电压正常、不缺相，相序正确。

6. 注意事项

（1）注意停送电过程中人员的安全。

（2）注意停送电过程中下端用电负荷稳定性，确保不影响设备正常运转。

7. 测试表格

测试表格见表4.47。

表 4.47 0.4 kV 双电源切换箱测试

项目名称			合同编号	
调试设备			调试记录编号	
调试时间			调试地点	
序号	测试项目名称	合格/不合格	调试时间	备注
1	双切配电箱的相电压			
2	双切配电箱的线电压			
3	双切配电箱的相位			
4	双切配电箱的相序			
5	各系统专业 UPS 是否正常工作			

复测：

签字栏：

签字时间：

注：请各专业建设、监理、系统总包、施工单位、设备厂家在测试后签字确认，格式为"姓名-单位名称"。

第五节 车站设备接口调试方案

一、FAS 与电梯系统接口调试方案

1. 测试目的

（1）检查各接口是否恰当、正确地接连到双方指定的端点上。
（2）检查各接口端对端是否恰当、正确的连接。
（3）检验测试电压、相序是否正确，连接是否可靠。
（4）检测电梯的迫降控制，包括信号的输出动作是否正常。
（5）检测电梯迫降至首层后，其迫降到位信号反馈至 FAS 是否正常。

2. 功能描述

连接电梯迫降启动控制端，输出模块发送 FAS 主机的控制命令，输出 DC 24 V 启动中继电梯迫降；连接电梯迫降反馈端，当电梯迫降至首层并双门打开时该触点闭合，FAS 主机通过输入模块接收信号。

3. 前提条件

（1）FAS 模块箱模块安装完成并进行出厂测试。
（2）FAS 现场单体调试完成。
（3）电梯现场单体调试完成。
（4）所有参与测试的单位及人员均已熟悉测试组织及实施方案，并已做好相关各项准备工作。

4. 测试步骤

测试步骤见表 4.48。

表 4.48　FAS 与电梯系统接口测试步骤

序号	测试步骤	预期结果
1	确认 FAS 主机及电梯系统单体调试完成	
2	安排测试人员就位并进行测试准备	
3	FAS 主机对电梯进行迫降控制指令发送	电梯接收 FAS 主机控制指令
4	电梯接收到 FAS 主机发送的迫降指令，执行迫降功能	电梯匀速迫降至首层中
5	电梯迫降至首层后将迫降到位的信号反馈至 FAS 主机	FAS 主机接受电梯迫降到位反馈信号
6	FAS 主机将电梯迫降相关信息反馈至 ISCS 画面上	

5. 合格标准

合格标准见表 4.49。

表 4.49　FAS 与电梯接口测试合格标准

序号	调试内容	信号说明	调试结果		备注
			正常	不正常	
1	FAS 主机控制指令发送	输出 DC 24 V 启动电梯迫降			
2	电梯执行迫降指令	是否迫降至首层并开门			
3	电梯将迫降到位指令发送给 FAS 主机	FAS 主机接收电梯迫降到位信息			
4	FAS 主机将电梯迫降信息反馈至 ISCS 画面上	画面显示迫降到位			

6. 注意事项

（1）调试前需准备调试记录表、FAS 操作手册。

（2）所有调试人员准时到场，并到达工作地点待命。

（3）各方检查测试前提条件，并准备好测试工具。

7. 测试表格

测试表格见表 4.50。

表 4.50　FAS 与电梯系统测试

项目名称			合同编号		
调试项目	FAS 与电梯迫降接口测试		调试记录编号		
调试时间			调试地点		
序号	设备名称、编号	点位名称	合格/不合格	调试时间	备注
1	电梯控制箱 K-DT1	电梯迫降反馈			
		电梯迫降控制			
2	电梯控制箱 K-DT2	电梯迫降反馈			
		电梯迫降控制			
签字栏：					

注：请各专业建设、运营、监理、系统总包、施工单位、设备厂家、联调组等单位签字，格式为"姓名-单位名称"。

二、FAS 与 ACS 系统接口调试方案

1. 测试目的

（1）检查各接口是否恰当、正确地接连到双方指定的端点上。

（2）检查各接口端对端是否恰当、正确的连接。

（3）检验测试电压、相序是否正确，连接是否可靠。

（4）检测 ACS 的释放控制，包括信号的输出动作是否正常。

（5）检测 ACS 释放后，其释放信号反馈至 FAS 是否正常。

2. 功能描述

操作内容主要连接 IPB 盘 ACS 门禁释放控制端，输出模块发送 FAS 主机的控制命令，输出 DC 24 V 启动中继控制 ACS 门禁释放；连接 IBP 盘 ACS 门禁释放反馈端，当 ACS 门禁释放完成时该触点闭合，FAS 主机通过输入模块接收信号。

3. 前提条件

（1）FAS 模块箱模块安装完成并进行出厂测试。

（2）FAS 现场单体调试完成。

（3）ACS 现场单体调试完成。

（4）ACS 与 IBP 盘接口调试完成。

（5）所有参与测试的单位及人员均已熟悉测试组织及实施方案，并已做好相关各项准备工作。

4. 测试步骤

测试步骤见表 4.51。

表 4.51　FAS 与 ACS 系统接口测试步骤

序号	操作步骤	预期结果
1	确认 IBP 盘 ACS 控制运行在自动状态	
2	安排测试人员就位并进行测试准备	
3	FAS 主机对 ACS 门禁进行释放指令发送	ACS 门禁接收 FAS 控制指令并释放门禁
4	ACS 门禁释放后将反馈信号反馈至 FAS 主机	FAS 主机接收门禁释放信号
5	FAS 主机将 ACS 门禁释放相关信息反馈至 ISCS 画面上	

5. 合格标准

合格标准见表4.52。

表 4.52 FAS 与 ACS 系统接口测试合格标准

序号	调试内容	信号说明	调试结果		备注
			正常	不正常	
1	将门禁的钥匙开关打到自动位置，FAS 主机控制指令发送	输出干接点信号启动门禁释放			
2	ACS 门禁执行释放指令	现场门禁设备释放，IBP 盘显示门禁释放指示			
3	ACS 门禁将释放完成指令发送给 FAS 主机	FAS 主机接收 ACS 门禁释放信息			
4	FAS 主机将 ACS 门禁释放信息反馈至 ISCS 画面上	画面显示 ACS 门禁释放相关信息			

6. 注意事项

（1）调试前需准备调试记录表、FAS 操作手册。
（2）所有调试人员准时到场，并到达工作地点待命。
（3）各方检查测试前提条件，并准备好测试工具。

7. 测试表格

测试表格见表4.53。

表 4.53 FAS 与 ACS 系统接口测试表格

项目名称			合同编号		
调试项目	FAS 与 ACS 接口测试		调试记录编号		
调试时间			调试地点		
序号	设备名称、编号	点位名称	合格/不合格	调试时间	备注
1	ACS	门禁释放反馈			
		门禁释放控制			
签字栏：					

注：请各专业建设、运营、监理、系统总包、施工单位、设备厂家、联调组等单位签字，格式为"姓名-单位名称"。

三、FAS 与 AFC 系统接口调试方案

1. 测试目的

（1）检查各接口是否恰当、正确地接连到双方指定的端点上。
（2）检查各接口端对端是否恰当、正确的连接。
（3）检验测试电压、相序是否正确，连接是否可靠。
（4）检测 AFC 的释放控制，包括信号的输出动作是否正常。
（5）检测 AFC 释放后，其释放信号反馈至 FAS 是否正常。

2. 功能描述

操作内容主要连接 IBP 盘 AFC 闸机释放控制端，输出模块发送 FAS 主机的控制命令，输出 DC 24 V 启动中继控制 AFC 闸机释放；连接 IBP 盘 AFC 闸机释放反馈端，当 AFC 闸机释放完成时该触点闭合，FAS 主机通过输入模块接收信号。

3. 前提条件

（1）FAS 模块箱模块安装完成并进行出厂测试。
（2）FAS 现场单体调试完成。
（3）AFC 现场单体调试完成。
（4）AFC 与 IBP 盘接口调试完成。
（5）所有参与测试的单位及人员均已熟悉测试组织及实施方案，并已做好相关各项准备工作。

4. 测试步骤

测试步骤见表 4.54。

表 4.54　FAS 与 AFC 系统接口测试步骤

序号	操作步骤	预期结果
1	确认 IBP 盘 AFC 控制运行在自动状态	
2	安排测试人员就位并进行测试准备	
3	FAS 主机对 AFC 闸机进行释放指令发送	AFC 闸机接收 FAS 控制指令并释放闸机
4	AFC 闸机释放后将反馈信号反馈至 FAS 主机	FAS 主机接受闸机释放信号
5	FAS 主机将 AFC 闸机释放相关信息反馈至 ISCS 画面上	

5. 合格标准

合格标准见表4.55。

表4.55　FAS与AFC系统接口测试合格标准

序号	调试内容	信号说明	调试结果		备注
			正常	不正常	
1	将闸机的钥匙开关打到自动位置，FAS主机控制指令发送	输出干接点信号启动闸机释放			
2	AFC闸机执行释放指令	现场AFC闸机设备释放，IBP盘显示门禁释放指示			
3	AFC闸机将释放完成指令发送给FAS主机	FAS主机接收AFC闸机释放信息			
4	FAS主机将AFC闸机释放信息反馈至ISCS画面上	画面显示AFC闸机释放相关信息			

6. 注意事项

（1）调试前需准备调试记录表、FAS操作手册。
（2）所有调试人员准时到场，并到达工作地点待命。
（3）各方检查测试前提条件，并准备好测试工具。

7. 测试表格

测试表格见表4.56。

表4.56　FAS与AFC系统接口测试表格

项目名称			合同编号		
调试项目	FAS与AFC接口测试		调试记录编号		
调试时间			调试地点		
序号	设备名称、编号	点位名称	合格/不合格	调试时间	备注
1	AFC	闸机释放反馈			
		闸机释放控制			
签字栏：					

注：请各专业建设、运营、监理、系统总包、施工单位、设备厂家、联调组等单位签字，格式为"姓名-单位名称"。

四、FAS 与消防泵系统接口调试方案

1. 测试目的

（1）检查各接口是否恰当、正确地接连到双方指定的端点上。

（2）检查各接口端对端是否恰当、正确的连接。

（3）检验测试电压、相序是否正确，连接是否可靠。

（4）检测消防泵的启动控制，包括信号的输出动作是否正常。

（5）检测消防泵启动后，其运行信号反馈至 FAS 是否正常。

（6）检测消防泵控制就地/远程状态反馈至 FAS 是否正常。

（7）检测消防泵故障报警状态反馈至 FAS 是否正常。

（8）检测消防水池液位报警状态反馈至 FAS 是否正常。

（9）检测消防泵低压报警状态反馈至 FAS 是否正常。

（10）检验接口功能是否满足设计要求。

（11）检验系统的完整性。

2. 功能描述

操作内容主要连接消防泵控制箱的控制端，输出模块发送 FAS 主机的控制命令，输出 DC 24 V 启动中继控制消防泵启动；连接消防泵控制柜运行反馈端，当消防泵运行时该触点闭合，FAS 主机通过输入模块接收信号；连接消防泵控制柜故障反馈端，当消防泵控制柜发生故障时该触点闭合，FAS 主机通过输入模块接收信号；连接消防泵控制柜就地/远方反馈端，当消防泵控制柜运行在就地状态时该触点闭合，FAS 主机通过输入模块接收信号；连接消防泵低压报警反馈端，当消防泵低压报警时，该触点闭合，FAS 主机通过输入模块接收信号；连接消防水池液位高水位报警状态处，当消防水池高水位报警时，该触点闭合，FAS 主机通过输入模块接收信号；连接消防水池液位低水位报警状态处，当消防水池低水位报时，该触点闭合，FAS 主机通过输入模块接收信号。

3. 前提条件

（1）FAS 模块箱模块安装完成并进行出厂测试。

（2）FAS 现场单体调试完成。

（3）消防泵控制柜现场单体调试完成。

（4）消防泵控制柜与消防水池液位接口调试完成。

（5）消防泵控制柜与压力开关接口调试完成。

（6）所有参与测试的单位及人员均已熟悉测试组织及实施方案，并已做好相关各项准备工作。

4. 测试步骤

测试步骤见表4.57。

表 4.57 FAS 与消防泵系统接口测试步骤

序号	操作步骤	预期结果
1	确认消防水泵控制柜调试完成	
2	安排测试人员就位并进行测试准备	
3	确认现场消防泵运行在远方	
4	FAS 主机对消防水泵控制柜进行控制指令发送	消防泵控制柜接收 FAS 指令启动消防水泵
5	消防水泵控制柜将消防水泵运行状态反馈至 FAS 主机	FAS 主机接收消防水泵运行信号
6	撤除 FAS 主机对消防水泵控制指令，现场消防水泵停止	
7	现场进行消防水泵就地/远方状态切换	FAS 接收消防水泵就地状态报警
8	现场模拟消防水泵故障进行消防水泵主备切换	FAS 接收消防水泵故障状态报警
9	现场模拟消防水泵低压状态报警，压力开关动作	FAS 接收压力开关动作报警
10	现场消防水池进行进水当水池达到高水位报警，并将高水位报警通过消防泵控制柜反馈给 FAS 主机	FAS 接收消防水池高水位报警信号
11	现场消防水池进行泄水当水池达到低水位报警，并将低水位报警通过消防泵控制柜反馈给 FAS 主机	FAS 接收消防水池低水位报警信号
12	FAS 主机将消防水泵相关信息反馈至 ISCS 画面上	ISCS 画面显示消防泵相关信息报警

5. 合格标准

合格标准见表4.58。

表 4.58 FAS 与消防泵系统接口测试合格标准

序号	调试内容	信号说明	调试结果		备注
			正常	不正常	
1	将现场消防泵控制柜转至远方，FAS 主机发送启泵指令	输出 DC 24 V 信号启动消防泵			
2	消防泵控制柜执行启动指令	现场消防泵运行，IBP 盘显示消防泵运行指示			
3	消防泵控制柜将消防泵运行信号发送给 FAS 主机	FAS 主机接收消防泵运行信息			
4	现场将消防泵控制柜转换成就地状态，并将就地状态反馈至 FAS 主机	FAS 主机接收消防泵控制柜就地状态信息			

序号	调试内容	信号说明	调试结果		备注
			正常	不正常	
5	现场模拟消防泵故障，并进行消防泵主备切换，将消防泵故障状态反馈至 FAS 主机	FAS 主机接收消防泵控制柜故障状态信息			
6	现场消防水池进水，当水池达到高水位报警，并将高水位报警通过消防泵控制柜反馈给 FAS 主机	FAS 接收消防水池高水位报警信号			
7	现场消防水池泄水，当水池达到低水位报警，并将低水位报警通过消防泵控制柜反馈给 FAS 主机	FAS 接收消防水池低水位报警信号			
8	现场模拟消防水泵低压状态报警，压力开关动作	FAS 接收压力开关动作报警			
9	FAS 主机将消防水泵相关信息反馈至 ISCS 画面上	ISCS 画面显示消防泵相关信息报警			

6. 注意事项

（1）调试前需准备调试记录表、FAS 操作手册。

（2）所有调试人员准时到场，并到达工作地点待命。

（3）各方检查测试前提条件，并准备好测试工具。

7. 测试表格

测试表格见表 4.59。

表 4.59　FAS 与消防泵系统接口测试表格

项目名称			合同编号		
调试项目	FAS 与消防泵及压力开关接口测试		调试记录编号		
调试时间			调试地点		
序号	设备名称	点位名称	合格/不合格	调试时间	备注
1	消防泵	1 号泵运行反馈			
		1 号故障反馈			
		2 号泵运行反馈			
		2 号故障反馈			
		就地状态			
		消防泵控制			

序号	设备名称	点位名称	合格/不合格	调试时间	备注
2	压力开关	动作反馈			
3	水池液位	高水位报警			
		低水位报警			
签字栏：					

注：请各专业建设、运营、监理、系统总包、施工单位、设备厂家、联调组等单位签字，格式为"姓名-
单位名称"。

五、FAS 与消防风机系统接口调试方案

1. 测试目的

（1）检查各接口是否恰当、正确地接连到双方指定的端点上。
（2）检查各接口端对端是否恰当、正确的连接。
（3）检验测试电压、相序是否正确，连接是否可靠。
（4）检测消防风机的启动控制，包括信号的输出动作是否正常。
（5）检测消防风机启动后，将其运行信号反馈至 FAS 是否正常。
（6）检测消防风机控制柜就地/远程状态反馈至 FAS 是否正常。
（7）检测消防风机故障报警状态反馈至 FAS 是否正常。
（8）检验接口功能是否满足设计要求。
（9）检验系统的完整性。

2. 功能描述

操作内容主要连接消防风机控制箱的控制端，输出模块发送 FAS 主机的控制命令，输出 DC 24 V 启动中继控制消防风机启动；连接消防风机控制柜运行反馈端，当消防风机运行时该触点闭合，FAS 主机通过输入模块接收信号；连接消防风机控制柜故障反馈端，当消防风机控制柜发生故障时该触点闭合，FAS 主机通过输入模块接收信号；连接消防风机控制柜就地/远方反馈端，当消防风机控制柜运行在就地状态时该触点闭合，FAS 主机通过输入模块接收信号。

3. 前提条件

（1）FAS 模块箱模块安装完成并进行出厂测试。
（2）FAS 现场单体调试完成。

（3）消防风机现场单体调试完成。

（4）所有参与测试的单位及人员均已熟悉测试组织及实施方案，并已做好相关各项准备工作。

4. 测试步骤

测试步骤见表 4.60。

表 4.60　FAS 与消防风机系统接口测试步骤

序号	操作步骤	预期结果
1	确认消防风机控制柜调试完成	
2	安排测试人员就位并进行测试准备	
3	确认现场消防风机控制柜运行在远方	
4	FAS 主机对消防风机控制柜进行控制指令发送	消防风机控制柜接收 FAS 指令启动消防风机
5	消防风机控制柜将消防风机运行状态反馈至 FAS 主机	FAS 主机接收消防风机运行信号
6	撤除 FAS 主机对消防风机控制指令，现场消防风机停止	
7	现场进行消防风机就地/远方状态切换	FAS 接受消防风机就地状态报警
8	现场模拟消防风机故障	FAS 接受消防风机故障状态报警
9	FAS 主机将消防风机相关信息反馈至 ISCS 画面上	ISCS 画面显示消防风机相关信息报警

5. 合格标准

合格标准见表 4.61。

表 4.61　FAS 与消防风机系统接口测试合格标准

序号	调试内容	信号说明	调试结果		备注
			正常	不正常	
1	将现场消防风机控制柜转至远方，FAS 主机发送启泵指令	输出 DC 24 V 信号启动消防风机			
2	消防风机控制柜执行启动指令	现场消防风机运行，IBP 盘显示消防风机运行指示			
3	消防风机控制柜将消防风机运行信号发送给 FAS 主机	FAS 主机接收消防风机运行信息			
4	现场将消防风机控制柜转换成就地状态，并将就地状态反馈至 FAS 主机	FAS 主机接收消防风机控制柜就地状态信息			
5	现场模拟消防风机故障，将消防风机故障状态反馈至 FAS 主机	FAS 主机接受消防风机控制柜故障状态信息			
6	FAS 主机将消防风机相关信息反馈至 ISCS 画面上	ISCS 画面显示消防风机相关信息报警			

6. 注意事项

（1）调试前需准备调试记录表、FAS 操作手册。

（2）所有调试人员准时到场，并到达工作地点待命。

（3）各方检查测试前提条件，并准备好测试工具。

7. 测试表格

测试表格见表 4.62。

表 4.62　FAS 与消防风机系统接口测试

项目名称			合同编号		
调试项目	FAS 与排烟风机接口测试		调试记录编号		
调试时间			调试地点		
序号	设备名称、编号	点位名称	合格/不合格	调试时间	备注
1	排烟风机 PY4-B201	就地状态			
		运行反馈			
		故障反馈			
		启动控制			
2	排烟风机 PY5-B201	就地状态			
		运行反馈			
		故障反馈			
		启动控制			
3	排烟风机 PY3-A201	就地状态			
		运行反馈			
		故障反馈			
		启动控制			
4	排烟风机 PY1-A201	就地状态			
		运行反馈			
		故障反馈			
		启动控制			
5	排烟风机 PY2-A201	就地状态			
		运行反馈			
		故障反馈			
		启动控制			
签字栏：					

注：请各专业建设、运营、监理、系统总包、施工单位、设备厂家、联调组等单位签字，格式为"姓名-
单位名称"。

六、FAS 与非消防电源切非接口调试方案

1. 测试目的

（1）检查各接口是否恰当、正确地接连到双方指定的端点上。

（2）检查各接口端对端是否恰当、正确的连接。

（3）检验测试电压、相序是否正确，连接是否可靠。

（4）检测非消防电源的切非控制，包括信号的输出动作是否正常。

（5）检测非消防电源切非后，其切非完成信号反馈至 FAS 是否正常。

2. 功能描述

操作内容主要连接非消防电源切非控制端，输出模块发送 FAS 主机的控制命令，输出 DC 24 V 启动中继启动非消防电源切非；连接非消防电源切非反馈端，当非消防电源切非时该触点闭合，FAS 主机通过输入模块接收信号。

3. 前提条件

（1）FAS 模块箱模块安装完成并进行出厂测试。

（2）FAS 现场单体调试完成。

（3）非消防电源配电箱现场单体调试完成。

（4）所有参与测试的单位及人员均已熟悉测试组织及实施方案，并已做好相关各项准备工作。

4. 测试步骤

测试步骤见表 4.63。

表 4.63　FAS 与非消防电源切非接口测试步骤

序号	测试步骤	预期结果
1	确认 FAS 主机及非消防电源配电箱单体调试完成	
2	安排测试人员就位并进行测试准备	
3	FAS 主机对非消防电源配电箱进行切非控制指令发送	非消防电源配电箱接收 FAS 主机切非指令
4	非消防电源配电箱接收到 FAS 主机发送的切非指令，执行切非功能	非消防电源配电箱进行切非
5	非消防电源配电箱切非完成后并将信号反馈至 FAS 主机	FAS 主机接收非消防电源切非到位反馈信号
6	FAS 主机将非消防电源切非信息反馈至 ISCS 画面上	

5. 合格标准

合格标准见表 4.64。

表 4.64　FAS 与非消防电源切非接口测试合格标准

序号	调试内容	信号说明	调试结果		备注
			正常	不正常	
1	FAS 主机切非指令发送	输出 DC 24 V 启动非消防电源切非			
2	非消防电源配电箱执行切非指令	是否将非消防电源配电箱切非			
3	非消防电源配电箱将切非完成位指令发送给 FAS 主机	FAS 主机接收非消防电源切非到位信息			
4	FAS 主机将非消防电源切非信息反馈至 ISCS 画面上	画面显示非消防电源切非			

6. 注意事项

（1）调试前需准备调试记录表、FAS 操作手册。

（2）所有调试人员准时到场，并到达工作地点待命。

（3）各方检查测试前提条件，并准备好测试工具。

7. 测试表格

测试表格见表 4.65。

表 4.65　FAS 与非消防电源切非接口测试

项目名称				合同编号		
调试项目	FAS 与非消防电源接口测试			调试记录编号		
调试时间				调试地点		
序号	设备名称、编号	点位名称	合格/不合格	调试时间		备注
1	动力切非 AL13	强切控制				
		动作反馈				
2	动力切非 DLJ11	强切控制				
		动作反馈				
3	动力切非 DLJ12	强切控制				
		动作反馈				
4	动力切非 DLJ13	强切控制				
		动作反馈				
5	照明切非 ALJ1	强切控制				
		动作反馈				
6	动力切非 DLJ22	强切控制				
		动作反馈				
签字栏：						

注：请各专业建设、运营、监理、系统总包、施工单位、设备厂家、联调组等单位签字，格式为"姓名-
单位名称"。

七、FAS 与应急照明强启系统接口调试方案

1. 测试目的

（1）检查各接口是否恰当、正确地接连到双方指定的端点上。

（2）检查各接口端对端是否恰当、正确的连接。

（3）检验测试电压、相序是否正确，连接是否可靠。

（4）检测应急照明的强启控制，包括信号的输出动作是否正常。

（5）检测应急照明强启后，其强启完成信号反馈至 FAS 是否正常。

2. 功能描述

操作内容主要连接应急照明配电箱强启控制端，输出模块发送 FAS 主机的控制命令，输出 DC 24 V 启动中继启动应急照明配电箱强启；连接应急照明配电箱强启反馈端，当应急照明配电箱强启时该触点闭合，FAS 主机通过输入模块接收信号。

3. 前提条件

（1）FAS 模块箱模块安装完成并进行出厂测试。

（2）FAS 现场单体调试完成。

（3）应急照明配电箱现场单体调试完成。

（4）所有参与测试的单位及人员均已熟悉测试组织及实施方案，并已做好相关各项准备工作。

4. 测试步骤

测试步骤见表 4.66。

表 4.66　FAS 与应急照明强启系统接口测试步骤

序号	测试步骤	预期结果
1	确认 FAS 主机及应急照明配电箱单体调试完成	
2	安排测试人员就位并进行测试准备	
3	FAS 主机对应急照明配电箱进行强启控制指令发送	应急照明配电箱接受 FAS 主机切非指令
4	应急照明配电箱接收到 FAS 主机发送的强启指令，执行应急照明强启功能	应急照明配电箱进行强启
5	应急照明配电箱强启完成后并将信号反馈至 FAS 主机	FAS 主机接受应急照明强启到位反馈信号
6	FAS 主机将应急照明强启信息反馈至 ISCS 画面上	

5. 合格标准

合格标准见表 4.67。

表 4.67　FAS 与应急照明强启系统接口测试合格标准

序号	调试内容	信号说明	调试结果		备注
			正常	不正常	
1	FAS 主机切非指令发送	输出 DC 24 V 启动应急照明强启			
2	应急照明配电箱执行强启指令	是否将非消防电源配电箱强启			
3	应急照明配电箱将强启完成位指令发送给 FAS 主机	FAS 主机接收应急照明强启到位信息			
4	FAS 主机将应急照明强启信息反馈至 ISCS 画面上	画面显示应急照明强启			

6. 注意事项

（1）调试前需准备调试记录表、FAS 操作手册。

（2）所有调试人员准时到场，并到达工作地点待命。

（3）各方检查测试前提条件，并准备好测试工具。

7. 测试表格

测试表格见表 4.68。

表 4.68　FAS 与应急照明强启系统接口测试

项目名称			合同编号		
调试项目	FAS 与应急照明强启接口测试		调试记录编号		
调试时间			调试地点		
序号	设备名称、编号	点位名称	合格/不合格	调试时间	备注
1	应急照明强启 ALEJ2	应急强启			
		动作反馈			
2	应急照明强启 ALE11	应急强启			
		动作反馈			
3	应急照明强启 ALE12	应急强启			
		动作反馈			
4	应急照明强启 ALEJ1	应急强启			
		动作反馈			

签字栏：

注：请各专业建设、运营、监理、系统总包、施工单位、设备厂家、联调组等单位签字，格式为"姓名-单位名称"。

八、FAS 与手动防火阀接口调试方案

1. 测试目的

（1）检查各接口是否恰当、正确地接连到双方指定的端点上。

（2）检查各接口端对端是否恰当、正确的连接。

（3）检验测试电压、相序是否正确，连接是否可靠。

（4）检测手动防火阀关闭后，手动防火阀关闭完成信号反馈至 FAS 是否正常；

2. 功能描述

操作连接手动防火阀关闭反馈端，当手动防火阀关闭时该触点闭合，FAS 主机通过输入模块接收信号。

3. 前提条件

（1）FAS 模块箱模块安装完成并进行出厂测试。

（2）FAS 现场单体调试完成。

（3）手动防火阀现场单体调试完成。

（4）所有参与测试的单位及人员均已熟悉测试组织及实施方案，并已做好相关各项准备工作。

4. 测试步骤

测试步骤见表 4.69。

表 4.69　FAS 与手动防火阀接口测试步骤

序号	测试步骤	预期结果
1	确认 FAS 主机及手动防火阀单体调试完成	
2	安排测试人员就位并进行测试准备	
3	现场将手动防火阀关闭后并将关闭反馈至 FAS 主机	FAS 主机接收手动防火阀关闭到位反馈信号
4	FAS 主机将手动防火阀关闭反馈至 ISCS 画面上	

5. 合格标准

合格标准见表 4.70。

表 4.70 FAS 与手动防火阀接口测试合格标准

序号	调试内容	信号说明	调试结果		备注
			正常	不正常	
1	现场将手动防火阀关闭	手动防火阀关闭后反馈端子闭合			
2	手动防火阀关闭反馈至 FAS 主机	FAS 主机接收手动防火阀关闭到位反馈信号			
3	FAS 主机将手动防火阀关闭信息反馈至 ISCS 画面上	画面显示手动防火阀关闭			

6. 注意事项

（1）调试前需准备调试记录表、FAS 操作手册。

（2）所有调试人员准时到场，并到达工作地点待命。

（3）各方检查测试前提条件，并准备好测试工具。

7. 测试表格

测试表格见表 4.71

表 4.71 FAS 与手动防火阀接口测试

项目名称				合同编号		
调试项目	FAS 与防火阀接口测试			调试记录编号		
调试时间				调试地点		
序号	设备名称、编号		点位名称	合格/不合格	调试时间	备注
1	防火阀 DL13/FHF1-B202		关闭反馈			
2	防火阀 DL13/FHF1-B201		关闭反馈			
3	防火阀 PF20/FHF1-B201		关闭反馈			
4	防火阀 PF22/FHF1-B201		关闭反馈			
5	防火阀 PF18/FHF1-A202		关闭反馈			
6	防火阀 PF15/FHF1-A201		关闭反馈			
7	防火阀 PF18/FHF1-A201		关闭反馈			
8	防火阀 PF1/FHF1-A101		关闭反馈			
9	防火阀 PF2/FHF1-A101		关闭反馈			
10	防火阀 SF1/FHF1-A101		关闭反馈			
签字栏：						

注：请各专业建设、运营、监理、系统总包、施工单位、设备厂家、联调组等单位签字，格式为"姓名-单位名称"。

九、FAS 与电动防火阀系统接口调试方案

1. 测试目的

（1）检查各接口是否恰当、正确地接连到双方指定的端点上。

（2）检查各接口端对端是否恰当、正确的连接。

（3）检验测试电压、相序是否正确，连接是否可靠。

（4）检测电动防火阀的打开控制，包括信号的输出动作是否正常。

（5）检测电动防火阀开启后，其动作完成信号反馈至 FAS 是否正常。

2. 功能描述

操作内容主要连接电动防火阀控制端，输出模块发送 FAS 主机的控制命令，输出 DC 24 V 启动中继启动电动防火阀开启；连接电动防火阀反馈端，当电动防火阀开启完成时该触点闭合，FAS 主机通过输入模块接收信号。

3. 前提条件

（1）FAS 模块箱模块安装完成并进行出厂测试。

（2）FAS 现场单体调试完成。

（3）电动防火阀现场单体调试完成。

（4）所有参与测试的单位及人员均已熟悉测试组织及实施方案，并已做好相关各项准备工作。

4. 测试步骤

测试步骤见表 4.72。

表 4.72　FAS 与电动防火阀系统接口测试步骤

序号	测试步骤	预期结果
1	确认 FAS 主机及电动防火阀单体调试完成	
2	安排测试人员就位并进行测试准备	
3	FAS 主机对电动防火阀进行开启控制指令发送	电动防火阀接收 FAS 主机控制指令
4	电动防火阀接收到 FAS 主机发送的控制指令，执行电动防火阀开启功能	电动防火阀开启
5	电动防火阀完成后并将信号反馈至 FAS 主机	FAS 主机接收电动防火阀开启到位反馈信号
6	FAS 主机将电动防火阀信息反馈至 ISCS 画面上	

5. 合格标准

合格标准见表 4.73。

表 4.73　FAS 与电动防火阀系统接口测试合格标准

序号	调试内容	信号说明	调试结果		备注
			正常	不正常	
1	FAS 主机开启指令发送	输出 DC 24 V 启动电动防火阀			
2	电动防火阀执行开启指令	是否将电动防火阀开启			
3	电动防火阀将开启完成指令发送给 FAS 主机	FAS 主机接受电动防火阀开启到位信息			
4	FAS 主机将电动防火阀信息反馈至 ISCS 画面上	画面显示电动防火阀			

6. 注意事项

（1）在调试前需准备调试记录表、FAS 操作手册。

（2）所有调试人员准时到场，并到达工作地点待命。

（3）各方检查测试前提条件，并准备好测试工具。

7. 测试表格

测试表格见表 4.74。

表 4.74　FAS 与电动防火阀系统接口测试

项目名称			合同编号		
调试项目	FAS 与防火阀接口测试		调试记录编号		
调试时间			调试地点		
序号	设备名称、编号	点位名称	合格/不合格	调试时间	备注
1	电动防火阀 PY3/PYF2-A201	开启反馈			
		开启控制			
2	电动防火阀 PF3/FHF2-A101	开启反馈			
		开启控制			
3	电动防火阀 PY2/PYF1-A101	开启反馈			
		开启控制			
4	电动防火阀 PY2/PYF2-A101	开启反馈			
		开启控制			
5	电动防火阀 PY4/PYF2-B201	开启反馈			
		开启控制			
6	电动防火阀 PY5/PYF2-B201	开启反馈			
		开启控制			
7	电动防火阀 PY1/PYF2-A201	开启反馈			
		开启控制			

签字栏：

注：请各专业建设、运营、监理、系统总包、施工单位、设备厂家、联调组等单位签字，格式为"姓名-单位名称"。

十、FAS 与电动排烟口系统接口调试方案

1. 测试目的

（1）检查各接口是否恰当、正确地接连到双方指定的端点上。

（2）检查各接口端对端是否恰当、正确的连接。

（3）检验测试电压、相序是否正确，连接是否可靠。

（4）检测电动排烟口的打开控制，包括信号的输出动作是否正常。

（5）检测电动排烟口开启后，其动作完成信号反馈至 FAS 是否正常。

2. 功能描述

操作内容主要连接电动排烟口控制端，输出模块发送 FAS 主机的控制命令，输出 DC 24 V 启动中继启动电动排烟口开启；连接电动排烟口反馈端，当电动排烟口开启完成时该触点闭合，FAS 主机通过输入模块接收信号。

3. 前提条件

（1）FAS 模块箱模块安装完成并进行出厂测试。

（2）FAS 现场单体调试完成。

（3）电动排烟口现场单体调试完成。

（4）所有参与测试的单位及人员均已熟悉测试组织及实施方案，并已做好相关各项准备工作。

4. 测试步骤

测试步骤见表 4.75。

表 4.75　FAS 与电动排烟口系统接口测试步骤

序号	测试步骤	预期结果
1	确认 FAS 主机及电动排烟口单体调试完成	
2	安排测试人员就位并进行测试准备	
3	FAS 主机对电动排烟口进行开启控制指令发送	电动排烟口接收 FAS 主机控制指令
4	电动排烟口接收到 FAS 主机发送的控制指令，执行电动排烟口开启功能	电动排烟口开启
5	电动排烟口完成后并将信号反馈至 FAS 主机	FAS 主机接收电动排烟口开启到位反馈信号
6	FAS 主机将电动排烟口信息反馈至 ISCS 画面上	

5. 合格标准

合格标准见表 4.76。

表 4.76　FAS 与电动排烟口系统接口测试合格标准

序号	调试内容	信号说明	调试结果		备注
			正常	不正常	
1	FAS 主机开启指令发送	输出 DC 24 V 启动电动排烟口			
2	电动排烟口执行开启指令	是否将电动排烟口开启			
3	电动排烟口将开启完成指令发送给 FAS 主机	FAS 主机接收电动排烟口开启到位信息			
4	FAS 主机将电动排烟口信息反馈至 ISCS 画面上	画面显示电动排烟口			

6. 注意事项

（1）调试前需准备调试记录表、FAS 操作手册。

（2）所有调试人员准时到场，并到达工作地点待命。

（3）各方检查测试前提条件，并准备好测试工具。

7. 测试表格

测试表格见表 4.77。

表 4.77　FAS 与电动排烟口系统接口测试

项目名称			合同编号		
调试项目	FAS 与电动排烟口接口测试		调试记录编号		
调试时间			调试地点		
序号	设备名称、编号	点位名称	合格/不合格	调试时间	备注
1	排烟口 PYK-FY101	开启反馈			
		开启控制			
2	排烟口 PYK-FY102	开启反馈			
		开启控制			
3	排烟口 PYK-FY103	开启反馈			
		开启控制			
4	排烟口 PYK-Y301	开启反馈			
		开启控制			
5	排烟口 PYK-02-04	开启反馈			
		开启控制			

序号	设备名称、编号	点位名称	合格/不合格	调试时间	备注
6	排烟口 PYK-02-05	开启反馈			
		开启控制			
7	排烟口 PYK-Y201	开启反馈			
		开启控制			
8	排烟口 PYK-02-09	开启反馈			
		开启控制			
9	排烟口 PYK-02-10	开启反馈			
		开启控制			
10	排烟口 PYK-02-01	开启反馈			
		开启控制			
11	排烟口 PYK-02-02	开启反馈			
		开启控制			
12	排烟口 PYK-02-03	开启反馈			
		开启控制			
13	排烟口 PYK-02-06	开启反馈			
		开启控制			
14	排烟口 PYK-02-07	开启反馈			
		开启控制			
15	排烟口 PYK-02-08	开启反馈			
		开启控制			

签字栏：

注：请各专业建设、运营、监理、系统总包、施工单位、设备厂家、联调组等单位签字，格式为"姓名-单位名称"。

十一、FAS 与消防电源系统接口调试方案

1. 测试目的

（1）检查各接口是否恰当、正确地接连到双方指定的端点上。
（2）检查各接口端对端是否恰当、正确的连接。
（3）检验测试电压、相序是否正确，连接是否可靠。
（4）检测主电脱扣后，其动作完成信号反馈至 FAS 是否正常。
（5）检测主电故障报警，其报警信号反馈至 FAS 是否正常。
（6）检测备电脱扣后，其动作完成信号反馈至 FAS 是否正常。
（7）检测备电故障报警，其报警信号反馈至 FAS 是否正常。

2. 功能描述

连接消防电源配电箱主电脱扣反馈端，当消防电源配电箱主电脱扣完成时该触点闭合，FAS 主机通过输入模块接收信号；连接消防电源配电箱主电故障反馈端，当消防电源配电箱主电故障报警时该触点闭合，FAS 主机通过输入模块接收信号；连接消防电源配电箱备电脱扣反馈端，当消防电源配电箱备电脱扣完成时该触点闭合，FAS 主机通过输入模块接收信号；连接消防电源配电箱备电故障反馈端，当消防电源配电箱备电故障报警时该触点闭合，FAS 主机通过输入模块接收信号。

3. 前提条件

（1）FAS 模块箱模块安装完成并进行出厂测试。
（2）FAS 现场单体调试完成。
（3）消防电源配电箱现场单体调试完成。
（4）所有参与测试的单位及人员均已熟悉测试组织及实施方案，并已做好相关各项准备工作。

4. 测试步骤

测试步骤见表 4.78。

表 4.78　FAS 与消防电源系统接口测试步骤

序号	测试步骤	预期结果
1	确认 FAS 主机及消防电源配电箱单体调试完成	
2	安排测试人员就位并进行测试准备	
3	现场对消防电源配电箱进行主电脱扣动作	FAS 主机接收消防电源主电脱扣报警信号
4	现场对消防电源配电箱进行主电故障报警，并进行主备电切换	FAS 主机接收消防电源主电故障报警信号
5	现场对消防电源配电箱进行备电脱扣动作	FAS 主机接收消防电源备电脱扣报警信号
6	现场对消防电源配电箱进行备电故障报警，并进行主备电切换	FAS 主机接收消防电源备电故障报警信号

5. 合格标准

合格标准见表4.79。

表 4.79　FAS 与消防电源系统接口测试合格标准

序号	调试内容	信号说明	调试结果		备注
			正常	不正常	
1	现场对消防电源配电箱进行主电脱扣动作	主电脱扣触点闭合，FAS 接收报警信息			
2	现场对消防电源配电箱进行主电故障报警，并进行主备电切换	主电故障报警触点闭合，FAS 接收报警信息			
3	现场对消防电源配电箱进行备电脱扣动作	备电脱扣触点闭合，FAS 接收报警信息			
4	现场对消防电源配电箱进行备电故障报警，并进行主备电切换	主电故障报警触点闭合，FAS 接收报警信息			
5	FAS 主机将消防电源信息反馈至 ISCS 画面上	画面显示消防电源报警信息			

6. 注意事项

（1）调试前需准备调试记录表、FAS 操作手册。
（2）所有调试人员准时到场，并到达工作地点待命。
（3）各方检查测试前提条件，并准备好测试工具。

7. 测试表格

测试表格见表4.80。

表 4.80　FAS 与消防电源系统接口测试

项目名称				合同编号		
调试项目		FAS 与消防电源监控接口测试		调试记录编号		
调试时间				调试地点		
序号	设备名称、编号	点位名称	合格/不合格	调试时间		备注
1	消防泵电源箱 AT-XF	主电源开关闭合反馈				
		主电故障反馈				
		备电源开关闭合反馈				
		备电故障反馈				

序号	设备名称、编号	点位名称	合格/不合格	调试时间	备注
2	FAS 电源 AT-FAS	主电源开关闭合反馈			
		主电故障反馈			
		备电源开关闭合反馈			
		备电故障反馈			
签字栏：					

注：请各专业建设、运营、监理、系统总包、施工单位、设备厂家、联调组等单位签字，格式为"姓名-单位名称"。

十二、FAS 与全降型防火卷帘门接口调试方案

1. 测试目的

（1）检查各接口是否恰当、正确地接连到双方指定的端点上。
（2）检查各接口端对端是否恰当、正确的连接。
（3）检验测试电压、相序是否正确，连接是否可靠。
（4）检测全降型防火卷帘门的迫降控制，包括信号的输出动作是否正常。
（5）检测全降型防火卷帘门迫降完成后，其迫降到位完成信号反馈至 FAS 是否正常。

2. 功能描述

操作内容主要连接全降型防火卷帘门控制端，输出模块发送 FAS 主机的控制命令，输出 DC 24 V 启动中继启动全降型防火卷帘门迫降；连接全降型防火卷帘门反馈端，当全降型防火卷帘门迫降完成时该触点闭合，FAS 主机通过输入模块接收信号。

3. 前提条件

（1）FAS 模块箱模块安装完成并进行出厂测试。
（2）FAS 现场单体调试完成。
（3）全降型防火卷帘门现场单体调试完成。
（4）所有参与测试的单位及人员均已熟悉测试组织及实施方案，并已做好相关各项准备工作。

4. 测试步骤

测试步骤见表 4.81。

表 4.81　FAS 与全降型防火卷帘门接口测试步骤

序号	测试步骤	预期结果
1	确认 FAS 主机及全降型防火卷帘门单体调试完成	
2	安排测试人员就位并进行测试准备	
3	FAS 主机对全降型防火卷帘门进行迫降控制指令发送	全降型防火卷帘门接收 FAS 主机控制指令
4	全降型防火卷帘门接收到 FAS 主机发送的控制指令，执行全降型防火卷帘门迫降功能	全降型防火卷帘门进行迫降
5	全降型防火卷帘门迫降完成后并将信号反馈至 FAS 主机	FAS 主机接收全降型防火卷帘门迫降反馈信号
6	FAS 主机将全降型防火卷帘门信息反馈至 ISCS 画面上	

5. 合格标准

合格标准见表 4.82。

表 4.82　FAS 与全降型防火卷帘门接口测试合格标准

序号	调试内容	信号说明	调试结果		备注
			正常	不正常	
1	FAS 主机开启指令发送	输出 DC 24 V 启动全降型防火卷帘门			
2	全降型防火卷帘门执行迫降	是否将全降型防火卷帘门迫降			
3	全降型防火卷帘门将迫降完成指令发送给 FAS 主机	FAS 主机接收全降型防火卷帘门迫降到位信息			
4	FAS 主机将全降型防火卷帘门信息反馈至 ISCS 画面上	画面显示全降型防火卷帘门			

6. 注意事项

（1）调试前需准备调试记录表、FAS 操作手册。
（2）所有调试人员准时到场，并到达工作地点待命。
（3）各方检查测试前提条件，并准备好测试工具。

7. 测试表格

测试表格见表 4.83。

表 4.83 FAS 与全降型防火卷帘门接口测试

项目名称			合同编号	
调试项目	FAS 与卷帘门接口测试		调试记录编号	
调试时间			调试地点	
序号	设备名称、编号	点位名称	合格/不合格	调试时间	备注
1	卷帘门控制箱 1	迫降到位反馈			
		启动控制			

签字栏:

注:请各专业建设、运营、监理、系统总包、施工单位、设备厂家、联调组等单位签字,格式为"姓名-
单位名称"。

十三、FAS 与水流指示器接口调试方案

1. 测试目的

(1)检查各接口是否恰当、正确地接连到双方指定的端点上。

(2)检查各接口端对端是否恰当、正确的连接。

(3)检验测试电压、相序是否正确,连接是否可靠。

(4)检测水流指示器动作后,其信号反馈至 FAS 是否正常。

2. 功能描述

操作连接水流指示器动作反馈端,当水流指示器动作时该触点闭合,FAS 主机通过输入
模块接收信号。

3. 前提条件

(1)FAS 模块箱模块安装完成并进行出厂测试。

(2)FAS 现场单体调试完成。

(3)水流指示器现场单体调试完成。

（4）所有参与测试的单位及人员均已熟悉测试组织及实施方案，并已做好相关各项准备工作。

4. 测试步骤

测试步骤见表4.84。

表4.84 FAS与水流指示器接口测试步骤

序号	测试步骤	预期结果
1	确认FAS主机及水流指示器单体调试完成	
2	安排测试人员就位并进行测试准备	
3	现场水流指示器动作时并将动作报警反馈至FAS主机	FAS主机接收水流指示器动作报警信号
4	FAS主机将水流指示器动作报警至ISCS画面上	

5. 合格标准

合格标准见表4.85。

表4.85 FAS与水流指示器接口测试合格标准

序号	调试内容	信号说明	调试结果		备注
			正常	不正常	
1	现场水流指示器动作	水流指示器动作时，反馈端子闭合			
2	水流指示器动作时报警信号至FAS主机	FAS主机接收水流指示器动作报警信号			
3	FAS主机将水流指示器动作报警反馈至ISCS画面上	画面显示水流指示器动作报警			

6. 注意事项

（1）调试前需准备调试记录表、FAS操作手册。
（2）所有调试人员准时到场，并到达工作地点待命。
（3）各方检查测试前提条件，并准备好测试工具。

7. 测试表格

测试表格见表4.86。

表 4.86 FAS 与水流指示器接口测试表格

项目名称			合同编号		
调试项目	FAS 与水流指示接口测试		调试记录编号		
调试时间			调试地点		
序号	设备名称、编号	点位名称	合格/不合格	调试时间	备注
1	水流指示 1	动作报警			
2	水流指示 2	动作报警			
3	水流指示 3	动作报警			
4	水流指示 4	动作报警			
签字栏:					

注：请各专业建设、运营、监理、系统总包、施工单位、设备厂家、联调组等单位签字，格式为"姓名-单位名称"。

十四、FAS 与信号蝶阀接口调试方案

1. 测试目的

（1）检查各接口是否恰当、正确地接连到双方指定的端点上。

（2）检查各接口端对端是否恰当、正确的连接。

（3）检验测试电压、相序是否正确，连接是否可靠。

（4）检测信号蝶阀关闭后，其信号反馈至 FAS 是否正常。

2. 功能描述

操作连接信号蝶阀关闭反馈端，当信号蝶阀关闭时该触点闭合，FAS 主机通过输入模块接收信号。

3. 前提条件

（1）FAS 模块箱模块安装完成并进行出厂测试。

（2）FAS 现场单体调试完成。

（3）信号蝶阀现场单体调试完成。

（4）所有参与测试的单位及人员均已熟悉测试组织及实施方案，并已做好相关各项准备工作。

4. 测试步骤

测试步骤见表 4.87。

表 4.87 FAS 与信号蝶阀接口测试步骤

序号	测试步骤	预期结果
1	确认 FAS 主机及信号蝶阀单体调试完成	
2	安排测试人员就位并进行测试准备	
5	现场将信号蝶阀关闭后并将关闭反馈至 FAS 主机	FAS 主机接收信号蝶阀关闭到位反馈信号
6	FAS 主机将信号蝶阀关闭反馈至 ISCS 画面上	

5. 合格标准

合格标准见表 4.88。

表 4.88 FAS 与信号蝶阀接口测试合格标准

序号	调试内容	信号说明	调试结果		备注
			正常	不正常	
1	现场将信号蝶阀关闭	信号蝶阀关闭后反馈端子闭合			
2	信号蝶阀关闭反馈至 FAS 主机	FAS 主机接收信号蝶阀关闭到位反馈信号			
3	FAS 主机将信号蝶阀关闭信息反馈至 ISCS 画面上	画面显示信号蝶阀关闭			

6. 注意事项

（1）调试前需准备调试记录表、FAS 操作手册。

（2）所有调试人员准时到场，并到达工作地点待命。

（3）各方检查测试前提条件，并准备好测试工具。

7. 测试表格

测试表格见表 4.89。

表 4.89　FAS 与信号蝶阀接口测试表格

项目名称			合同编号		
调试项目	FAS 与信号蝶阀接口测试		调试记录编号		
调试时间			调试地点		
序号	设备名称、编号	点位名称	合格/不合格	调试时间	备注
1	信号蝶阀 1	关闭报警			
2	信号蝶阀 2	关闭报警			
3	信号蝶阀 3	关闭报警			
4	信号蝶阀 4	关闭报警			
5	信号蝶阀 5	关闭报警			
签字栏：					

注：请各专业建设、运营、监理、系统总包、施工单位、设备厂家、联调组等单位签字，格式为"姓名-单位名称"。

十五、FAS 与湿式报警阀接口调试方案

1. 测试目的

（1）检查各接口是否恰当、正确地接连到双方指定的端点上。

（2）检查各接口端对端是否恰当、正确的连接。

（3）检验测试电压、相序是否正确，连接是否可靠。

（4）检测湿式报警阀动作后，其信号反馈至 FAS 是否正常。

2. 功能描述

操作连接湿式报警阀动作反馈端，当湿式报警阀动作时该触点闭合，FAS 主机通过输入模块接收信号。

3. 前提条件

（1）FAS 模块箱模块安装完成并进行出厂测试。

（2）FAS 现场单体调试完成。

（3）湿式报警阀现场单体调试完成。

（4）所有参与测试的单位及人员均已熟悉测试组织及实施方案，并已做好相关各项准备工作。

4. 测试步骤

测试步骤见表4.90。

表4.90　FAS与湿式报警阀接口测试步骤

序号	测试步骤	预期结果
1	确认FAS主机及湿式报警阀单体调试完成	
2	安排测试人员就位并进行测试准备	
5	现场湿式报警阀动作时并将动作报警反馈至FAS主机	FAS主机接收湿式报警阀动作报警信号
6	FAS主机将湿式报警阀动作报警至ISCS画面上	

5. 合格标准

合格标准见表4.91。

表4.91　FAS与湿式报警阀接口测试合格标准

序号	调试内容	信号说明	调试结果		备注
			正常	不正常	
1	现场湿式报警阀动作	湿式报警阀动作时反馈端子闭合			
2	湿式报警阀动作时报警信号至FAS主机	FAS主机接受接收湿式报警阀动作报警信号			
3	FAS主机将湿式报警阀动作报警反馈至ISCS画面上	画面显示湿式报警阀动作报警			

6. 注意事项

（1）调试前需准备调试记录表、FAS操作手册。

（2）所有调试人员准时到场，并到达工作地点待命。

（3）各方检查测试前提条件，并准备好测试工具。

7. 测试表格

测试表格见表4.92。

表 4.92　FAS 与湿式报警阀接口测试

项目名称			合同编号		
调试项目	FAS 与湿示报警阀接口测试		调试记录编号		
调试时间			调试地点		
序号	设备名称、编号	点位名称	合格/不合格	调试时间	备注
1	湿示报警阀	动作报警			
签字栏：					

注：请各专业建设、运营、监理、系统总包、施工单位、设备厂家、联调组等单位签字，格式为"姓名-单位名称"。

十六、FAS 与全自动防火阀接口调试方案

1. 测试目的

（1）检查各接口是否恰当、正确地接连到双方指定的端点上。
（2）检查各接口端对端是否恰当、正确的连接。
（3）检验测试电压、相序是否正确，连接是否可靠。
（4）检测全自动防火阀的打开控制，包括信号的输出动作是否正常。
（5）检测全自动防火阀开启后，其动作完成信号反馈至 FAS 是否正常。
（6）检测全自动防火阀的关闭控制，包括信号的输出动作是否正常。
（7）检测全自动防火阀关闭后，其动作完成信号反馈至 FAS 是否正常。

2. 功能描述

连接全自动防火阀开启控制端，输出模块发送 FAS 主机的控制命令，输出 DC 24 V 启动中继启动全自动防火阀开启；连接全自动防火阀开启反馈端，当全自动防火阀开启完成时该触点闭合，FAS 主机通过输入模块接收信号；连接全自动防火阀关闭控制端，输出模块发送 FAS 主机的控制命令，输出 DC 24 V 启动中继启动全自动防火阀关闭；连接全自动防火阀关闭反馈端，当全自动防火阀关闭时该触点闭合，FAS 主机通过输入模块接收信号。

3. 前提条件

（1）FAS 模块箱模块安装完成并进行出厂测试。
（2）FAS 现场单体调试完成。
（3）全自动防火阀现场单体调试完成。
（4）所有参与测试的单位及人员均已熟悉测试组织及实施方案，并已做好相关各项准备工作。

4. 测试步骤

测试步骤见表 4.93。

表 4.93　FAS 与全自动防火阀接口测试步骤

序号	测试步骤	预期结果
1	确认 FAS 主机及全自动防火阀单体调试完成	
2	安排测试人员就位并进行测试准备	
3	FAS 主机对全自动防火阀进行开启控制指令发送	全自动防火阀接收 FAS 主机控制指令
4	全自动防火阀收到 FAS 主机发送的控制指令，执行全自动防火阀开启功能	全自动防火阀开启
5	全自动防火阀开启完成后并将信号反馈至 FAS 主机	FAS 主机接收全自动防火阀开启到位反馈信号
6	FAS 主机向全自动防火阀发送关闭控制指令	全自动防火阀接收 FAS 主机控制指令
7	全自动防火阀收到 FAS 主机发送的控制指令，执行全自动防火阀关闭功能	全自动防火阀关闭
8	全自动防火阀关闭完成后并将信号反馈至 FAS 主机	FAS 主机接收全自动防火阀关闭到位反馈信号
9	FAS 主机将全自动防火阀信息反馈至 ISCS 画面上	

5. 合格标准

合格标准见表 4.94。

表 4.94　FAS 与全自动防火阀接口测试合格标准

序号	调试内容	信号说明	调试结果		备注
			正常	不正常	
1	FAS 主机开启指令发送	输出 DC 24 V 启动全自动防火阀			
2	全自动防火阀执行开启指令	是否将全自动防火阀开启			
3	全自动防火阀将开启完成指令发送给 FAS 主机	FAS 主机接收全自动防火阀开启到位信息			
4	FAS 主机关闭指令发送	输出 DC 24 V 关闭全自动防火阀			
5	全自动防火阀执行关闭指令	是否将全自动防火阀关闭			
6	全自动防火阀将关闭完成指令发送给 FAS 主机	FAS 主机接收全自动防火阀关闭到位信息			
7	FAS 主机将全自动防火阀信息反馈至 ISCS 画面上	画面显示全自动防火阀			

6. 注意事项

（1）调试前需准备调试记录表、FAS 操作手册。

（2）所有调试人员准时到场，并到达工作地点待命。

（3）各方检查测试前提条件，并准备好测试工具。

7. 测试表格

测试表格见表 4.95。

表 4.95　FAS 与全自动防火阀接口测试

项目名称			合同编号		
调试项目	FAS 与全自动防火阀接口测试		调试记录编号		
调试时间			调试地点		
序号	设备名称、编号	点位名称	合格/不合格	调试时间	备注
1	全自动防火阀 FHF2-S107	开启反馈			
		开启控制			
		关闭反馈			
		关闭控制			
2	全自动防火阀 FHF2-S106	开启反馈			
		开启控制			
		关闭反馈			
		关闭控制			
3	全自动防火阀 FHF2-S108	开启反馈			
		开启控制			
		关闭反馈			
		关闭控制			
4	全自动防火阀 FHF2-S104	开启反馈			
		开启控制			
		关闭反馈			
		关闭控制			
5	全自动防火阀 FHF2-S103	开启反馈			
		开启控制			
		关闭反馈			
		关闭控制			

序号	设备名称、编号	点位名称	合格/不合格	调试时间	备注
6	全自动防火阀 FHF2-S105	开启反馈			
		开启控制			
		关闭反馈			
		关 闭 控 制			
7	全自动防火阀 FHF2-S102	开启反馈			
		开启控制			
		关闭反馈			
		关 闭 控 制			
8	全自动防火阀 FHF2-S101	开启反馈			
		开启控制			
		关闭反馈			
		关 闭 控 制			
9	全自动防火阀 FHF2-S113	开启反馈			
		开启控制			
		关闭反馈			
		关 闭 控 制			
10	全自动防火阀 FHF2-S201	开启反馈			
		开启控制			
		关闭反馈			
		关 闭 控 制			
11	全自动防火阀 FHF2-S202	开启反馈			
		开启控制			
		关闭反馈			
		关 闭 控 制			
12	全自动防火阀 FHF2-S203	开启反馈			
		开启控制			
		关闭反馈			
		关 闭 控 制			
13	全自动防火阀 FHF2-S109	开启反馈			
		开启控制			
		关闭反馈			
		关 闭 控 制			

序号	设备名称、编号	点位名称	合格/不合格	调试时间	备注
14	全自动防火阀 FHF2-S111	开启反馈			
		开启控制			
		关闭反馈			
		关闭控制			
15	全自动防火阀 FHF2-S112	开启反馈			
		开启控制			
		关闭反馈			
		关闭控制			
16	全自动防火阀 FHF2-S110	开启反馈			
		开启控制			
		关闭反馈			
		关闭控制			

签字栏：

注：请各专业建设、运营、监理、系统总包、施工单位、设备厂家、联调组等单位签字，格式为"姓名-单位名称"。

十七、IBP 盘与 PSD 系统接口调试方案

1. 测试目的

（1）检验 IBP 盘 PSD 钥匙开关、旋转开关等设备工作回路是否正常。

（2）检验接口功能是否满足设计要求。

（3）检验系统的完整性。

2. 功能描述

操作内容主要包含站台门专业钥匙开关、按钮控制、指示灯控制、反馈功能。

PSD 盘面如图 4.1 所示，盘面上各设备样式见表 4.96。

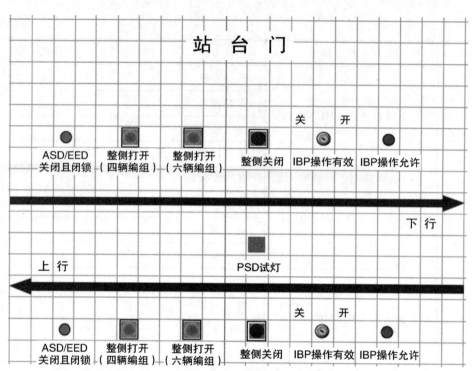

图 4.1　PSD 盘面

表 4.96　PSD 盘面上设备样式

序号	设备样式	设备型号	备注
1		绿色、不带灯、自复型、带铅封、带保护盖按钮	
2		红色、不带灯、自复型、带铅封、带保护盖按钮	
3		绿色圆形状态指示灯	
4		红色圆形状态指示灯	
5		二位钥匙开关	

3. 前提条件

（1）IBP 盘 PSD 部分钥匙开关、指示灯、按钮完成出厂测试。

（2）IBP 盘现场单体调试完成。

（3）PSD 现场单体调试完成。

（4）所有参与测试的单位及人员均已熟悉测试组织及实施方案，并已做好相关各项准备工作。

4. 测试步骤

测试步骤见表 4.97。

表 4.97　IBP 盘与 PSD 系统接口测试步骤

序号	测试步骤	预期结果
1	确认必须在 IBP 盘上进行此项操作，且得到了授权	
2	翻开"试灯"按钮保护盖按下按钮	上下行所有状态指示灯、带灯按钮亮起
3	将"IBP 操作有效"钥匙开关处于"开"状态，IBP 操作允许灯亮，按下整侧打开按钮	相应现场整侧设备打开
4	将"IBP 操作有效"钥匙开关处于"开"状态，IBP 操作允许灯亮，按下整侧关闭按钮	相应整侧 ASD/EED 设备关闭，同时 ASD/EED 关闭且锁紧灯亮
5	将"IBP 操作有效"钥匙开关处于"开"状态，IBP 操作允许灯亮，按下排烟开门按钮	相应现场排烟门打开（仅地下站有）

5. 合格标准

合格标准见表 4.98。

表 4.98　IBP 盘与 PSD 系统接口测试合格标准

序号	调试内容	信号说明	调试结果		备注
			控制	反馈	
1	试灯按钮	上下行所有状态指示灯、带灯按钮亮起	☐	☐	
2	下行 IBP 操作有效开关	关：禁止 IBP 操作屏蔽门系统；开：允许 IBP 操作屏蔽门系统	☐	☐	
3	下行整侧打开（四辆编组）按钮	0：自动；1：相应现场整侧设备打开	☐		
4	下行整侧打开（六辆编组）按钮	0：自动；1：相应现场整侧设备打开	☐		
5	下行整侧关闭	相应整侧 ASD/EED 设备关闭，同时 ASD/EED 关闭且锁紧灯亮	☐		
6	上行 IBP 操作有效开关	关：禁止 IBP 操作屏蔽门系统；开：允许 IBP 操作屏蔽门系统	☐		
7	上行整侧打开（四辆编组）按钮	0：自动；1：相应现场整侧设备打开	☐		
8	上行整侧打开（六辆编组）按钮	0：自动；1：相应现场整侧设备打开	☐		
9	上行整侧关闭	相应整侧 ASD/EED 设备关闭，同时 ASD/EED 关闭且锁紧灯亮	☐	☐	

6. 注意事项

（1）调试前需准备调试记录表、IBP 操作手册。

（2）所有调试人员准时到场，并到达工作地点待命。

（3）业主负责协调 IBP 的设备操作权和申请时间。

（4）各方检查测试前提条件，并准备好测试工具。

7. 测试表格

测试表格见表 4.99。

表 4.99　IBP 盘与 PSD 系统接口测试

测试地点	惠民站	测试时间	
序号	调试项目	测试结果	判定
1	试灯按钮	符合要求	合格[ ]　　不合格[ ]
2	下行 IBP 操作有效开关	符合要求	合格[ ]　　不合格[ ]
3	下行整侧打开（四辆编组）按钮	符合要求	合格[ ]　　不合格[ ]
4	下行整侧打开（六辆编组）按钮	符合要求	合格[ ]　　不合格[ ]
5	下行整侧关闭	符合要求	合格[ ]　　不合格[ ]
6	上行 IBP 操作有效开关	符合要求	合格[ ]　　不合格[ ]
7	上行整侧打开（四辆编组）按钮	符合要求	合格[ ]　　不合格[ ]
8	上行整侧打开（六辆编组）按钮	符合要求	合格[ ]　　不合格[ ]
9	上行整侧关闭	符合要求	合格[ ]　　不合格[ ]
结论			
签字栏	IBP 供货单位（上海宝信软件股份有限公司）： ISCS 集成管理单位：	PSD 接口单位（　　　　　　　　）： PSD 施工单位： PSD 监理单位：	

十八、IBP 盘与 ACS 系统接口调试方案

1. 测试目的

（1）检验 IBP 盘 ACS 按钮、指示灯等设备工作回路是否正常。

（2）检验接口功能是否满足设计要求。

（3）检验系统的完整性。

2. 功能描述

操作内容主要包含门禁专业按钮控制、指示灯反馈功能。

门禁盘面如图 4.2 所示，盘面上各设备样式见表 4.100。

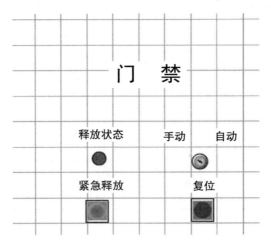

图 4.2　门禁盘面

表 4.100　门禁盘面上设备样式

序号	设备样式	设备型号	备注
1		红色、不带灯、自复型、带铅封、带保护盖按钮	
3		红色、不带灯、自复型、带铅封、带保护盖按钮	
4		二位钥匙开关	
5		红色圆形状态指示灯	

3. 前提条件

（1）IBP 盘 ACS 部分钥匙开关、指示灯、按钮完成出厂测试。

（2）IBP 盘现场单体调试完成。

（3）ACS 现场单体调试完成。

（4）所有参与测试的单位及人员均已熟悉测试组织及实施方案，并已做好相关各项准备工作。

4. 测试步骤

测试步骤见表 4.101。

表 4.101 IBP 盘与 ACS 系统接口测试步骤

序号	操作步骤	预期结果
1	确认必须在 IBP 盘上进行此项操作,并得到了授权,且联动方式处于非联动状态	
2	将门禁的钥匙开关打到手动位置,取下门禁"紧急释放"按钮铅封,翻开保护盖按下紧急释放按钮(钥匙开关在自动位置 IBP 盘释放按钮操作无效)	现场门禁设备释放打开,"释放状态"指示灯亮起
3	将门禁的钥匙开关打到手动位置,取下门禁"复位"按钮铅封,翻开保护盖按下复位按钮	现场门禁设备释放功能释放终止,"释放状态"指示灯熄灭
4	当联动方式处于联动状态时	
5	将门禁的钥匙开关打到自动位置	现场门禁设备释放功能不受"紧急释放"按钮控制

5. 合格标准

合格标准见表 4.102。

表 4102 IBP 盘与 ACS 系统接口测试合格标准

序号	调试内容	信号说明	调试结果		备注
			控制	反馈	
1	将门禁的钥匙开关打到手动位置,取下门禁"紧急释放"按钮铅封,翻开保护盖按下紧急释放按钮	现场门禁设备释放打开,"释放状态"指示灯亮起	☐	☐	
2	将门禁的钥匙开关打到手动位置,取下门禁"复位"按钮铅封,翻开保护盖按下复位按钮	现场门禁设备释放功能释放终止,"释放状态"指示灯熄灭	☐	☐	

6. 注意事项

(1)调试前需准备调试记录表、IBP 操作手册。
(2)所有调试人员准时到场,并到达工作地点待命。
(3)业主负责协调 IBP 的设备操作权和申请时间。
(4)各方检查测试前提条件,并准备好测试工具。

7. 测试表格

测试表格见表 4.103。

表 4-103　IBP 盘与 ACS 系统接口测试

测试地点	惠民站		测试时间		
序号	调试项目		测试结果	判定	
1	门禁手动/自动钥匙开关		符合要求	合格[　]	不合格[　]
2	紧急释放按钮		符合要求	合格[　]	不合格[　]
3	复位按钮		符合要求	合格[　]	不合格[　]
4	释放状态指示灯		符合要求	合格[　]	不合格[　]
结论					
签字栏	IBP 供货单位（上海宝信软件股份有限公司）： ISCS 集成管理单位：		ACS 接口单位（　　　　　　）： ACS 施工单位： ACS 监理单位：		

十九、IBP 盘与 AFC 系统接口调试方案

1. 测试目的

（1）检验 IBP 盘 AFC 按钮、指示灯等设备工作回路是否正常。

（2）检验接口功能是否满足设计要求。

（3）检验系统的完整性。

2. 功能描述

操作内容主要包含 AFC 专业按钮控制、指示灯反馈功能。

闸机盘面如图 4.3 所示。

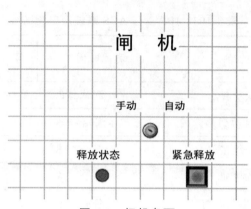

图 4.3　闸机盘面

3. 前提条件

（1）IBP 盘 AFC 部分钥匙开关、指示灯、按钮完成出厂测试。

（2）IBP 盘现场单体调试完成。

（3）PSD 现场单体调试完成。

（4）所有参与测试的单位及人员均已熟悉测试组织及实施方案，并已做好相关各项准备工作。

4. 测试步骤

测试步骤见表 4.104。

表 4.104　IBP 盘与 AFC 系统接口测试步骤

序号	操作步骤	预期结果
1	确认必须在 IBP 盘上进行此项操作，且得到了授权，且联动方式处于非联动状态	
2	将闸机的钥匙开关打到手动位置，取下闸机"紧急释放"按钮铅封，翻开保护盖按下紧急释放按钮（钥匙开关在自动位置 IBP 盘释放按钮操作无效）	现场闸机设备释放打开，"释放状态"指示灯亮起
3	将闸机的钥匙开关打到手动位置，取下闸机"紧急释放"按钮铅封，翻开保护盖再次按一下紧急释放按钮（钥匙开关在自动位置 IBP 盘释放按钮操作无效）	现场闸机设备释放功能释放终止，"释放状态"指示灯熄灭
6	当联动方式处于联动状态时	
7	将闸机的钥匙开关打到自动位置	现场闸机，门禁设备释放功能不受"紧急释放"按钮控制

5. 合格标准

合格标准见表 4.105。

表 4.105　IBP 盘与 AFC 系统接口测试合格标准

序号	调试内容	信号说明	调试结果		备注
			控制	反馈	
1	将闸机的钥匙开关打到手动位置，取下闸机"紧急释放"按钮铅封，翻开保护盖按下紧急释放按钮	现场闸机设备释放打开，"释放状态"指示灯亮起	□	□	
2	将闸机的钥匙开关打到手动位置，取下闸机"紧急释放"按钮铅封，翻开保护盖再次按一下紧急释放按钮	现场闸机设备释放功能释放终止，"释放状态"指示灯熄灭	□	□	

6. 注意事项

（1）调试前需准备调试记录表、IBP 操作手册。

（2）所有调试人员准时到场，并到达工作地点待命。

（3）业主负责协调 IBP 的设备操作权和申请时间。

（4）各方检查测试前提条件，并准备好测试工具。

7. 测试表格

测试表格见表 4.106。

表 4.106　IBP 盘与 AFC 系统接口测试

测试地点	惠民站	测试时间	
序号	调试项目	测试结果	判定
1	闸机手动/自动钥匙开关	符合要求	合格 [　]　不合格 [　]
2	紧急释放按钮	符合要求	合格 [　]　不合格 [　]
3	释放状态指示灯	符合要求	合格 [　]　不合格 [　]
结论			
签字栏	IBP 供货单位(上海宝信软件股份有限公司)： ISCS 集成管理单位：	AFC 接口单位 (　　　　　　　　　　)： AFC 施工单位： AFC 监理单位：	

二十、IBP 盘与消防泵系统接口调试方案

1. 测试目的

（1）检验 IBP 消防泵按钮、指示灯等设备工作回路是否正常。

（2）检验接口功能是否满足设计要求。

（3）检验系统的完整性。

2. 功能描述

操作内容主要包含消防栓泵专业按钮控制、指示灯反馈功能。

消火栓泵盘面如图 4.4 所示，盘面上样式见表 4.107。

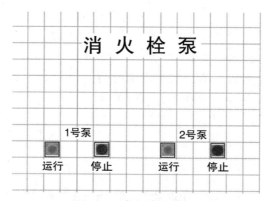

图 4.4　消火栓泵盘面

表 4.107　消火栓泵盘面上设备样式

序号	设备样式	设备型号	备注
1		红色、带灯、自复型、带铅封、带保护盖按钮	
2		绿色、带灯、自复型、带铅封、带保护盖按钮	

3. 前提条件

（1）IBP 盘消防栓泵部分指示灯、按钮完成出厂测试。

（2）IBP 盘现场单体调试完成。

（3）消防栓泵现场单体调试完成。

（4）所有参与测试的单位及人员均已熟悉测试组织及实施方案，并已做好相关各项准备工作。

4. 测试步骤

测试步骤见表 4.108。

表 4.108　IBP 盘与消防泵系统接口测试步骤

序号	操作步骤	预期结果
1	确认必须在 IBP 盘上进行此项操作，且得到了授权	
2	按下红色"运行"按钮	相应现场消火栓泵启动，"运行"按钮灯亮起，"停止"按钮灯熄灭
3	按下绿色"停止"按钮	相应现场消火栓泵停止，"停止"按钮灯亮起，"运行"按钮灯熄灭

5. 合格标准

合格标准见表 4.109。

表 4.109　IBP 盘与消防泵系统接口测试合格标准

序号	调试内容	信号说明	调试结果		备注
			控制	反馈	
1	按下红色"运行"按钮	相应现场消火栓泵启动，"运行"按钮灯亮起，"停止"按钮灯熄灭			
2	按下绿色"停止"按钮	相应现场消火栓泵停止，"停止"按钮灯亮起，"运行"按钮灯熄灭			

6. 注意事项

（1）调试前需准备调试记录表、IBP 操作手册。
（2）所有调试人员准时到场，并到达工作地点待命。
（3）业主负责协调 IBP 的设备操作权和申请时间。
（4）各方检查测试前提条件，并准备好测试工具。

7. 测试表格

测试表格见表 4.110。

表 4.110　IBP 盘与消防泵系统接口测试

测试地点	惠民站	测试时间		
序号	调试项目	测试结果	判定	
1	红色"运行"按钮	符合要求	合格[ ]　　不合格[ ]	
2	绿色"停止"按钮	符合要求	合格[ ]　　不合格[ ]	
结论				
签字栏	IBP 供货单位（上海宝信软件股份有限公司）： ISCS 集成管理单位：		消防栓泵接口单位： 消防栓泵施工单位： 消防栓泵监理单位：	

二十一、IBP 盘与消防风机系统接口调试方案

1. 测试目的

（1）检验 IBP 盘消防风机按钮、指示灯等设备工作回路是否正常。

（2）检验接口功能是否满足设计要求。

（3）检验系统的完整性。

2. 功能描述

操作内容主要包含消防风机专业按钮控制、指示灯反馈功能；

消防风机盘面如图 4.5 所示。盘面上各设备样式见表 4.111。

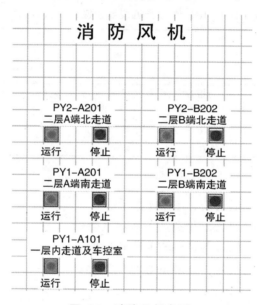

图 4.5　消防风机盘面

表 4.111　消防风机盘面上设备样式

序号	设备样式	设备型号	备注
1		红色、带灯、自复型、带铅封、带保护盖按钮	
2		绿色、带灯、自复型、带铅封、带保护盖按钮	

3. 前提条件

（1）IBP 盘消防风机部分钥匙开关、指示灯、按钮完成出厂测试。

（2）IBP 盘现场单体调试完成。

（3）消防风机现场单体调试完成。

（4）所有参与测试的单位及人员均已熟悉测试组织及实施方案，并已做好相关各项准备工作。

4. 测试步骤

测试步骤见表4.112。

表 4.112　IBP 盘与消防风机系统接口测试步骤

序号	操作步骤	预期结果
1	确认必须在 IBP 盘上进行此项操作，且得到了授权	
2	按下红色"运行"按钮	相应现场风机启动，"运行"按钮灯亮起，"停止"按钮灯熄灭
3	按下绿色"停止"按钮	相应现场风机停止，"停止"按钮灯亮起，"运行"按钮灯熄灭

5. 合格标准

合格标准见表4.113。

表 4.113　IBP 盘与消防风机系统接口测试合格标准

序号	调试内容	信号说明	调试结果 控制	调试结果 反馈	备注
1	按下红色"运行"按钮	相应现场风机启动，"运行"按钮灯亮起，"停止"按钮灯熄灭	☐	☐	
2	按下绿色"停止"按钮	相应现场风机停止，"停止"按钮灯亮起，"运行"按钮灯熄灭	☐	☐	

6. 注意事项

（1）调试前需准备调试记录表、IBP 操作手册。
（2）所有调试人员准时到场，并到达工作地点待命。
（3）业主负责协调 IBP 的设备操作权和申请时间。
（4）各方检查测试前提条件，并准备好测试工具。

7. 测试表格

测试表格见表4.114。

表 4.114　IBP 盘与消防风机系统接口测试

测试地点	惠民站	测试时间	
序号	调试项目	测试结果	判定
1	红色"运行"按钮	符合要求	合格[ ]　　不合格[ ]
2	绿色"停止"按钮	符合要求	合格[ ]　　不合格[ ]
结论			
签字栏	IBP 供货单位（上海宝信软件股份有限公司）： ISCS 集成管理单位：		消防风机接口单位(　　　　　)： 消防风机施工单位： 消防风机监理单位：

二十二、IBP 盘与自动扶梯系统接口调试方案

1. 测试目的

（1）检验 IBP 盘自动扶梯按钮、指示灯等设备工作回路是否正常。

（2）检验接口功能是否满足设计要求。

（3）检验系统的完整性。

2. 功能描述

操作内容主要包含自动扶梯专业按钮控制、指示灯反馈功能。

自动扶梯盘面如图 4.6 所示，盘面上设备样式见表 4.115。

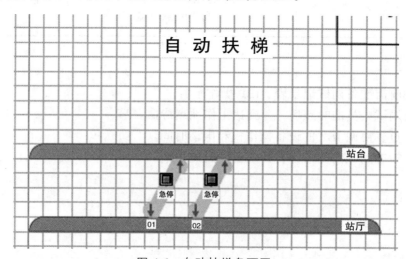

图 4.6　自动扶梯盘面图

表 4.115　自动扶梯盘面上设备样式

序号	设备样式	设备型号	备注
1		红色、带灯、自复型、不带铅封、带保护盖按钮	
2		绿色箭头状态指示灯	
3		绿色箭头状态指示灯	

3. 前提条件

（1）IBP 盘自动扶梯部分钥匙开关、指示灯、按钮完成出厂测试。

（2）IBP 盘现场单体调试完成。

（3）自动扶梯现场单体调试完成。

（4）所有参与测试的单位及人员均已熟悉测试组织及实施方案，并已做好相关各项准备工作。

4. 测试步骤

测试步骤见表 4.116。

表 4.116　IBP 盘与自动扶梯系统接口测试步骤

序号	操作步骤	预期结果
1	确认必须在 IBP 盘上进行此项操作，且得到了授权	
2	翻开"急停"按钮保护盖按下按钮	现场相应的自动扶梯紧急停止运行，"急停"按钮灯亮起
3	绿色箭头状态指示灯	接收现场相应无源干接点信号，显示相应扶梯运行（上、下行）状态

5. 合格标准

合格标准见表 4.117。

表 4.117　P 盘与自动扶梯系统接口测试合格标准

序号	调试内容	信号说明	调试结果		备注
			控制	反馈	
1	翻开"急停"按钮保护盖按下按钮	现场相应的自动扶梯紧急停止运行，"急停"按钮灯亮起	☐	☐	
2	绿色箭头状态指示灯	接收现场相应无源干接点信号，显示相应扶梯运行（上、下行）状态	☐	☐	

6. 注意事项

（1）调试前需准备调试记录表、IBP 操作手册。

（2）所有调试人员准时到场，并到达工作地点待命。

（3）业主负责协调 IBP 的设备操作权和申请时间。

（4）各方检查测试前提条件，并准备好测试工具。

7. 测试表格

测试表格见表 4.118。

表 4.118　IBP 盘与自动扶梯系统接口测试

测试地点	惠民站	测试时间	
序号	调试项目	测试结果	判定
1	"急停"按钮	符合要求	合格[ ]　　不合格[ ]
2	绿色箭头状态指示灯	符合要求	合格[ ]　　不合格[ ]
结论			
签字栏	IBP 供货单位（上海宝信软件股份有限公司）： ISCS 集成管理单位：	自动扶梯接口单位： 自动扶梯施工单位： 自动扶梯监理单位：	

二十三、IBP 盘与信号系统接口调试方案

1. 测试目的

（1）检验 IBP 盘信号按钮、指示灯等设备工作回路是否正常。

（2）检验接口功能是否满足设计要求。

（3）检验系统的完整性。

2. 功能描述

操作内容主要包含信号专业按钮控制、指示灯反馈功能。

SIG 盘面如图 4.7 所示，盘面上设备样式见表 4.119。

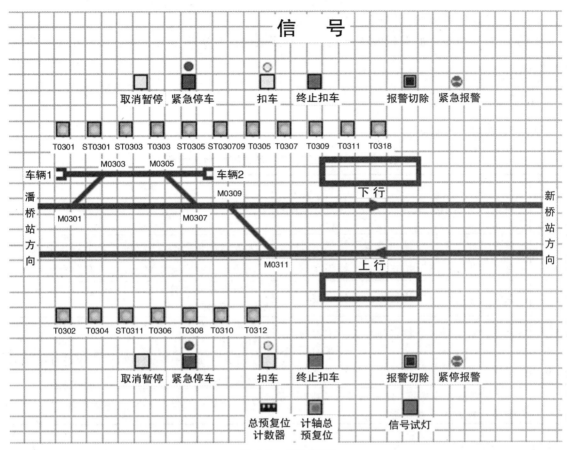

图 4.7　SIG 盘面

表 4.119　SIG 盘面上设备样式

序号	设备样式	设备型号	备注
1		黄色、不带灯、自复型、预留铅封孔、带保护盖按钮	
2		绿色、不带灯、自复型、预留铅封孔、带保护盖按钮	
3		红色、不带灯、自复型、预留铅封孔、带保护盖按钮	
4		蓝色、不带灯、自锁型、预留铅封孔、带保护盖按钮	
5		白色、带灯、自复型、预留铅封孔、带保护盖按钮	
6		声音报警蜂鸣器	
7		红色圆形状态指示灯	
8		黄色圆形状态指示灯	

3. 前提条件

（1）IBP 盘信号部分指示灯、按钮完成出厂测试。

（2）IBP 盘现场单体调试完成。

（3）信号现场单体调试完成。

（4）所有参与测试的单位及人员均已熟悉测试组织及实施方案，并已做好相关各项准备工作。

4. 测试步骤

测试步骤见表4.120。

表4.120　IBP盘与信号系统接口测试步骤

序号	操作步骤	预期结果
1	确认必须在IBP盘上进行此项操作，且得到了授权	
2	翻开"扣车"按钮保护盖按下按钮	现场相应扣车功能启动，"扣车"指示灯亮起
3	翻开"终止扣车"按钮保护盖按下按钮	现场相应扣车功能终止，"扣车"指示灯熄灭
4	翻开"紧急停车"按钮保护盖按下按钮	现场相应紧急停车功能启动，相应"紧急停车"指示灯亮起
5	翻开"取消紧停"按钮保护盖按下按钮	现场紧急停车功能终止，相应"紧急停车"指示灯熄灭
6	翻开"复位计轴"按钮保护盖按下按钮	现场相应复位计轴功能触发，"复位计轴"按钮灯亮起
7	当"紧停报警蜂鸣器"发出报警时，翻开"紧停报警"按钮保护盖按下按钮	相应"紧停报警"蜂鸣器停止报警

5. 合格标准

合格标准见表4.121。

表4.121　IBP盘与信号系统接口测试合格标准

序号	调试内容	信号说明	调试结果		备注
			控制	反馈	
1	试灯按钮	上下行所有状态指示灯、带灯按钮亮起	☐	☐	
2	翻开"扣车"按钮保护盖按下按钮	现场相应扣车功能启动，"扣车"指示灯亮起	☐	☐	
3	翻开"终止扣车"按钮保护盖按下按钮	现场相应扣车功能终止，"扣车"指示灯熄灭	☐	☐	
4	翻开"紧急停车"按钮保护盖按下按钮	现场相应紧急停车功能启动，相应"紧急停车"指示灯亮起	☐	☐	
5	翻开"取消紧停"按钮保护盖按下按钮	现场紧急停车功能终止，相应"紧急停车"指示灯熄灭	☐	☐	
6	翻开"复位计轴"按钮保护盖按下按钮	现场相应复位计轴功能触发，"复位计轴"按钮灯亮起	☐	☐	
7	当"紧停报警蜂鸣器"发出报警时，翻开"紧停报警"按钮保护盖按下按钮	相应"紧停报警"蜂鸣器停止报警	☐	☐	

6．注意事项

（1）调试前需准备调试记录表、IBP 操作手册。

（2）所有调试人员准时到场，并到达工作地点待命。

（3）业主负责协调 IBP 的设备操作权和申请时间。

（4）各方检查测试前提条件，并准备好测试工具。

7．测试表格

测试表格见表 4.122。

表 4.122　IBP 盘与信号系统接口测试

测试地点	惠民站	测试时间	
序号	调试项目	测试结果	判定
1	试灯按钮	符合要求	合格[　]　　不合格[　]
2	"扣车"按钮	符合要求	合格[　]　　不合格[　]
3	"终止扣车"按钮	符合要求	合格[　]　　不合格[　]
4	"紧急停车"按钮	符合要求	合格[　]　　不合格[　]
5	"取消紧停"按钮	符合要求	合格[　]　　不合格[　]
6	"复位计轴"按钮	符合要求	合格[　]　　不合格[　]
7	"紧停报警"蜂鸣器	符合要求	合格[　]　　不合格[　]
8	"紧停报警"按钮	符合要求	合格[　]　　不合格[　]
结论			
签字栏	IBP 供货单位（上海宝信软件股份有限公司）： ISCS 集成管理单位：	信号接口单位： 信号施工单位： 信号监理单位：	

二十四、IBP 盘与车站环控系统接口调试方案

1. 测试目的

（1）检验 IBP 盘车站环控按钮、指示灯等设备工作回路是否正常。

（2）检验接口功能是否满足设计要求。

（3）检验系统的完整性。

2. 功能描述

操作内容主要包含车站环控专业按钮控制、指示灯反馈功能。

环控盘面如图 4.8 所示，盘面上设备样式见表 4.123。

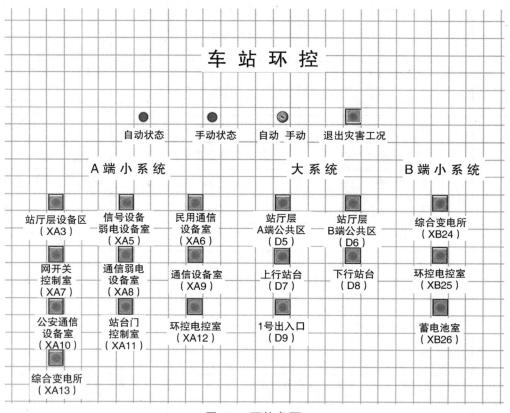

图 4.8　环控盘面

表 4.123　环控盘面上设备样式

序号	设备样式	设备型号	备注
1		红色、带灯、自复型、不带铅封、带保护盖按钮	
2		红色圆形状态指示灯	
3		二位钥匙开关	

3. 前提条件

（1）IBP 盘车站环控部分钥匙开关、指示灯、按钮完成出厂测试。

（2）IBP 盘现场单体调试完成。

（3）车站环控现场单体调试完成。

（4）所有参与测试的单位及人员均已熟悉测试组织及实施方案，并已做好相关各项准备工作。

4. 测试步骤

测试步骤见表 4.124。

表 4.124　IBP 盘与车站环控系统接口测试步骤

序号	操作步骤	预期结果
1	确认必须在 IBP 盘上进行此项操作，且得到了授权	
2	翻开车站限流模式"模式启用"按钮保护盖按下按钮	相应模式功能启动，相应"模式启用"按钮灯亮起
3	翻开车站疏散模式"模式启用"按钮保护盖按下按钮	相应模式功能启动，相应"模式启用"按钮灯亮起

5. 合格标准

合格标准见表 4.125。

表 4.125　IBP 盘与车站环控系统接口测试合格标准

序号	调试内容	信号说明	调试结果		备注
			控制	反馈	
1	翻开"火灾模式"按钮保护盖按下按钮	相应区域火灾模式功能启动，相应"火灾模式"按钮灯亮起	☐	☐	

6. 注意事项

（1）调试前需准备调试记录表、IBP 操作手册。

（2）所有调试人员准时到场，并到达工作地点待命。

（3）业主负责协调 IBP 的设备操作权和申请时间。

（4）各方检查测试前提条件，并准备好测试工具。

7. 测试表格

测试表格见表 4.126。

表 4.126　IBP 盘与车站环控系统接口测试

测试地点	惠民站		测试时间		
序号	调试项目		测试结果	判定	
1	手动/自动钥匙开关		符合要求	合格[ ]　　不合格[ ]	
2	自动状态灯		符合要求	合格[ ]　　不合格[ ]	
3	手动状态灯		符合要求	合格[ ]　　不合格[ ]	
4	"模式启用"按钮		符合要求	合格[ ]　　不合格[ ]	
结论					
签字栏	IBP 供货单位（上海宝信软件股份有限公司）： ISCS 集成管理单位：		车站环控接口单位： 车站环控施工单位： 车站环控监理单位：		

二十五、IBP 盘与隧道通风系统接口调试方案

1. 测试目的

（1）检验 IBP 盘隧道通风按钮、指示灯等设备工作回路是否正常。

（2）检验接口功能是否满足设计要求。

（3）检验系统的完整性。

2. 功能描述

操作内容主要包含隧道模式专业按钮控制、指示灯反馈功能。

隧道通风盘面如图 4.9 所示，盘面上设备样式见表 4.127。

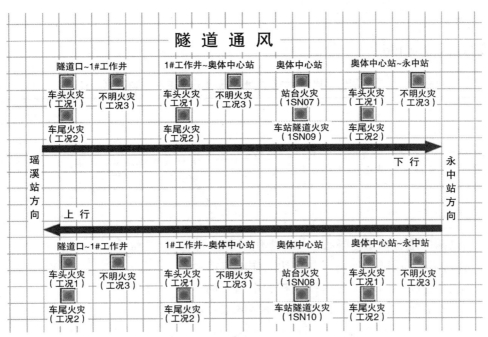

图 4.9 隧道通风盘面

表 4.127 隧道通风盘面上样式

序号	设备样式	设备型号	备注
1	⊠	红色、带灯、自复型、不带铅封、带保护盖按钮	
2	□	白色、不带灯、自复型、不带铅封、带保护盖按钮	

3. 前提条件

（1）IBP盘隧道通风部分钥匙开关、指示灯、按钮完成出厂测试。

（2）IBP盘现场单体调试完成。

（3）隧道通风现场单体调试完成。

（4）所有参与测试的单位及人员均已熟悉测试组织及实施方案，并已做好相关各项准备工作。

4. 测试步骤

测试步骤见表4.128。

表 4.128 IBP盘与隧道通风系统接口测试步骤

序号	操作步骤	预期结果
1	确认必须在IBP盘上进行此项操作，且得到了授权	
2	翻开"火灾模式"按钮保护盖按下按钮	相应区域火灾模式功能启动，相应"火灾模式"按钮灯亮起

5. 合格标准

合格标准见表4.129。

表 4.129 IBP 盘与隧道通风系统接口测试合格标准

序号	调试内容	信号说明	调试结果		备注
			控制	反馈	
1	翻开"火灾模式"按钮保护盖按下按钮	相应区域火灾模式功能启动,相应"火灾模式"按钮灯亮起	☐	☐	

6. 注意事项

（1）调试前需准备调试记录表、IBP 操作手册。
（2）所有调试人员准时到场，并到达工作地点待命。
（3）业主负责协调 IBP 的设备操作权和申请时间。
（4）各方检查测试前提条件，并准备好测试工具。

7. 测试表格

测试表格见表4.130。

表 4.130 IBP 盘与隧道通风系统接口测试表格

序号	调试内容	信号说明	调试结果		备注
			控制	反馈	
1	翻开"火灾模式"按钮保护盖按下按钮	相应区域火灾模式功能启动,相应"火灾模式"按钮灯亮起	☐	☐	
测试地点	惠民站		测试时间		
序号	调试项目		测试结果	判定	
1	"火灾模式"按钮		符合要求	合格[ ] 不合格[ ]	
结论					
签字栏	IBP 供货单位（上海宝信软件股份有限公司）： ISCS 集成管理单位：		隧道通风接口单位： 隧道通风施工单位： 隧道通风监理单位：		

8. IBP 试灯

操作内容主要包含试灯按钮控制、指示灯反馈功能。

试灯盘面见图 4.10，测试步骤见表 4.131。

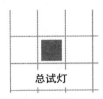

图 4.10　试灯盘面

表 4.131　IBP 试灯测试步骤

序号	操作步骤	预期结果
1	按下 IBP "总试灯" 按钮	1. "消火栓泵" 专业带灯按钮灯亮起； 2. "消防风机" 专业带灯按钮灯亮起； 3. "自动扶梯" 专业箭头状态指示灯亮起，带灯按钮灯亮起； 4. "门禁" "闸机" 专业圆形释放状态指示灯亮。

二十六、ISCS 与 CCTV 接口调试方案

1. 测试目的

（1）检验系统间接口和通信协议的一致性。
（2）检验接口间联动关系是否同步。
（3）检验接口功能是否满足设计要求。
（4）检验接口可靠性、实时性、可维护性等性能指标是否满足设计要求。
（5）检验系统的完整性。
（6）检验系统软件与接口设备的一致性。

2. 功能描述

实现 ISCS 调取 CCTV 画面。

3. 前提条件

（1）ISCS 与 CCTV 接口完成出厂测试。
（2）ISCS 相关硬件设备、软件平台正常运行，网络连通。
（3）CCTV 接口设备、软件正常运行，网络连通。
（4）CCTV 现场单体调试完成。
（5）所有参与测试的单位及人员均已熟悉测试组织及实施方案，并已做好相关各项准备工作。

4. 测试步骤

（1）接口通信测试。
（2）接口点对点测试。
（3）内部点对点测试。

5. 合格标准

合格标准见表4.132。

表4.132　ISCS与CCTV接口测试合格标准

序号	调试项	主要测试功能项	备注
1	通信协议	含所有命令和数据的格式、收发的机制和例外处理等	
2	人机界面功能	HMI画面与设计图纸一致性	
3		连续PTZ指令功能测试	
		操作优先级功能测试	
		多画面显示功能测试	1×1、2×2
4	接口性能	ISCS与CCTV接口数据传输性能	
5	网络故障恢复功能	ISCS与CCTV接口故障诊断与恢复功能	

6. 注意事项

（1）调试前需准备调试记录表。
（2）所有调试人员准时到场，并到达工作地点待命。
（3）业主负责协调CCTV的设备操作权和申请时间。
（4）各方检查测试前提条件，并准备好测试工具。

7. 测试表格

测试表格见表4.133和表4.134。

表4.133　ISCS与CCTV接口测试

序号	操作步骤	预期结果	与预期结果		备注
			一致	不一致	
1	ISCS主备服务器上电，初始化	设备运行正常	[　]	[　]	
2	CCTV系统设备上电，初始化	设备运行正常	[　]	[　]	
3	ISCS向CCTV系统的球机发送命令，核查报文的正确性	CCTV响应该命令，正常接收	[　]	[　]	
4	重复步骤2～4三次	重复步骤2～4三次	[　]	[　]	

表 4.134　ISCS 与 CCTV 人机界面检查表

序号	操作步骤	预期结果	与预期结果		备注
			一致	不一致	
1	打开 "CCTV 监控布局图" 画面	界面和图元符合设计文件	[　　]	[　　]	
2	打开 "CCTV 设备布局图" 画面	界面和图元符合设计文件	[　　]	[　　]	

二十七、ISCS 与 FAS 接口调试方案

1. 测试目的

（1）检验系统间接口和通信协议的一致性。
（2）检验接口间联动关系是否同步。
（3）检验接口功能是否满足设计要求。
（4）检验接口可靠性、实时性、可维护性等性能指标是否满足设计要求。
（5）检验系统的完整性。
（6）检验系统软件与接口设备的一致性。

2. 功能描述

实时显示 FAS 系统各设备状态，接收 FAS 系统火灾报警信号，并联动相关系统设备。

3. 前提条件

（1）ISCS 与 FAS 接口完成出厂测试。
（2）ISCS 相关硬件设备、软件平台正常运行，网络连通。
（3）FAS 接口设备、软件正常运行，网络连通。
（4）FAS 现场单体调试完成。
（5）所有参与测试的单位及人员均已熟悉测试组织及实施方案，并已做好相关各项准备工作。

4. 测试步骤

（1）接口通信测试。
（2）接口点对点测试。
（3）内部点对点测试。

5. 合格标准

合格标准见表 4.135。

表 4.135　ISCS 与 FAS 接口测试合格标准

序号	调试项目	设计要求	测试结果	判定
1	通信协议		符合设计文件	合格[ ]　不合格[ ]
2	HMI 画面与设计图纸一致性		符合设计文件	合格[ ]　不合格[ ]
3	烟感、手报等设备正常状态监视功能测试		符合设计文件	合格[ ]　不合格[ ]
4	烟感、手报等设备预警，火警状态监视功能测试		符合设计文件	合格[ ]　不合格[ ]
5	接口冗余功能		符合设计文件	合格[ ]　不合格[ ]
6	接口性能		符合设计文件	合格[ ]　不合格[ ]
7	网络故障恢复功能		符合设计文件	合格[ ]　不合格[ ]

6. 注意事项

（1）调试前需准备调试记录表、FAS 操作手册。
（2）所有调试人员准时到场，并到达工作地点待命。
（3）业主负责协调 FAS 的设备操作权和申请时间。
（4）各方检查测试前提条件，并准备好测试工具。

7. 测试表格

测试表格见表 4.136 ~ 4.142。

表 4.136　ISCS 与 FAS 接口测试

序号	操作步骤	预期结果	与预期结果		备注
			一致	不一致	
1	ISCS 服务器上电，初始化	设备运行正常	[ ]	[ ]	
2	FAS 系统设备上电，初始化	设备运行正常	[ ]	[ ]	
3	ISCS 周期性地从 FAS 系统读取数据，核对报文正确性	FAS 系统响应命令，并且发送数据，ISCS 接收的数据与 FAS 系统发送的数据一致	[ ]	[ ]	
4	ISCS 模拟错误报文	FAS 系统对该报文不做处理，丢弃	[ ]	[ ]	
5	FAS 模拟错误报文	ISCS 对该报文不做处理，丢弃	[ ]	[ ]	
6	重复步骤 2 ~ 6 三次	重复步骤 2 ~ 6 三次	[ ]	[ ]	

表 4.137　ISCS 与 FAS 人机界面检查

序号	操作步骤	预期结果	与预期结果		备注
			一致	不一致	
1	打开设备分区图	界面和图元符合设计文件	[　　]	[　　]	
2	打开火灾报警平面图	界面和图元符合设计文件	[　　]	[　　]	
3	打开设备总览图	界面和图元符合设计文件	[　　]	[　　]	

表 4.138　ISCS 与 FAS 设备运行状态监视功能测试

序号	操作步骤	预期结果	与预期结果		备注
			一致	不一致	
1	打开 FAS 主画面，确认画面设备显示状态与现场是否一致	与现场一致	[　　]	[　　]	
2	现场人员模拟 FAS 系统设备故障，确认画面是否与现场一致	与现场一致，报警列表中有相应报警信息	[　　]	[　　]	
3	现场恢复模拟故障	画面中故障消失，报警列表中相应报警信息消失	[　　]	[　　]	
4	重复步骤 1～3，对 FAS 系统每个设备所有信号点进行测试	重复步骤 1～3	[　　]	[　　]	

表 4.139　ISCS 与 FAS 设备对时功能测试

序号	操作步骤	预期结果	与预期结果		备注
			一致	不一致	
1.	ISCS 作为 NTP 服务端，FAS 主机为 NTP 客户端，进行对时	时间可同步	[　　]	[　　]	

表 4.140　ISCS 与 FAS 冗余调试

序号	操作步骤	预期结果	与预期结果		备注
			一致	不一致	
1.	停止通信控制器 A（主），通信控制器 B（备）切换为主控制器，系统能正确传输数据；恢复通信控制器 A，通信控制器 A 恢复为主控制器，系统能正确传输数据	冗余切换时，系统能正确上送数据	[　　]	[　　]	

表 4.141　ISCS 与 FAS 接口性能调试表格

序号	操作步骤	预期结果	与预期结果		备注
			一致	不一致	
1	ISCS 每隔 500 ms 检测 ISCS 和 FAS 通信通道的通信状态	ISCS 每隔 500 ms 检测 ISCS 和 FAS 通信通道的通信状态	[　]	[　]	
2	当被监视的条件发生变化，FAS 系统将在 1 s 内完成信息处理工作	当被监视的条件发生变化，FAS 系统将在 1 s 内完成信息处理工作	[　]	[　]	

表 4.142　ISCS 与 FAS 网络故障恢复功能调试

序号	操作步骤	预期结果	与预期结果		备注
			一致	不一致	
1	断开与 FAS 连接后，ISCS 发送请求（重试若干次）	ISCS 收不到 FAS 响应	[　]	[　]	
2	断开与 ISCS 连接	FAS 收不到 ISCS 的请求	[　]	[　]	
3	重新建立与 FAS 连接后，ISCS 发送请求	重新建立与 FAS 连接后，FAS 响应 ISCS 的请求，ISCS 能够收到 FAS 的响应	[　]	[　]	

二十八、ISCS 与 PA 接口调试方案

1. 测试目的

（1）检验系统间接口和通信协议的一致性。
（2）检验接口间联动关系是否同步。
（3）检验接口功能是否满足设计要求。
（4）检验接口可靠性、实时性、可维护性等性能指标是否满足设计要求。
（5）检验系统的完整性。
（6）检验系统软件与接口设备的一致性。

2. 功能描述

ISCS 下发预置广播和实时广播，在灾害模式时下发预置的紧急疏散语音。

3. 前提条件

（1）ISCS 与 PA 接口完成出厂测试。
（2）ISCS 相关硬件设备、软件平台正常运行，网络连通。
（3）PA 接口设备、软件正常运行，网络连通。

（4）PA 现场单体调试完成。

（5）所有参与测试的单位及人员均已熟悉测试组织及实施方案，并已做好相关各项准备工作。

4. 测试步骤

（1）接口通信测试。

（2）接口点对点测试。

（3）内部点对点测试。

5. 合格标准

合格标准见表 4.143。

表 4.143　ISCS 与 PA 接口测试合格标准

序号	调试项目	设计要求	测试结果	判定
1	通信协议		符合设计文件	合格[ ]　不合格[ ]
2	HMI 画面与设计图纸一致性		符合设计文件	合格[ ]　不合格[ ]
3	设备及音区状态监视功能测试		符合设计文件	合格[ ]　不合格[ ]
4	实况广播功能测试		符合设计文件	合格[ ]　不合格[ ]
5	语音广播功能测试		符合设计文件	合格[ ]　不合格[ ]
6	广播监听功能测试		符合设计文件	合格[ ]　不合格[ ]
7	广播优先级功能测试		符合设计文件	合格[ ]　不合格[ ]
8	取消广播功能测试		符合设计文件	合格[ ]　不合格[ ]
9	接口性能		符合设计文件	合格[ ]　不合格[ ]
10	网络故障恢复功能		符合设计文件	合格[ ]　不合格[ ]

6. 注意事项

（1）调试前需准备调试记录表、PA 操作手册、ISCS 与 PA 点表。

（2）所有调试人员准时到场，并到达工作地点待命。

（3）业主负责协调 PA 的设备操作权和申请时间。

（4）各方检查测试前提条件，并准备好测试工具。

7. 测试表格

测试表格见表 4.144 ~ 表 4.154。

表 4.144 ISCS 与 PA 通信协议调试

序号	操作步骤	预期结果	与预期结果		备注
			一致	不一致	
1	ISCS 主备服务器上电，初始化	设备运行正常	[ ]	[ ]	
2	PA 系统设备上电，初始化	设备运行正常	[ ]	[ ]	
3	ISCS 周期性地从 PA 系统读取数据，核对报文正确性	PA 系统响应命令，并且发送数据，ISCS 接收的数据与 PA 系统发送的数据一致	[ ]	[ ]	
4	ISCS 向 PA 发送命令报文，核查报文的正确性	PA 响应该报文，报文正确	[ ]	[ ]	
5	ISCS 模拟错误报文	PA 系统对该报文不做处理，丢弃	[ ]	[ ]	
6	PA 模拟错误报文	ISCS 对该报文不做处理，丢弃	[ ]	[ ]	
7	重复步骤 2~6 三次	重复步骤 2~6 三次	[ ]	[ ]	

表 4.145 ISCS 与 PA 人机界面检查

序号	操作步骤	预期结果	与预期结果		备注
			一致	不一致	
1	打开"PA 监控"画面	界面和图元符合设计文件	[ ]	[ ]	

表 4.146 ISCS 与 PA 设备及音区状态监视功能测试步骤

序号	操作步骤	预期结果	与预期结果		备注
			一致	不一致	
1	打开"PA 监控"画面，查看设备及音区状态	与实际一致	[ ]	[ ]	

表 4.147 ISCS 与 PA 实况广播功能测试步骤

序号	操作步骤	预期结果	与预期结果		备注
			一致	不一致	
1	打开"PA 监控"画面，下发实况广播命令	根据指令传送音频信息到选定的音区播放	[ ]	[ ]	

表 4.148 ISCS 与 PA 语音广播功能测试步骤

序号	操作步骤	预期结果	与预期结果		备注
			一致	不一致	
1	打开"PA 监控"画面，下发语音广播命令	根据指令将选择的预录制广播在选定的音区播放一次	[ ]	[ ]	

表 4.149　ISCS 与 PA 线路广播功能测试步骤表格

序号	操作步骤	预期结果	与预期结果		备注
			一致	不一致	
1	打开"PA 监控"画面，下发监听广播命令	根据指令传送正在该区播放的内容到广播盒播放	[ ]	[ ]	

表 4.150　ISCS 与 PA 广播优先级功能测试步骤

序号	操作步骤	预期结果	与预期结果		备注
			一致	不一致	
1	在当前正在执行广播时，发送优先级低于当前的广播命令	不允许打断当前语音	[ ]	[ ]	
2	在当前正在执行广播时，发送优先级等于当前的广播命令	不允许打断当前语音	[ ]	[ ]	
3	在当前正在执行广播时，发送优先级高于当前的广播命令	会执行高优先级的语音	[ ]	[ ]	

表 4.151　ISCS 与 PA 取消广播功能测试步骤

序号	操作步骤	预期结果	与预期结果		备注
			一致	不一致	
1	打开"PA 监控"画面，下发取消广播命令	停止选定音区的广播	[ ]	[ ]	

表 4.152　ISCS 转发 ATS 下发列车即将到站 PA 信息功能测试步骤

序号	操作步骤	预期结果	与预期结果		备注
			一致	不一致	
1	ATS 向 ISCS 发送每个站台预计的至多下 4 班列车（1~4 班）到站时间、列车跳停信息、末班车信息。ISCS 转发给 PA 系统				

表 4.153　ISCS 与 PA 接口性能调试

序号	操作步骤	预期结果	与预期结果		备注
			一致	不一致	
1	ISCS 每隔 500 ms 检测 ISCS 和 PA 通信通道的通信状态	ISCS 每隔 500 ms 检测 ISCS 和 PA 通信通道的通信状态	[ ]	[ ]	
2	当被监视的条件发生变化，PA 系统将在 1 s 内完成信息处理工作	当被监视的条件发生变化，PA 系统将在 1 s 内完成信息处理工作	[ ]	[ ]	

表 4.154　ISCS 与 PA 网络故障恢复功能调试

序号	操作步骤	预期结果	与预期结果		备注
			一致	不一致	
1	断开与 PA 连接后，ISCS 发送请求（重试若干次）	ISCS 收不到 PA 响应	[　]	[　]	
2	断开与 ISCS 连接	PA 收不到 ISCS 的请求	[　]	[　]	
3	重新建立与 PA 连接后，ISCS 发送请求	重新建立与 PA 连接后，PA 响应 ISCS 的请求，ISCS 能够收到 PA 的响应	[　]	[　]	

二十九、ISCS 与 PIS 接口调试方案

1. 测试目的

（1）检验系统间接口和通信协议的一致性。

（2）检验接口间联动关系是否同步。

（3）检验接口功能是否满足设计要求。

（4）检验接口可靠性、实时性、可维护性等性能指标是否满足设计要求。

（5）检验系统的完整性。

（6）检验系统软件与接口设备的一致性。

2. 功能描述

ISCS 转发 ATS 下发列车到站 PIS 信息，在灾害模式时下发灾害情况提示。

3. 前提条件

（1）ISCS 与 PIS 接口完成出厂测试。

（2）ISCS 相关硬件设备、软件平台正常运行，网络连通。

（3）PIS 接口设备、软件正常运行，网络连通。

（4）PIS 现场单体调试完成。

（5）所有参与测试的单位及人员均已熟悉测试组织及实施方案，并已做好相关各项准备工作。

4. 测试步骤

（1）接口通信测试。

（2）接口点对点测试。

（3）内部点对点测试。

5. 合格标准

合格标准见表 4.155。

表 4.155 ISCS 与 PIS 接口测试合格标准

序号	调试项目	设计要求	测试结果	判定	
1	通信协议		符合设计文件	合格[　]	不合格[　]
2	HMI 画面与设计图纸一致性		符合设计文件	合格[　]	不合格[　]
3	设备运行状态监视功能测试		符合设计文件	合格[　]	不合格[　]
4	操作优先级功能测试		符合设计文件	合格[　]	不合格[　]
5	正常信息发布功能测试		符合设计文件	合格[　]	不合格[　]
6	紧急信息发布功能测试		符合设计文件	合格[　]	不合格[　]
7	取消正常信息发布功能测试		符合设计文件	合格[　]	不合格[　]
8	取消紧急信息发布功能测试		符合设计文件	合格[　]	不合格[　]
9	接口冗余功能		符合设计文件	合格[　]	不合格[　]
10	接口性能		符合设计文件	合格[　]	不合格[　]
11	网络故障恢复功能		符合设计文件	合格[　]	不合格[　]

6. 注意事项

（1）调试前需准备调试记录表、ISCS 与 PIS 点表。

（2）所有调试人员准时到场，并到达工作地点待命。

（3）业主负责协调 PIS 的设备操作权和申请时间。

（4）各方检查测试前提条件，并准备好测试工具。

7. 测试表格

测试表格见表 4.156～表 4.167。

表 4.156 ISCS 与 PIS 通信协议调试

序号	操作步骤	预期结果	与预期结果		备注
			一致	不一致	
1	ISCS 主备服务器上电，初始化	设备运行正常	[　]	[　]	
2	PIS 系统设备上电，初始化	设备运行正常	[　]	[　]	
3	ISCS 周期性从 PIS 系统读取数据，核对报文正确性	PIS 系统响应命令，并且发送数据，ISCS 接收的数据与 PIS 系统发送的数据一致	[　]	[　]	
4	ISCS 向 PIS 发送命令报文，核查报文的正确性	PIS 响应该报文，报文正确	[　]	[　]	
5	ISCS 模拟错误报文	PIS 系统对该报文不做处理，丢弃	[　]	[　]	
6	PIS 模拟错误报文	ISCS 对该报文不做处理，丢弃	[　]	[　]	
7	重复步骤 2～6 三次	重复步骤 2～6 三次	[　]	[　]	

表 4.157 ISCS 与 PIS 人机界面检查

序号	操作步骤	预期结果	与预期结果		备注
			一致	不一致	
1	打开"PIS 监控"画面	界面和图元符合设计文件	[ ]	[ ]	

表 4.158 ISCS 与 PIS 设备运行状态监视功能测试

序号	操作步骤	预期结果	与预期结果		备注
			一致	不一致	
1	打开"PIS 监控"画面,查看 PIS 系统信息	与实际一致	[ ]	[ ]	

表 4.159 ISCS 与 PIS 操作优先级功能测试

序号	操作步骤	预期结果	与预期结果		备注
			一致	不一致	
1	正在执行正常信息时,发布紧急信息	紧急信息会显示	[ ]	[ ]	
2	正在执行紧急信息时,发布正常信息	正常信息不允许显示	[ ]	[ ]	
3	正在执行正常信息时,发布正常信息	后发布的信息会立即显示	[ ]	[ ]	
4	正在执行紧急信息时,发布紧急信息	后发布的信息会立即显示	[ ]	[ ]	

表 4.160 ISCS 与 PIS 正常信息发布功能测试

序号	操作步骤	预期结果	与预期结果		备注
			一致	不一致	
1	打开"PIS 监控"画面,发布正常信息	能正确显示已发布的正常信息	[ ]	[ ]	

表 4.161 ISCS 与 PIS 紧急信息发布功能测试

序号	操作步骤	预期结果	与预期结果		备注
			一致	不一致	
1	打开"PIS 监控"画面,发布紧急信息	能正确显示已发布的紧急信息	[ ]	[ ]	

表 4.162 ISCS 与 PIS 取消正常信息发布功能测试

序号	操作步骤	预期结果	与预期结果		备注
			一致	不一致	
1	打开"PIS 监控"画面,取消正常信息发布	取消显示的正常信息	[ ]	[ ]	

表 4.163　ISCS 与 PIS 取消紧急信息发布功能测试

序号	操作步骤	预期结果	与预期结果		备注
			一致	不一致	
1	打开"PIS 监控"画面,取消紧急信息发布	取消显示的紧急信息	[　]	[　]	

表 4.164　ISCS 与 PIS 中央下发功能调试

序号	操作步骤	预期结果	与预期结果		备注
			一致	不一致	
1	打开"PIS 监控"画面,选择车站,下发文本信息	PIS 正常显示	[　]	[　]	

表 4.165　ISCS 转发 ATS 下发列车即将到站 PIS 信息功能调试

序号	操作步骤	预期结果	与预期结果		备注
			一致	不一致	
1	ATS 向 ISCS 发送每个站台预计的至多下 4 班列车(1~4 班)到站时间、列车跳停信息、末班车信息。ISCS 转发给 PIS 系统	PIS 可以接收并正确解析,且正确下发相关文本到显示器	[　]	[　]	

表 4.166　ISCS 与 PIS 接口性能调试

序号	操作步骤	预期结果	与预期结果		备注
			一致	不一致	
1	ISCS 每隔 500 ms 检测 ISCS 和 PIS 通信通道的通信状态	ISCS 每隔 500 ms 检测 ISCS 和 PIS 通信通道的通信状态	[　]	[　]	
2	当被监视的条件发生变化,PIS 系统将在 1 s 内完成信息处理工作	当被监视的条件发生变化,PIS 系统将在 1 s 内完成信息处理工作	[　]	[　]	

表 4.167　ISCS 与 PIS 网络故障恢复功能调试

序号	操作步骤	预期结果	与预期结果		备注
			一致	不一致	
1	断开与 PIS 连接后,ISCS 发送请求(重试若干次)	ISCS 收不到 PIS 响应	[　]	[　]	
2	断开与 ISCS 连接	PIS 收不到 ISCS 的请求	[　]	[　]	
3	重新建立与 PIS 连接后,ISCS 发送请求	重新建立与 PIS 连接后,PIS 响应 ISCS 的请求,ISCS 能够收到 PIS 的响应	[　]	[　]	

三十、ISCS 与 PSD 接口调试方案

1. 测试目的

（1）检验系统间接口和通信协议的一致性。

（2）检验接口间联动关系是否同步。

（3）检验接口功能是否满足设计要求。

（4）检验接口可靠性、实时性、可维护性等性能指标是否满足设计要求。

（5）检验系统的完整性。

（6）检验系统软件与接口设备的一致性。

2. 功能描述

实时监视和记录 PSD 的设备状态及报警。

3. 前提条件

（1）ISCS 与 PSD 接口完成出厂测试。

（2）ISCS 相关硬件设备、软件平台正常运行，网络连通。

（3）PSD 接口设备、软件正常运行，网络连通。

（4）PSD 现场单体调试完成。

（5）所有参与测试的单位及人员均已熟悉测试组织及实施方案，并已做好相关各项准备工作。

4. 测试步骤

（1）接口通信测试。

（2）接口点对点测试。

（3）内部点对点测试。

5. 合格标准

合格标准见表 4.168。

表 4.168　ISCS 与 PSD 接口测试合格标准

序号	调试项目	设计要求	测试结果	判定
1	通信协议		符合设计文件	合格[ ]　　不合格[ ]
2	HMI 画面与设计图纸一致性		符合设计文件	合格[ ]　　不合格[ ]
3	滑动门状态监视功能测试		符合设计文件	合格[ ]　　不合格[ ]
4	应急门状态监视功能测试		符合设计文件	合格[ ]　　不合格[ ]
5	端门状态监视功能测试		符合设计文件	合格[ ]　　不合格[ ]
6	PSD 系统信息监视功能测试		符合设计文件	合格[ ]　　不合格[ ]
7	接口性能		符合设计文件	合格[ ]　不合格[ ]
8	网络故障恢复功能		符合设计文件	合格[ ]　不合格[ ]

6. 注意事项

（1）调试前需准备调试记录表、ISCS 与 PSD 接口点表。

（2）所有调试人员准时到场，并到达工作地点待命。

（3）业主负责协调 PSD 的设备操作权和申请时间。

（4）各方检查测试前提条件，并准备好测试工具。

7. 测试表格

测试表格见表 4.169~表 4.176。

表 4.169　ISCS 与 PSD 通信协议调试

序号	操作步骤	预期结果	与预期结果		备注
			一致	不一致	
1	ISCS 主备服务器上电，初始化	设备运行正常	[ ]	[ ]	
2	PSD 系统设备上电，初始化	设备运行正常	[ ]	[ ]	
3	ISCS 周期性地从 PSD 系统读取数据，核对报文正确性	PSD 系统响应命令，并且发送数据，ISCS 接收的数据与 PSD 系统发送的数据一致	[ ]	[ ]	
4	ISCS 向 PSD 发送命令报文，核查报文的正确性	PSD 响应该报文，报文正确	[ ]	[ ]	
5	ISCS 模拟错误报文	PSD 系统对该报文不做处理，丢弃	[ ]	[ ]	
6	PSD 模拟错误报文	ISCS 对该报文不做处理，丢弃	[ ]	[ ]	
7	重复步骤 2~6 三次	重复步骤 2~6 三次	[ ]	[ ]	

表 4.170　ISCS 与 PSD 人机界面检查

序号	操作步骤	预期结果	与预期结果		备注
			一致	不一致	
1	打开"站台门系统图"画面	界面和图元符合设计文件	[ ]	[ ]	

表 4.171　ISCS 与 PSD 滑动门状态监视功能测试

序号	操作步骤	预期结果	与预期结果		备注
			一致	不一致	
1	打开"站台门系统图"画面，查看滑动门状态	与实际一致	[ ]	[ ]	

表 4.172　ISCS 与 PSD 应急门状态监视功能测试

序号	操作步骤	预期结果	与预期结果		备注
			一致	不一致	
1	打开"站台门系统图"画面,查看应急门状态	与实际一致	[ ]	[ ]	

表 4.173　ISCS 与 PSD 端门状态监视功能测试

序号	操作步骤	预期结果	与预期结果		备注
			一致	不一致	
1	打开"站台门系统图"画面,查看端门状态	与实际一致	[ ]	[ ]	

表 4.174　ISCS 与 PSD 系统信息监视功能测试

序号	操作步骤	预期结果	与预期结果		备注
			一致	不一致	
1	打开"站台门系统图"画面,查看 PSD 系统信息	与实际一致	[ ]	[ ]	

表 4.175　ISCS 与 PSD 接口性能调试

序号	操作步骤	预期结果	与预期结果		备注
			一致	不一致	
1	ISCS 每隔 500 ms 检测 ISCS 和 PSD 通信通道的通信状态	ISCS 每隔 500 ms 检测 ISCS 和 PSD 通信通道的通信状态	[ ]	[ ]	
2	当被监视的条件发生变化,PSD 系统将在 1 s 内完成信息处理工作	当被监视的条件发生变化,PSD 系统将在 1 s 内完成信息处理工作	[ ]	[ ]	

表 4.176　ISCS 与 PSD 网络故障恢复功能调试表格

序号	操作步骤	预期结果	与预期结果		备注
			一致	不一致	
1	断开与 PSD 连接后,ISCS 发送请求(重试若干次)	ISCS 收不到 PSD 响应	[ ]	[ ]	
2	断开与 ISCS 连接	PSD 收不到 ISCS 的请求	[ ]	[ ]	
3	重新建立与 PSD 连接后,ISCS 发送请求	重新建立与 PSD 连接后,PSD 响应 ISCS 的请求,ISCS 能够收到 PSD 的响应	[ ]	[ ]	

三十一、BAS 与 EPS 接口调试方案

1. 测试目的

（1）验证 BAS 系统与 EPS 系统之间的接口功能是否与设计相符，并满足运营要求。
（2）调试 BAS 对 EPS 系统信号监视情况。

2. 功能描述

实现 BAS 接收 EPS 发送的电压、电流数值及 EPS 运行、报警状态。

3. 前提条件

（1）BAS 系统完成单体调试工作，并已提供单体调试报告。
（2）EPS 系统完成单体调试工作，并已提供单体调试报告。
（3）所有相关系统均能正常上电。

4. 测试步骤

（1）BAS 与 EPS 系统通信调试。
检查通信网关与 EPS 的通信状态，查看通信报文是否正常。
（2）点对点调试。
对 EPS 系统进行点对点调试，点对点调试中两端分别指现场实际设备、ISCS 工作站（或触摸屏），根据双方设计约定的信号点表，对信息点分别进行点到点调试，检查 BAS 系统接收 EPS 相关信号情况。

5. 合格标准

BAS 系统能接收 EPS 的相关信号，并在 ISCS 画面中正确显示。

6. 注意事项

（1）调试前需准备调试记录表。
（2）所有调试人员准时到场，并到达工作地点待命。
（3）各方检查测试前提条件，并准备好测试工具。

7. 测试表格

测试表格见表 4.177。

表 4.177　BAS 与 EPS 接口测试

序号	名称	参数名称	合格/不合格	调试时间	备注
1	EPS	交流输入 A 相电压			
2		交流输入 B 相电压			
3		交流输入 C 相电压			
4		交流输出 A 相电压			
5		交流输出 B 相电压			
6		交流输出 C 相电压			
7		A 相负载电流			
8		B 相负载电流			
9		C 相负载电流			
10	变电所 EPS 主机	直流电压			
11		市电源状态			
12		逆变器状态			
13		运行状态			
14		负载位置			
15		强制运行			
16		电池组状态			
17		充电器状态			
18		输出回路状态			
19		温度信号			

三十二、BAS 与电扶梯接口调试方案

1. 测试目的

（1）验证 BAS 系统与电扶梯系统之间的接口功能是否与设计相符，并满足运营要求。

（2）调试 BAS 对电扶梯系统信号监视情况。

2. 功能描述

实现 BAS 接收电扶梯发送的设备运行状态及报警状态。

3. 前提条件

（1）BAS 系统完成单体调试工作，并已提供单体调试报告。

（2）电扶梯系统完成单体调试工作，并已提供单体调试报告。

（3）所有相关系统均能正常上电。

4. 测试步骤

（1）BAS 与电扶梯系统通信调试。

检查通信网关与电扶梯的通信状态，查看通信报文是否正常。

（2）点对点调试。

对电扶梯系统进行点对点调试，点对点调试中两端分别指现场实际设备、ISCS 工作站（或触摸屏），根据双方设计约定的信号点表，对信息点分别进行点到点调试，检查 BAS 系统接收电扶梯相关信号情况。

5. 测试合格标准

BAS 系统能接收电扶梯的相关信号，并在 ISCS 画面中正确显示。

6. 注意事项

（1）调试前需准备调试记录表。

（2）所有调试人员准时到场，并到达工作地点待命。

（3）各方检查测试前提条件，并准备好测试工具。

7. 测试表格

测试表格见表 4.178。

表 4.178　BAS 与电扶梯接口测试

序号	名称	参数名称	合格/不合格	调试时间	备注
1	ZFT1	运行状态			
2	扶梯 1	上行状态			
3		下行状态			
4		左扶手带故障			
5		右扶手带故障			
6		一般故障			
7		检修状态			
8		上盖板异常开启			
9		下盖板异常开启			
10		扶梯速度			
11		变频器输出功率			
12		故障报警代码			

三十三、BAS 与电梯接口调试方案

1. 测试目的

（1）验证 BAS 系统与电梯系统之间的接口功能是否与设计相符，并满足运营要求。

（2）调试 BAS 对电梯系统信号的监视情况。

2. 功能描述

实现 BAS 接收电梯发送的设备运行状态及报警状态。

3. 前提条件

（1）BAS 系统完成单体调试工作，并已提供单体调试报告。

（2）电梯系统完成单体调试工作，并已提供单体调试报告。

（3）所有相关系统均能正常上电。

4. 测试步骤

（1）BAS 与电梯系统通信调试。

检查通信网关与电梯的通信状态，查看通信报文是否正常。

（2）点对点调试。

对电梯系统进行点对点调试，点对点调试中两端分别指现场实际设备、ISCS 工作站（或触摸屏），根据双方设计约定的信号点表，对信息点分别进行点到点调试，检查 BAS 系统接收电梯相关信号情况。

5. 测试合格标准

BAS 系统能接收电梯的相关信号，并在 ISCS 画面中正确显示

6. 注意事项

（1）调试前需准备调试记录表。

（2）所有调试人员准时到场，并到达工作地点待命。

（3）各方检查测试前提条件，并准备好测试工具。

7. 测试表格

测试表格见表 4.179。

表 4.179　BAS 与电梯接口测试

序号	名称	参数名称	合格/不合格	调试时间	备注
1	DDT1	启停状态			
2	电梯 1	乘客报警			
3		一般故障			
4		检修状态			
5		上行状态			
6		下行状态			
7		故障码			
8		详细故障码			

三十四、BAS 与电动门接口调试方案

1. 测试目的

（1）验证 BAS 系统与电动门之间的接口功能是否与设计相符，并满足运营要求。

（2）调试 BAS 对电动门信号监视情况。

2. 功能描述

实现 BAS 接收电动门发送的设备运行状态及故障状态。

3. 前提条件

（1）BAS 系统完成单体调试工作，并已提供单体调试报告。

（2）电动门系统完成单体调试工作，并已提供单体调试报告。

（3）所有相关系统均能正常上电。

4. 测试步骤

电动门运行后，通过 ISCS 工作站监视设备的各种状态。

对电动门进行点对点调试，点对点调试中两端分别指现场实际设备、ISCS 工作站（或触摸屏），根据双方设计约定的信号点表，以设备为单位对信息点分别进行点对点调试，检查 BAS 系统接电动门相关信号情况并检查 BAS 对电动门系统发的控制命令的响应情况。

5. 测试合格标准

BAS 系统能接收电动门的相关信号，并在 ISCS 画面中正确显示，并能对电动门进行远程控制。

6. 注意事项

（1）调试前需准备调试记录表。

（2）所有调试人员准时到场，并到达工作地点待命。

（3）各方检查测试前提条件，并准备好测试工具。

7. 测试表格

测试表格见表 4.180。

表 4.180　BAS 与电动门接口测试

序号	名称	参数名称	合格/不合格	调试时间	备注
1	DK1	DK1 运行状态			
2		DK1 故障报警			
3	检查库电动门 1	DK1 就地/BAS			
4		DK1 启动			
5		DK1 停止			

三十五、BAS 与电动卷帘门接口调试方案

1. 测试目的

（1）验证 BAS 系统与电动卷帘门系统之间的接口功能是否与设计相符，并满足运营要求。

（2）调试 BAS 对电动卷帘门系统信号监视情况。

2. 功能描述

实现 BAS 接收电动卷帘门发送的设备运行、故障状态。

3. 前提条件

（1）BAS 系统完成单体调试工作，并已提供单体调试报告。

（2）电动卷帘门系统完成单体调试工作，并已提供单体调试报告。

（3）所有相关系统均能正常上电。

4. 测试步骤

电动卷帘门运行后，通过 ISCS 工作站监视设备的各种状态。

对电动卷帘门系统进行点对点调试，点对点调试中两端分别指现场实际设备、ISCS 工作站（或触摸屏），根据双方设计约定的信号点表，对信息点分别进行点到点调试，检查 BAS 系统接收电动卷帘门相关信号情况。

5. 合格标准

BAS 系统能接收电动卷帘门的相关信号，并在 ISCS 画面中正确显示，且能对电动卷帘门进行远程控制。

6. 注意事项

（1）调试前需准备调试记录表。

（2）所有调试人员准时到场，并到达工作地点待命。

（3）各方检查测试前提条件，并准备好测试工具。

7. 测试表格

测试表格见表 4.181。

表 4.181　BAS 与电动卷帘门接口测试

序号	名称	参数名称	合格/不合格	调试时间	备注
1	DK1	DK1 运行状态			
2	检查库电动卷帘门 1	DK1 故障报警			
3		DK1 就地/BAS			
4		DK1 启动			
5		DK1 停止			

三十六、BAS 与电动窗接口调试方案

1. 测试目的

（1）验证 BAS 系统与电动窗系统之间的接口功能是否与设计相符，并满足运营要求。

（2）调试 BAS 对电动窗系统信号监控情况。

2. 功能描述

实现 BAS 接收电动窗发送的运行、故障状态，并对电动窗进行控制。

3. 前提条件

（1）BAS 系统完成单体调试工作，并已提供单体调试报告。

（2）电动窗系统完成单体调试工作，并已提供单体调试报告。

（3）所有相关系统均能正常上电。

4. 测试步骤

电动窗运行后，通过 ISCS 工作站监视设备的各种状态。

对电动窗系统进行点对点调试，点对点调试中两端分别指现场实际设备、ISCS 工作站（或触摸屏），根据双方设计约定的信号点表，对信息点分别进行点到点调试，检查 BAS 系统接收电动窗相关信号情况。

5. 合格标准

BAS 系统能接收电动窗的相关信号，并在 ISCS 画面中正确显示，且对电动窗进行远程控制。

6. 注意事项

（1）调试前需准备调试记录表。

（2）所有调试人员准时到场，并到达工作地点待命。

（3）各方检查测试前提条件，并准备好测试工具。

7. 测试表格

测试表格见表 4.182。

表 4.182　BAS 与电动窗接口测试

序号	名称	参数名称	合格/不合格	调试时间	备注
1	KCJ-K5	KCJ-K5 运行状态			
2	检查库电动窗 5	KCJ-K5 故障报警			
3		KCJ-K5 就地/BAS			
4		KCJ-K5 启动			
5		KCJ-K5 停止			

三十七、BAS 与轴流风机控制柜接口调试方案

1. 测试目的

（1）验证 BAS 系统与轴流风机系统之间的接口功能是否与设计相符，并满足运营要求。

（2）调试 BAS 对轴流风机系统信号监视情况。

2. 功能描述

实现 BAS 接收轴流风机发送运行、故障状态，并对轴流风机进行控制。

3. 前提条件

（1）BAS 系统完成单体调试工作，并已提供单体调试报告。
（2）轴流风机系统完成单体调试工作，并已提供单体调试报告。
（3）所有相关系统均能正常上电。

4. 测试步骤

轴流风机运行后，通过 ISCS 工作站监视设备的各种状态。

对轴流风机系统进行点对点调试，点对点调试中两端分别指现场实际设备、ISCS 工作站（或触摸屏），根据双方设计约定的信号点表，对信息点分别进行点到点调试，检查 BAS 系统接收轴流风机相关信号情况。

5. 合格标准

BAS 系统能接收轴流风机的相关信号，并在 ISCS 画面中正确显示，且能对轴流风机进行远程控制。

6. 注意事项

（1）调试前需准备调试记录表。
（2）所有调试人员准时到场，并到达工作地点待命。
（3）各方检查测试前提条件，并准备好测试工具。

7. 测试表格

测试表格见表 4.183。

表 4.183　BAS 与轴流风机控制柜接口测试

序号	名称	参数名称	合格/不合格	调试时间	备注
1	PF2-A101	PF2-A101 运行状态			
2		PF2-A101 停止状态			
3	一层办公区轴流风机	PF2-A101 故障报警			
4		PF2-A101 就地/BAS			
5		PF2-A101 启动			
6		PF2-A101 停止			

三十八、BAS 与潜污泵给排水接口调试方案

1. 测试目的

（1）验证 BAS 系统与潜污泵系统之间的接口功能是否与设计相符，并满足运营要求。
（2）调试 BAS 对潜污泵系统信号监控情况。

2. 功能描述

实现 BAS 接收潜污泵发送的运行、故障状态，并对水泵进行远程控制。

3. 前提条件

（1）BAS 系统完成单体调试工作，并已提供单体调试报告。
（2）潜污泵系统完成单体调试工作，并已提供单体调试报告。
（3）所有相关系统均能正常上电。

4. 测试步骤

潜污泵运行后，通过 ISCS 工作站监视设备的各种状态。

对潜污泵系统进行点对点调试，点对点调试中两端分别指现场实际设备、ISCS 工作站（或触摸屏），根据双方设计约定的信号点表，对信息点分别进行点到点调试，检查 BAS 系统接收潜污泵相关信号情况。

5. 合格标准

BAS 系统能接收潜污泵的相关信号，并在 ISCS 画面中正确显示，且可对潜污泵进行远程控制。

6. 注意事项

（1）调试前需准备调试记录表。
（2）所有调试人员准时到场，并到达工作地点待命。
（3）各方检查测试前提条件，并准备好测试工具。

7. 测试表格

测试表格见表 4.184。

表 4.184 BAS 与潜污泵给排水接口测试

序号	名称	参数名称	合格/不合格	调试时间	备注
1	QWB1	QWB1 A 泵启停状态			
2		QWB1 B 泵启停状态			
3		QWB1 A 泵故障状态			
4		QWB1 B 泵故障状态			
5	1 号潜污泵	QWB1 超高水位报警			
6		QWB1 手动/自动			
7		QWB1 泵组启动控制			
8		QWB1 泵组停止控制			

三十九、BAS 与废水泵给排水接口调试方案

1. 测试目的

（1）验证 BAS 系统与废水泵系统之间的接口功能是否与设计相符，并满足运营要求。

（2）调试 BAS 对废水泵系统信号监控情况。

2. 功能描述

实现 BAS 接收废水泵发送运行、报警状态，并对水泵进行控制。

3. 前提条件

（1）BAS 系统完成单体调试工作，并已提供单体调试报告。

（2）废水泵系统完成单体调试工作，并已提供单体调试报告。

（3）所有相关系统均能正常上电。

4. 测试步骤

废水泵运行后，通过 ISCS 工作站监视设备的各种状态。

对废水泵系统进行点对点调试，点对点调试中两端分别指现场实际设备、ISCS 工作站（或触摸屏），根据双方设计约定的信号点表，对信息点分别进行点到点调试，检查 BAS 系统接收废水泵相关信号情况。

5. 合格标准

BAS 系统能接收废水泵的相关信号，并在 ISCS 画面中正确显示，且可对废水泵进行远程控制。

6. 注意事项

（1）调试前需准备调试记录表。

（2）所有调试人员准时到场，并到达工作地点待命。

（3）各方检查测试前提条件，并准备好测试工具。

7. 测试表格

测试表格见表 4.185。

表 4.185　BAS 与废水泵给排水接口测试

序号	名称	参数名称	合格/不合格	调试时间	备注
1	WSB-A005	WSB-A005 A 泵启停状态			
2		WSB-A005 B 泵启停状态			
3		WSB-A005 A 泵故障状态			
4		WSB-A005 B 泵故障状态			
5	A 端站台层上侧废水泵房废水泵	WSB-A005 超高水位报警			
6		WSB-A005 超低水位报警			
7		WSB-A005 手动/自动			
8		WSB-A005 泵组启动控制			
9		WSB-A005 泵组停止控制			

四十、BAS 与污水泵给排水接口调试方案

1. 测试目的

（1）验证 BAS 系统与污水泵系统之间的接口功能是否与设计相符，并满足运营要求。

（2）调试 BAS 对污水泵系统信号监视情况。

2. 功能描述

实现 BAS 接收污水泵发送的运行、报警状态，并对水泵进行控制。

3. 前提条件

（1）BAS 系统完成单体调试工作，并已提供单体调试报告。

（2）污水泵系统完成单体调试工作，并已提供单体调试报告。

（3）所有相关系统均能正常上电。

4. 测试步骤

污水泵运行后，通过 ISCS 工作站监视设备的各种状态。

对污水泵系统进行点对点调试，点对点调试中两端分别指现场实际设备、ISCS 工作站（或触摸屏），根据双方设计约定的信号点表，对信息点分别进行点到点调试，检查 BAS 系统接收污水泵相关信号情况。

5. 合格标准

BAS 系统能接收污水泵的相关信号，并在 ISCS 画面中正确显示，且对污水泵进行远程控制。

6. 注意事项

（1）调试前需准备调试记录表。
（2）所有调试人员准时到场，并到达工作地点待命。
（3）各方检查测试前提条件，并准备好测试工具。

7. 测试表格

测试表格见表 4.186。

表 4.186　BAS 与污水泵给排水接口测试

序号	名称	参数名称	合格/不合格	调试时间	备注
1	FSB-A001	FSB-A001 A 泵启停状态			
2	A 端站台层上侧污水泵房单泵潜污泵	FSB-A001 A 泵故障状态			
3		FSB-A001 超高水位报警			
4		FSB-A001 手动/自动			
5		FSB-A001 泵组启动控制			
6		FSB-A001 泵组停止控制			

四十一、BAS 与电动防火阀接口调试方案

1. 测试目的

（1）验证 BAS 系统与电动防火阀系统之间的接口功能是否与设计相符，并满足运营要求。
（2）调试 BAS 对电动防火阀系统信号监视情况。

2. 功能描述

实现 BAS 接收电动防火阀发送运行、报警状态，并对电动防火阀进行控制。

3. 前提条件

（1）BAS 系统完成单体调试工作，并已提供单体调试报告。
（2）电动防火阀系统完成单体调试工作，并已提供单体调试报告。
（3）所有相关系统均能正常上电。

4. 测试步骤

电动防火阀运行后，通过 ISCS 工作站监视设备的各种状态。

对电动防火阀系统进行点对点调试，点对点调试中两端分别指现场实际设备、ISCS 工作站（或触摸屏），根据双方设计约定的信号点表，对信息点分别进行点到点调试，检查 BAS 系统接收电动防火阀相关信号情况。

5. 合格标准

BAS 系统能接收电动防火阀的相关信号，并在 ISCS 画面中正确显示，并可对电动防火阀进行远程控制。

6. 注意事项

（1）调试前需准备调试记录表。

（2）所有调试人员准时到场，并到达工作地点待命。

（3）各方检查测试前提条件，并准备好测试工具。

7. 测试表格

测试表格见表 4.187。

表 4.187　BAS 与电动防火阀接口测试

序号	名称	参数名称	合格/不合格	调试时间	备注
1	FHF2-P101	FHF2-P101 开到位			
2	A 端站厅层信号设备电源室室外 8 轴	FHF2-P101 关到位			
3		FHF2-P101 故障报警			
4		FHF2-P101 开控制			
5		FHF2-P101 关控制			

四十二、BAS 与电动风阀接口调试方案

1. 测试目的

（1）验证 BAS 系统与电动风阀系统之间的接口功能是否与设计相符，并满足运营要求。

（2）调试 BAS 对电动风阀系统信号监视情况。

2. 功能描述

实现 BAS 接收电动风阀发送的运行、报警状态，并对电动风阀进行控制。

3. 前提条件

（1）BAS 系统完成单体调试工作，并已提供单体调试报告。
（2）电动风阀系统完成单体调试工作，并已提供单体调试报告。
（3）所有相关系统均能正常上电。

4. 测试步骤

电动风阀运行后，通过 ISCS 工作站监视设备的各种状态。

对电动风阀系统进行点对点调试，点对点调试中两端分别指现场实际设备、ISCS 工作站（或触摸屏），根据双方设计约定的信号点表，对信息点分别进行点到点调试，检查 BAS 系统接收电动风阀相关信号情况。

5. 合格标准

BAS 系统能接收电动风阀的相关信号，并在 ISCS 画面中正确显示，且可对电动风阀进行远程控制。

6. 注意事项

（1）调试前需准备调试记录表。
（2）所有调试人员准时到场，并到达工作地点待命。
（3）各方检查测试前提条件，并准备好测试工具。

7. 测试表格

测试表格见表 4.188。

表 4.188　BAS 与电动风阀接口测试

序号	名称	参数名称	合格/不合格	调试时间	备注
1	DT-S101	DT-S101 开阀信号			
2		DT-S101 关阀信号			
3		DT-S101 环控/BAS			
4	1号空调机房	DT-S101 故障报警			
5		DT-S101 开阀控制			
6		DT-S101 关阀控制			

四十三、BAS 与电动组合风阀接口调试方案

1. 测试目的

（1）验证 BAS 系统与电动组合风阀系统之间的接口功能是否与设计相符，并满足运营要求。

（2）调试 BAS 对电动组合风阀系统信号监视情况。

2. 功能描述

实现 BAS 接收电动组合风阀发送的设备运行状态及故障报警状态，及 BAS 对电动组合风阀的控制。

3. 前提条件

（1）BAS 系统完成单体调试工作，并已提供单体调试报告。

（2）电动组合风阀系统完成单体调试工作，并已提供单体调试报告。

（3）所有相关系统均能正常上电。'

4. 测试步骤

（1）BAS 与电动组合风阀系统通信调试。

检查通信网关与电动组合风阀的通信状态，查看通信报文是否正常。

（2）点对点调试。

对电动组合风阀系统进行点对点调试，点对点调试中两端分别指现场实际设备、ISCS 工作站（或触摸屏），根据双方设计约定的信号点表，对信息点分别进行点到点调试，检查 BAS 系统接收电动组合风阀相关信号情况。

5. 合格标准

BAS 系统能接收电动组合风阀的相关信号，在 ISCS 画面中正确显示，且能通过 ISCS 画面进行远程控制。

6. 注意事项

（1）调试前需准备调试记录表。

（2）所有调试人员准时到场，并到达工作地点待命。

（3）各方检查测试前提条件，并准备好测试工具。

7. 测试表格

测试表格见表 4.189。

表 4.189　BAS 与电动组合风阀接口测试

序号	名称	参数名称	合格/不合格	调试时间	备注
1	DZ-01-A1	DZ-01-A1 开阀信号			
2		DZ-01-A1 关阀信号			
3		DZ-01-A1 就地/环控			
4	电动组合风阀	DZ-01-A1 环控/BAS			
5		DZ-01-A1 故障报警			
6		DZ-01-A1 开阀控制			
7		DZ-01-A1 关阀控制			

四十四、BAS 与电动二通阀接口调试方案

1. 测试目的

（1）验证 BAS 系统与电动二通阀系统之间的接口功能是否与设计相符，并满足运营要求。

（2）调试 BAS 对电动二通阀系统信号监视情况。

2. 功能描述

实现 BAS 接收电动二通阀发送运行、报警状态，并对电动二通阀进行控制。

3. 前提条件

（1）BAS 系统完成单体调试工作，并已提供单体调试报告。

（2）电动二通阀系统完成单体调试工作，并已提供单体调试报告。

（3）所有相关系统均能正常上电。

4. 测试步骤

电动二通阀运行后，通过 ISCS 工作站监视设备的各种状态。

对电动二通阀系统进行点对点调试，点对点调试中两端分别指现场实际设备、ISCS 工作站（或触摸屏），根据双方设计约定的信号点表，对信息点分别进行点到点调试，检查 BAS 系统接收电动二通阀相关信号情况。

5. 合格标准

BAS 系统能接收电动二通阀的相关信号，并在 ISCS 画面中正确显示，且可对电动二通阀进行远程控制。

6. 注意事项

（1）调试前需准备调试记录表。
（2）所有调试人员准时到场，并到达工作地点待命。
（3）各方检查测试前提条件，并准备好测试工具。

7. 测试表格

测试表格见表4.190。

表 4.190　BAS 与电动二通阀接口测试

序号	名称	参数名称	合格/不合格	调试时间	备注
1	DPF-01	DPF-01 开度反馈			
2	A 端站厅层 I 号出入口	DPF-01 开度控制			

四十五、BAS 与人防门接口调试方案

1. 测试目的

（1）验证 BAS 系统与人防门系统之间的接口功能是否与设计相符，并满足运营要求。
（2）调试 BAS 对人防门系统信号监视情况。

2. 功能描述

实现 BAS 接收人防门发送的运行、报警状态。

3. 前提条件

（1）BAS 系统完成单体调试工作，并已提供单体调试报告。
（2）人防门系统完成单体调试工作，并已提供单体调试报告。
（3）所有相关系统均能正常上电。

4. 测试步骤

人防门运行后，通过 ISCS 工作站监视设备的各种状态。
对人防门系统进行点对点调试，点对点调试中两端分别指现场实际设备、ISCS 工作站（或触摸屏），根据双方设计约定的信号点表，对信息点分别进行点到点调试，检查 BAS 系统接收人防门相关信号情况。

5. 合格标准

BAS 系统能接收人防门的相关信号，并在 ISCS 画面中正确显示。

6. 注意事项

（1）调试前需准备调试记录表。

（2）所有调试人员准时到场，并到达工作地点待命。

（3）各方检查测试前提条件，并准备好测试工具。

7. 测试表格

测试表格见表 4.191。

表 4.191　BAS 与人防门接口测试

序号	名称	参数名称	合格/不合格	调试时间	备注
1	RFM1	RFM1 开到位			
2	A 端站台层上侧 DK34+206 处	RFM1 关到位			

四十六、BAS 与隧道风机监测箱接口调试方案

1. 测试目的

（1）验证 BAS 系统与隧道风机监测箱系统之间的接口功能是否与设计相符，并满足运营要求。

（2）调试 BAS 对隧道风机监测箱系统信号监视情况。

2. 功能描述

实现 BAS 接收隧道风机监测箱发送的设备运行状态及故障报警状态。

3. 前提条件

（1）BAS 系统完成单体调试工作，并已提供单体调试报告。

（2）隧道风机监测箱系统完成单体调试工作，并已提供单体调试报告。

（3）所有相关系统均能正常上电。

4. 测试步骤

（1）BAS 与隧道风机监测箱系统通信调试。

检查通信网关与隧道风机监测箱的通信状态，查看通信报文是否正常。

（2）点对点调试。

对隧道风机监测箱系统进行点对点调试，点对点调试中两端分别指现场实际设备、ISCS 工作站（或触摸屏），根据双方设计约定的信号点表，对信息点分别进行点到点调试，检查 BAS 系统接收隧道风机监测箱相关信号情况。

5. 合格标准

BAS 系统能接收隧道风机监测箱的相关信号，在 ISCS 画面中正确显示。

6. 注意事项

（1）调试前需准备调试记录表。
（2）所有调试人员准时到场，并到达工作地点待命。
（3）各方检查测试前提条件，并准备好测试工具。

7. 测试表格

测试表格见表 4.192。

表 4.192　BAS 与隧道风机监测箱接口测试

序号	名称	参数名称	合格/不合格	调试时间	备注
1	FJJC1	FJJC1 绕组温度报警			
2	隧道风机监测箱	FJJC1 前轴温度报警			
3		FJJC1 后轴温度报警			

四十七、BAS 与隧道风机接口调试方案

1. 测试目的

（1）验证 BAS 系统与隧道风机系统之间的接口功能是否与设计相符，并满足运营要求。
（2）调试 BAS 对隧道风机系统信号监控情况。

2. 功能描述

实现 BAS 接收隧道风机发送的设备运行状态及故障报警状态，及 BAS 对隧道风机的控制。

3. 前提条件

（1）BAS 系统完成单体调试工作，并已提供单体调试报告。
（2）隧道风机系统完成单体调试工作，并已提供单体调试报告。
（3）所有相关系统均能正常上电。

4. 测试步骤

（1）BAS 与隧道风机系统通信调试。
检查通信网关与隧道风机的通信状态，查看通信报文是否正常。

（2）点对点调试。

对隧道风机系统进行点对点调试，点对点调试中两端分别指现场实际设备、ISCS 工作站（或触摸屏），根据双方设计约定的信号点表，对信息点分别进行点到点调试，检查 BAS 系统接收隧道风机相关信号情况。

5. 合格标准

BAS 系统能接收隧道风机的相关信号，并在 ISCS 画面中正确显示，且能通过 ISCS 画面进行远程控制。

6. 注意事项

（1）调试前需准备调试记录表。
（2）所有调试人员准时到场，并到达工作地点待命。
（3）各方检查测试前提条件，并准备好测试工具。

7. 测试表格

测试表格见表 4.193。

表 4.193　BAS 与隧道风机接口测试

序号	名称	参数名称	合格/不合格	调试时间	备注
1	TVF-01-A1	TVF-01-A1 正转状态			
2	A 端环控机房隧道风机	TVF-01-A1 反转状态			
3		TVF-01-A1 停止状态			
4		TVF-01-A1 故障报警			
5		TVF-01-A1 软启动故障报警			
6		TVF-01-A1 二次电源故障报警			
7		TVF-01-A1 就地/BAS			
8		TVF-01-A1 正转启动			
9		TVF-01-A1 反转启动			
10		TVF-01-A1 停止控制			
11		TVF-01-A1 B 相电流			
12		TVF-01-A1 AB 线电压			
13		TVF-01-A1 BC 线电压			
14		TVF-01-A1 CA 线电压			

四十八、BAS 与排热风机接口调试方案

1. 测试目的

（1）验证 BAS 系统与排热风机系统之间的接口功能是否与设计相符，并满足运营要求。

（2）调试 BAS 对排热风机系统信号监控情况。

2. 功能描述

实现 BAS 接收排热风机发送的设备运行状态及故障报警状态，及 BAS 对排热风机的控制。

3. 前提条件

（1）BAS 系统完成单体调试工作，并已提供单体调试报告。

（2）EPS 系统完成单体调试工作，并已提供单体调试报告。

（3）所有相关系统均能正常上电。

4. 测试步骤

（1）BAS 与排热风机系统通信调试。

检查通信网关与排热风机的通信状态，查看通信报文是否正常。

（2）点对点调试。

对排热风机系统进行点对点调试，点对点调试中两端分别指现场实际设备、ISCS 工作站（或触摸屏），根据双方设计约定的信号点表，对信息点分别进行点到点调试，检查 BAS 系统接收排热风机相关信号情况。

5. 合格标准

BAS 系统能接收排热风机的相关信号，并在 ISCS 画面中正确显示，且能对排热风机进行远程控制。

6. 注意事项

（1）调试前需准备调试记录表。

（2）所有调试人员准时到场，并到达工作地点待命。

（3）各方检查测试前提条件，并准备好测试工具。

7. 测试表格

测试表格见表 4.194。

表 4.194　BAS 与排热风机接口测试

序号	名称	参数名称	合格/不合格	调试时间	备注
1	TEF-01-A1	TEF-01-A1 高速状态			
2	A端环控机房排热风机	TEF-01-A1 低速状态			
3		TEF-01-A1 停止状态			
4		TEF-01-A1 高速软启故障			
5		TEF-01-A1 低速软启故障			
6		TEF-01-A1 高速过载故障			
7		TEF-01-A1 低速过载故障			
8		TEF-01-A1 高速启动			
9		TEF-01-A1 低速启动			
10		TEF-01-A1 停止控制			
11		TEF-01-A1 就地/BAS			

四十九、BAS 与射流风机接口调试方案

1. 测试目的

（1）验证 BAS 系统与射流风机系统之间的接口功能是否与设计相符，并满足运营要求。

（2）调试 BAS 对射流风机系统信号监视情况。

2. 功能描述

实现 BAS 接收射流风机发送的设备运行状态及故障报警状态，及 BAS 对射流风机的控制。

3. 前提条件

（1）BAS 系统完成单体调试工作，并已提供单体调试报告。

（2）射流风机系统完成单体调试工作，并已提供单体调试报告。

（3）所有相关系统均能正常上电。

4. 测试步骤

（1）BAS 与射流风机系统通信调试。

检查通信网关与射流风机的通信状态，查看通信报文是否正常。

（2）点对点调试。

对射流风机系统进行点对点调试，点对点调试中两端分别指现场实际设备、ISCS 工作站

（或触摸屏），根据双方设计约定的信号点表，对信息点分别进行点到点调试，检查 BAS 系统接收射流风机相关信号情况。

5. 合格标准

BAS 系统能接收射流风机的相关信号，并在 ISCS 画面中正确显示。

6. 注意事项

（1）调试前需准备调试记录表。

（2）所有调试人员准时到场，并到达工作地点待命。

（3）各方检查测试前提条件，并准备好测试工具。

7. 测试表格

测试表格见表 4.195。

表 4.195　BAS 与射流风机接口测试

序号	名称	参数名称	合格/不合格	调试时间	备注
1	JET-QJ01-A1	JET-QJ01-A1　正转状态			
2	区间 DK31+420（右线）射流风机	JET-QJ01-A1　反转状态			
3		JET-QJ01-A1　停止状态			
4		JET-QJ01-A1　软启动故障报警			
5		JET-QJ01-A1　过载报警			
6		JET-QJ01-A1　二次电源故障			
7		JET-QJ01-A1　就地/BAS			
8		JET-QJ01-A1　正转启动			
9		JET-QJ01-A1　反转启动			
10		JET-QJ01-A1　停止控制			

五十、BAS 与射流风机监测箱接口调试方案

1. 测试目的

（1）验证 BAS 系统与射流风机监测箱系统之间的接口功能是否与设计相符，并满足运营要求。

（2）调试 BAS 对射流风机监测箱系统信号监视情况。

2. 功能描述

实现 BAS 接收射流风机发送的位移报警状态。

3. 前提条件

（1）BAS 系统完成单体调试工作，并已提供单体调试报告。

（2）射流风机监测箱系统完成单体调试工作，并已提供单体调试报告。

（3）所有相关系统均能正常上电。

4. 测试步骤

（1）BAS 与射流风机监测箱系统通信调试。

检查通信网关与射流风机监测箱的通信状态，查看通信报文是否正常。

（2）点对点调试。

对射流风机监测箱系统进行点对点调试，点对点调试中两端分别指现场实际设备、ISCS 工作站（或触摸屏），根据双方设计约定的信号点表，对信息点分别进行点到点调试，检查 BAS 系统接收射流风机监测箱相关信号情况。

5. 合格标准

BAS 系统能接收射流风机监测箱的相关信号，并在 ISCS 画面中正确显示。

6. 注意事项

（1）调试前需准备调试记录表。

（2）所有调试人员准时到场，并到达工作地点待命。

（3）各方检查测试前提条件，并准备好测试工具。

7. 测试表格

测试表格见表 4.196。

表 4.196　BAS 与射流风机监测箱接口测试

序号	名称	参数名称	合格/不合格	调试时间	备注
1	FJJC9	FJJC9 横向振动报警			
2	区间 DK31+420	FJJC9 横向振动危险			
3		FJJC9 纵向振动报警			
4		FJJC9 纵向振动危险			
5		FJJC9 静态位移报警			

五十一、BAS 与回排风机环控柜接口调试方案

1. 测试目的

（1）验证 BAS 系统与回排风机系统之间的接口功能是否与设计相符，并满足运营要求。

（2）调试 BAS 对回排风机系统信号监控情况。

2. 功能描述

实现 BAS 接收回排风机发送的设备运行状态及故障报警状态，及 BAS 对回排风机的控制。

3. 前提条件

（1）BAS 系统完成单体调试工作，并已提供单体调试报告。

（2）回排风机系统完成单体调试工作，并已提供单体调试报告。

（3）所有相关系统均能正常上电。

4. 测试步骤

（1）BAS 与回排风机系统通信调试。

检查通信网关与回排风机的通信状态，查看通信报文是否正常。

（2）点对点调试。

对回排风机系统进行点对点调试，点对点调试中两端分别指现场实际设备、ISCS 工作站（或触摸屏），根据双方设计约定的信号点表，对信息点分别进行点到点调试，检查 BAS 系统接收回排风机相关信号情况。

5. 合格标准

BAS 系统能接收回排风机的相关信号，并在 ISCS 画面中正确显示，且能对回排风机进行远程控制。

6. 注意事项

（1）调试前需准备调试记录表。

（2）所有调试人员准时到场，并到达工作地点待命。

（3）各方检查测试前提条件，并准备好测试工具。

7. 测试表格

测试表格见表 4.197。

表 4.197　BAS 与回排风机环控柜接口测试

序号	名称	参数名称	合格/不合格	调试时间	备注
1	HPF1-01	HPF1-01 运行状态			
2		HPF1-01 停止状态			
3		HPF1-01 故障报警			
4		HPF1-01 就地/环控			
5		HPF1-01 环控/BAS			
6	1 号空调机房回排风机	HPF1-01 变频状态			
7		HPF1-01 运行频率			
8		HPF1-01 变频器故障			
9		HPF1-01 变频启动			
10		HPF1-01 停止			
11		HPF1-01 频率设定			

五十二、BAS 与组合式空调机接口调试方案

1. 测试目的

（1）验证 BAS 系统与组合式空调机系统之间的接口功能是否与设计相符，并满足运营要求。

（2）调试 BAS 对组合式空调机系统信号监控情况。

2. 功能描述

实现 BAS 接收组合式空调机发送的设备运行状态及故障报警状态，及 BAS 对组合式空调机的控制。

3. 前提条件

（1）BAS 系统完成单体调试工作，并已提供单体调试报告。

（2）组合式空调机系统完成单体调试工作，并已提供单体调试报告。

（3）所有相关系统均能正常上电。

4. 测试步骤

（1）BAS 与组合式空调机系统通信调试。

检查通信网关与组合式空调机的通信状态，查看通信报文是否正常。

（2）点对点调试。

对组合式空调机系统进行点对点调试，点对点调试中两端分别指现场实际设备、ISCS 工作站（或触摸屏），根据双方设计约定的信号点表，对信息点分别进行点到点调试，检查 BAS 系统接收组合式空调机相关信号情况。

5. 合格标准

BAS 系统能接收组合式空调机的相关信号，并在 ISCS 画面中正确显示，并能对组合式空调机进行远程控制。

6. 注意事项

（1）调试前需准备调试记录表。

（2）所有调试人员准时到场，并到达工作地点待命。

（3）各方检查测试前提条件，并准备好测试工具。

7. 测试表格

测试表格见表 4.198。

表 4.198　BAS 与组合式空调机接口测试

序号	名称	参数名称	合格/不合格	调试时间	备注
1	ZK1-01	ZK1-01 运行状态			
2		ZK1-01 停止状态			
3		ZK1-01 故障报警			
4		ZK1-01 就地/环控			
5		ZK1-01 环控/BAS			
6	1号空调机房组合式空调	ZK1-01 变频状态			
7		ZK1-01 运行频率			
8		ZK1-01 变频器故障			
9		ZK1-01 变频启动			
10		ZK1-01 停止			
11		ZK1-01 频率设定			

五十三、BAS 与空调环控柜接口调试方案

1. 测试目的

（1）验证 BAS 系统与空调环控柜系统之间的接口功能是否与设计相符，并满足运营要求。

（2）调试 BAS 对空调环控柜系统信号监视情况。

2. 功能描述

实现 BAS 接收空调环控柜发送的运行、报警状态。

3. 前提条件

（1）BAS 系统完成单体调试工作，并已提供单体调试报告。

（2）空调环控柜系统完成单体调试工作，并已提供单体调试报告。

（3）所有相关系统均能正常上电。

4. 测试步骤

（1）BAS 与空调环控柜系统通信调试。

检查通信网关与空调环控柜的通信状态，查看通信报文是否正常。

（2）点对点调试。

对空调环控柜系统进行点对点调试，点对点调试中两端分别指现场实际设备、ISCS 工作站（或触摸屏），根据双方设计约定的信号点表，对信息点分别进行点到点调试，检查 BAS 系统接收空调环控柜相关信号情况。

5. 合格标准

BAS 系统能接收空调环控柜的相关信号，并在 ISCS 画面中正确显示。

6. 注意事项

（1）调试前需准备调试记录表。

（2）所有调试人员准时到场，并到达工作地点待命。

（3）各方检查测试前提条件，并准备好测试工具。

7. 测试表格

测试表格见表 4.199。

表 4.199　BAS 与空调环控柜接口测试

序号	名称	参数名称	合格/不合格	调试时间	备注
1	HPF1-01	HPF1-01 运行状态			
2		HPF1-01 停止状态			
3		HPF1-01 故障报警			
4		HPF1-01 就地/环控			
5		HPF1-01 环控/BAS			
6	1 号空调机房 回排风机	HPF1-01 变频状态			
7		HPF1-01 运行频率			
8		HPF1-01 变频器故障			
9		HPF1-01 变频启动			
10		HPF1-01 停止			
11		HPF1-01 频率设定			

五十四、BAS 与 SF6 接口调试方案

1. 测试目的

（1）验证 BAS 系统与 SF6 系统之间的接口功能是否与设计相符，并满足运营要求。

（2）调试 BAS 对 SF6 系统信号监视情况。

2. 功能描述

实现 BAS 接收 SF6 发送的运行、报警状态。

3. 前提条件

（1）BAS 系统完成单体调试工作，并已提供单体调试报告。

（2）SF6 系统完成单体调试工作，并已提供单体调试报告。

（3）所有相关系统均能正常上电。

4. 测试步骤

（1）BAS 与 SF6 系统通信调试。

检查通信网关与 SF6 的通信状态，查看通信报文是否正常。

（2）点对点调试。

对 SF6 系统进行点对点调试，点对点调试中两端分别指现场实际设备、ISCS 工作站（或

触摸屏），根据双方设计约定的信号点表，对信息点分别进行点到点调试，检查 BAS 系统接收 SF6 相关信号情况。

5. 合格标准

BAS 系统能接收 SF6 的相关信号，并在 ISCS 画面中正确显示。

6. 注意事项

（1）调试前需准备调试记录表。
（2）所有调试人员准时到场，并到达工作地点待命。
（3）各方检查测试前提条件，并准备好测试工具。

7. 测试表格

测试表格见表 4.200。

表 4.200　BAS 与 SF6 接口测试

序号	名称	参数名称	合格/不合格	调试时间	备注
1	SF6 主机 1	SF6 主机状态			
		SF6 浓度超限报警			
2	SF6 探测器-1	SF6 浓度			
3	SF6 探测器-2	SF6 浓度			

五十五、BAS 与传感器接口调试方案

1. 测试目的

（1）验证 BAS 系统与传感器之间的接口功能是否与设计相符，并满足运营要求。
（2）调试 BAS 对传感器信号监视情况。

2. 功能描述

实现 BAS 接收传感器发送的实时状态。

3. 前提条件

（1）BAS 系统完成单体调试工作，并已提供单体调试报告。
（2）传感器系统完成单体调试工作，并已提供单体调试报告。
（3）所有相关系统均能正常上电。

4. 测试步骤

传感器运行后，通过 ISCS 工作站监视设备的各种状态。

对传感器系统进行点对点调试，点对点调试中两端分别指现场实际设备、ISCS 工作站（或触摸屏），根据双方设计约定的信号点表，对信息点分别进行点到点调试，检查 BAS 系统接收传感器相关信号情况。

5. 合格标准

BAS 系统能接收传感器的相关信号，并在 ISCS 画面中正确显示。

6. 注意事项

（1）调试前需准备调试记录表。
（2）所有调试人员准时到场，并到达工作地点待命。
（3）各方检查测试前提条件，并准备好测试工具。

7. 测试表格

测试表格见表 4.201。

表 4.201　BAS 与传感器接口测试

序号	设备编号	设备名称	测试标准	测试结果	备注
1	W-1	温度传感器	实时显示准确温度数值		
2	W-2	温度传感器	实时显示准确温度数值		
3	H-1	温湿度传感器	实时显示准确温度、湿度数值		
4	H-2	温湿度传感器	实时显示准确温度、湿度数值		
5	C-1	二氧化碳传感器	实时显示准确二氧化碳浓度值		
6	C-2	二氧化碳传感器	实时显示准确二氧化碳浓度值		

五十六、BAS 与 UPS 接口调试方案

1. 测试目的

（1）验证 BAS 系统与 UPS 系统之间的接口功能是否与设计相符，并满足运营要求。
（2）调试 BAS 对 UPS 系统信号监视情况。

2. 功能描述

实现 BAS 接收 UPS 发送的电压、电流数值及 UPS 运行、报警状态。

3. 前提条件

（1）BAS 系统完成单体调试工作，并已提供单体调试报告。

（2）UPS 系统完成单体调试工作，并已提供单体调试报告。

（3）所有相关系统均能正常上电。

4. 测试步骤

（1）BAS 与 UPS 系统通信调试。

检查通信网关与 UPS 的通信状态，查看通信报文是否正常。

（2）点对点调试。

对 UPS 系统进行点对点调试，点对点调试中两端分别指现场实际设备、ISCS 工作站（或触摸屏），根据双方设计约定的信号点表，对信息点分别进行点到点调试，检查 BAS 系统接收 UPS 相关信号情况。

5. 合格标准

BAS 系统能接收 UPS 的相关信号，并在 ISCS 画面中正确显示。

6. 注意事项

（1）调试前需准备调试记录表。

（2）所有调试人员准时到场，并到达工作地点待命。

（3）各方检查测试前提条件，并准备好测试工具。

7. 测试表格

测试表格见表 4.202。

表 4.202　BAS 与 UPS 接口测试

序号	名称	参数名称	合格/不合格	调试时间	备注
1	UPS1	交流输入电压			
2		交流输出电压			
3		直流电压			
4	A 端环控电控室 UPS 主机	市电异常			
5		电池异常			
6		UPS 故障			
7		UPS 旁路			

五十七、BAS 与多联机接口调试方案

1. 测试目的

（1）验证 BAS 系统与多联机系统之间的接口功能是否与设计相符，并满足运营要求。

（2）调试 BAS 对多联机系统信号监控情况。

2. 功能描述

实现 BAS 接收多联机发送的运行、故障状态及对多联机控制。

3. 前提条件

（1）BAS 系统完成单体调试工作，并已提供单体调试报告。

（2）多联机系统完成单体调试工作，并已提供单体调试报告。

（3）所有相关系统均能正常上电。

4. 测试步骤

（1）BAS 与多联机系统通信调试。

检查通信网关与多联机的通信状态，查看通信报文是否正常。

（2）点对点调试。

对多联机系统进行点对点调试，点对点调试中两端分别指现场实际设备、ISCS 工作站（或触摸屏），根据双方设计约定的信号点表，对信息点分别进行点到点调试，检查 BAS 系统接收多联机相关信号情况。

5. 合格标准

BAS 系统能接收多联机的相关信号，并在 ISCS 画面中正确显示，并对多联机进行远程控制。

6. 注意事项

（1）调试前需准备调试记录表。

（2）所有调试人员准时到场，并到达工作地点待命。

（3）各方检查测试前提条件，并准备好测试工具。

7. 测试表格

测试表格见表 4.203。

表 4.203　BAS 与多联机接口测试

序号	名称	参数名称	合格/不合格	调试时间	备注
1	DL8-N-A101	启停状态			
2		故障信息			
3	工具间	启动控制			
4		停止控制			

五十八、BAS 与变频加压给水装置接口调试方案

1. 测试目的

（1）验证 BAS 系统与变频加压给水装置系统之间的接口功能是否与设计相符，并满足运营要求。

（2）调试 BAS 对变频加压给水装置系统信号监视情况。

2. 功能描述

实现 BAS 接收变频加压给水装置发送的运行、报警状态。

3. 前提条件

（1）BAS 系统完成单体调试工作，并已提供单体调试报告。

（2）变频加压给水装置系统完成单体调试工作，并已提供单体调试报告。

（3）所有相关系统均能正常上电。

4. 测试步骤

（1）BAS 与变频加压给水装置系统通信调试。

检查通信网关与变频加压给水装置的通信状态，查看通信报文是否正常。

（2）点对点调试。

对变频加压给水装置系统进行点对点调试，点对点调试中两端分别指现场实际设备、ISCS 工作站（或触摸屏），根据双方设计约定的信号点表，对信息点分别进行点到点调试，检查 BAS 系统接收变频加压给水装置相关信号情况。

5. 合格标准

BAS 系统能接收变频加压给水装置的相关信号，并在 ISCS 画面中正确显示。

6. 注意事项

（1）调试前需准备调试记录表。

（2）所有调试人员准时到场，并到达工作地点待命。

（3）各方检查测试前提条件，并准备好测试工具。

7. 测试表格

测试表格见表 4.204。

表 4.204　BAS 与变频加压给水装置接口测试

序号	名称	参数名称	合格/不合格	调试时间	备注
1	BYJ	A 泵变频状态			
2	变频加压给水装置	A 泵工频状态			
3		A 泵停止状态			
4		B 泵变频状态			
5		B 泵工频状态			
6		B 泵停止状态			
7		手动/自动			
8		超低水位报警			
9		超高水位报警			
10		A 泵故障			
11		B 泵故障			
12		变频器故障			
13		变频器频率			
14		出口压力信号			
15		设定压力值			

五十九、BAS 与 RTU 接口调试方案

1. 测试目的

（1）验证 BAS 系统与 RTU 系统之间的接口功能是否与设计相符，并满足运营要求。

（2）调试 BAS 对 RTU 系统信号监视情况。

2. 功能描述

实现 BAS 接收 RTU 发送的电压、电流、电度数值。

3. 前提条件

（1）BAS 系统完成单体调试工作，并已提供单体调试报告。
（2）RTU 系统完成单体调试工作，并已提供单体调试报告。
（3）所有相关系统均能正常上电。

4. 测试步骤

（1）BAS 与 RTU 系统通信调试。

检查通信网关与 RTU 的通信状态，查看通信报文是否正常。

（2）点对点调试。

对 RTU 系统进行点对点调试，点对点调试中两端分别指现场实际设备、ISCS 工作站（或触摸屏），根据双方设计约定的信号点表，对信息点分别进行点到点调试，检查 BAS 系统接收 RTU 相关信号情况。

5. 合格标准

BAS 系统能接收 RTU 的相关信号，并在 ISCS 画面中正确显示。

6. 注意事项

（1）调试前需准备调试记录表。
（2）所有调试人员准时到场，并到达工作地点待命。
（3）各方检查测试前提条件，并准备好测试工具。

7. 测试表格

测试表格见表 4.205。

表 4.205　BAS 与 RTU 接口测试

序号	名称	参数名称	合格/不合格	调试时间	备注
1	DI-1	ABC 相电压			
2		A 相电流			
3		B 相电流			
4	供电回路	C 相电流			
5		功率因数			
6		有功电度			
7		无功电度			

六十、BAS 与智能照明接口调试方案

1. 测试目的

（1）验证 BAS 系统与智能照明系统之间的接口功能是否与设计相符，并满足运营要求。
（2）调试 BAS 对智能照明系统信号监视情况。

2. 功能描述

实现 BAS 接收智能照明发送的回路状态及场景控制。

3. 前提条件

（1）BAS 系统完成单体调试工作，并已提供单体调试报告。
（2）智能照明系统完成单体调试工作，并已提供单体调试报告。
（3）所有相关系统均能正常上电。

4. 测试步骤

（1）BAS 与智能照明系统通信调试。
检查通信网关与智能照明的通信状态，查看通信报文是否正常。
（2）点对点调试。
对智能照明系统进行点对点调试，点对点调试中两端分别指现场实际设备、ISCS 工作站（或触摸屏），根据双方设计约定的信号点表，对信息点分别进行点到点调试，检查 BAS 系统接收智能照明相关信号情况。

5. 合格标准

BAS 系统能接收智能照明的相关信号，并在 ISCS 画面中正确显示。

6. 注意事项

（1）调试前需准备调试记录表。
（2）所有调试人员准时到场，并到达工作地点待命。
（3）各方检查测试前提条件，并准备好测试工具。

7. 测试表格

测试表格见表 4.206。

表 4.206　BAS 与智能照明接口测试

序号	名称	参数名称	合格/不合格	调试时间	备注
1	ALGG-8	回路开关状态			
2	站台层广告照明 6	回路故障			
3	场景控制 1	通信状态			
4	白天正常模式	场景 1 控制			
5		场景 1 反馈			

六十一、BAS 与温控轴流风机控制接口调试方案

1. 测试目的

（1）验证 BAS 系统与温控轴流风机系统之间的接口功能是否与设计相符，并满足运营要求。

（2）调试 BAS 对温控轴流风机系统信号监视情况。

2. 功能描述

实现 BAS 接收温控轴流风机发送的运行、故障状态，并对风机进行控制。

3. 前提条件

（1）BAS 系统完成单体调试工作，并已提供单体调试报告。

（2）温控轴流风机系统完成单体调试工作，并已提供单体调试报告。

（3）所有相关系统均能正常上电。

4. 测试步骤

温控轴流风机运行后，通过 ISCS 工作站监视设备的各种状态。

对温控轴流风机系统进行点对点调试，点对点调试中两端分别指现场实际设备、ISCS 工作站（或触摸屏），根据双方设计约定的信号点表，对信息点分别进行点到点调试，检查 BAS 系统接收温控轴流风机相关信号情况。

5. 合格标准

BAS 系统能接收温控轴流风机的相关信号，并在 ISCS 画面中正确显示，且可对温控轴流风机进行远程控制。

6. 注意事项

（1）调试前需准备调试记录表。

（2）所有调试人员准时到场，并到达工作地点待命。

（3）各方检查测试前提条件，并准备好测试工具。

7. 测试表格

测试表格见表 4.207。

表 4.207　BAS 与温控轴流风机控制接口测试

序号	名称	参数名称	合格/不合格	调试时间	备注
1	PF5-A101	PF5-A101 运行状态			
2		PF5-A101 停止状态			
3		PF5-A101 故障报警			
4	变电所温控轴流风机	PF5-A101 就地/BAS			
5		PF5-A101 启动			
6		PF5-A101 停止			

六十二、BAS 与循环泵接口调试方案

1. 测试目的

（1）验证 BAS 系统与循环泵系统之间的接口功能是否与设计相符，并满足运营要求。

（2）调试 BAS 对循环泵系统信号监视情况。

2. 功能描述

实现 BAS 接收循环泵发送的运行、报警状态，并可对循环泵进行控制。

3. 前提条件

（1）BAS 系统完成单体调试工作，并已提供单体调试报告。

（2）循环泵系统完成单体调试工作，并已提供单体调试报告。

（3）所有相关系统均能正常上电。

4. 测试步骤

循环泵运行后，通过 ISCS 工作站监视设备的各种状态。

对循环泵系统进行点对点调试，点对点调试中两端分别指现场实际设备、ISCS 工作站（或触摸屏），根据双方设计约定的信号点表，对信息点分别进行点到点调试，检查 BAS 系统接收循环泵相关信号情况。

5. 合格标准

BAS 系统能接收循环泵的相关信号，并在 ISCS 画面中正确显示，并可对循环泵进行远程控制。

6. 注意事项

（1）调试前需准备调试记录表。
（2）所有调试人员准时到场，并到达工作地点待命。
（3）各方检查测试前提条件，并准备好测试工具。

7. 测试表格

测试表格见表 4.208。

表 4.208　BAS 与循环泵接口测试

序号	名称	参数名称	合格/不合格	调试时间	备注
1	K4	K4 A 泵启停状态			
2		K4 B 泵启停状态			
3		K4 A 泵故障状态			
4		K4 B 泵故障状态			
5	热泵循环泵	K4 A 泵手动/自动			
6		K4 B 泵手动/自动			
7		K4 泵组启动控制			
8		K4 泵组停止控制			

六十三、BAS 与潜污泵接口调试方案

1. 测试目的

（1）验证 BAS 系统与潜污泵系统之间的接口功能是否与设计相符，并满足运营要求。
（2）调试 BAS 对潜污泵系统信号监视情况。

2. 功能描述

实现 BAS 接收潜污泵发送的运行、报警状态，并对潜污泵进行控制。

3. 前提条件

（1）BAS 系统完成单体调试工作，并已提供单体调试报告。

（2）潜污泵系统完成单体调试工作，并已提供单体调试报告。

（3）所有相关系统均能正常上电。

4. 测试步骤

潜污泵运行后，通过 ISCS 工作站监视设备的各种状态。

对潜污泵系统进行点对点调试，点对点调试中两端分别指现场实际设备、ISCS 工作站（或触摸屏），根据双方设计约定的信号点表，对信息点分别进行点到点调试，检查 BAS 系统接收潜污泵相关信号情况。

5. 合格标准

BAS 系统能接收潜污泵的相关信号，并在 ISCS 画面中正确显示，并可对潜污泵进行远程控制。

6. 注意事项

（1）调试前需准备调试记录表。

（2）所有调试人员准时到场，并到达工作地点待命。

（3）各方检查测试前提条件，并准备好测试工具。

7. 测试表格

测试表格见表 4.209。

表 4.209　BAS 与潜污泵接口测试

序号	名称	参数名称	合格/不合格	调试时间	备注
1	K6	K6 A 泵启停状态			
2	消防泵房潜污泵	K6 B 泵启停状态			
3		K6 A 泵故障状态			
4		K6 B 泵故障状态			
5		K6 超高水位报警			
6		K6 A 泵手动/自动			
7		K6 B 泵手动/自动			
8		K6 泵组启动控制			
9		K6 泵组停止控制			

六十四、BAS 与消防电动蝶阀接口调试方案

1. 测试目的

（1）验证 BAS 系统与消防电动蝶阀系统之间的接口功能是否与设计相符，并满足运营要求。

（2）调试 BAS 对消防电动蝶阀系统信号监视情况。

2. 功能描述

实现 BAS 接收消防电动蝶阀发送运行、故障状态，并对消防电动蝶阀进行控制。

3. 前提条件

（1）BAS 系统完成单体调试工作，并已提供单体调试报告。

（2）消防电动蝶阀系统完成单体调试工作，并已提供单体调试报告。

（3）所有相关系统均能正常上电。

4. 测试步骤

消防电动蝶阀运行后，通过 ISCS 工作站监视设备的各种状态。

对消防电动蝶阀系统进行点对点调试，点对点调试中两端分别指现场实际设备、ISCS 工作站（或触摸屏），根据双方设计约定的信号点表，对信息点分别进行点到点调试，检查 BAS 系统接收消防电动蝶阀相关信号情况。

5. 合格标准

BAS 系统能接收消防电动蝶阀的相关信号，并在 ISCS 画面中正确显示，可对消防电动蝶阀进行远程控制。

6. 注意事项

（1）调试前需准备调试记录表。

（2）所有调试人员准时到场，并到达工作地点待命。

（3）各方检查测试前提条件，并准备好测试工具。

7. 测试表格

测试表格见表 4.210。

表 4.210　BAS 与消防电动蝶阀接口测试

序号	名称	参数名称	合格/不合格	调试时间	备注
1	WMV-01-A1	WMV-01-A1 开阀信号			
2	站台层下行 A 端端门消防电动蝶阀	WMV-01-A1 关阀信号			
3		WMV-01-A1 环控/BAS			
4		WMV-01-A1 故障报警			
5		WMV-01-A1 开阀控制			
6		WMV-01-A1 关阀控制			

第五章

机电设备调试问题案例

在温州市域铁路 S1 线一期工程各机电系统接口调试阶段，各专业组共发现了几百项问题，各项问题均在规定时间内完成了整改，在对这些问题分析后发现，调试问题主要归为以下几类：一是专业接口界面不清晰；二是未按确定的接口关系执行；三是多设计单位的深化设计不足；四是专业设计间的接口提资不全；五是调试前置条件未确认；六是问题分析总结不足，导致相似问题重复出现。本章列举各系统调试过程中出现的典型问题案例并对其进行分析。

 第一节　车辆系统问题

救援联挂问题

1. 问题描述

18 车与 17 车救援联挂试验，车辆已联挂，18 车 3 车、4 车空气制动已切除，且处于 100% 常用制动状态。施加停放制动时，救援车（17 车）停放制动正常，故障车（18 车）制动施加灯常亮，但 HMI 屏显示停放制动 1 车、2 车图标为缓解状态，3 车、4 车显示为正常施加状态。

2. 原因分析

18 车 1 车、2 车未切除空气制动，且处于 100% 常用制动状态。停放制动施加时，停放制动供风管路压力下降，但是 1 车、2 车的常用空气制动缸空气会进入停放制动中。AW3 状态下，压力高于停放制动缓解的压力阈值 380 kPa 时，显示停放制动缓解状态。这是停放制动与空气制动同时存在时的防叠加设计，为正常现象。3 车、4 车的常用空气制动且切除，不存在叠加的情况，停放制动显示正常施加。

3. 直接影响

影响司机对停放制动是否存在故障的判断。

4. 处理措施

经过对比在空气制动切除与恢复两种状态下的停放制动压力，对司机进行交底说明，100%常用制动下，缸压力上升，停放制动施加动作，HMI 停放制动缸显示缓解图标为正常现象。

第二节　信号系统问题

一、信号联锁给 PSD 控制柜发送开关门指令，PSD 开关门继电器无法动作

1. 问题描述

信号联锁给 PSD 控制柜发送开关门指令，PSD 开关门继电器无法动作。

2. 原因分析

信号厂家配线图与 PSD 厂家配线图设计不一致，导致信号给 PSD 提供 24 V 电无法供到 PSD 控制柜的继电器。

3. 处理措施

组织双方厂家、信号及 PSD 业主召开问题协调会，将双方配线图进行核对，并建议以正确配线图纸整改后续车站的配线。

二、车站 IBP 盘无法实现紧急停车功能

1. 问题描述

瑶溪站 IBP 盘无法实现紧急停车功能。

2. 原因分析

经检查配线发现，配线图上没有设计从奥体中心站到瑶溪站的紧急停车的站连线，导致瑶溪站 IBP 盘紧急停车的 24 V 电无法到达奥体中心站联锁机。

3. 处理措施

信号业主及施工单位联系设计单位修改配线图并下发正确施工配线图到施工单位。

三、门模式为自动开门模式时，车辆无法自动开门

1. 问题描述

自动开门模式下，信号发送的开门命令正常，但车辆不执行开门操作。

2. 原因分析

信号系统和车辆系统对于零速信息的判断机制不一致。

3. 直接影响

自动开门模式下，信号检测到信号内部零速信号后发出使能和开门信号，此时车辆零速未给车门系统，导致车辆认为列车未停稳无法开门。

4. 处理措施

车辆方将信号的门使能信号和车辆的零速信号并联，其中一个信号为有效信号时，即判断为列车停稳。

第三节　通信系统问题

一、调试前期沟通不足导致调试现场临时制订调试方案

1. 问题描述

前期接口沟通及模拟测试不充分。

2. 原因分析

接口双方的内容和责任不明晰，施工单位对接口调试工作配合力度不够，在接口调试前未全面核对前提条件。

3. 直接影响

现场调试出问题后临时出方案或调整软件，风险较大且延误工期。

4. 处理措施

建议涉及多个专业的此类接口在前期充分沟通，落实接口牵头方并在设备供货前进行必

要的模拟测试。

二、列车 LCD 多媒体播放器在正线部分区段画面显示不正常

1. 问题描述

列车 LCD 多媒体播放器在正线部分区段出现画面卡顿、马赛克或直播切录播现象。

2. 原因分析

通信提供 LTE 车地无线传输通道存在丢包情况，地面补包服务器无法及时补包，导致上述现象。通过进一步分析，车载 PIS 需要的带宽超出了 LTE（6~8 Mb/s）的提供能力。

3. 直接影响

影响乘客通过 LCD 多媒体播放器获取信息，影响广告投放质量。

4. 处理措施

车载 PIS 取消 LTE 传输多媒体信息在从端服务器的存储冗余，减小了带宽需求，后续基本不出现画面卡顿、马赛克或直播切录播现象。

第四节　供电系统问题

一、电源开关容量倒配现象（主、备）电源接反现象、电源位置接错现象

1. 问题描述

发现的主要问题有电源开关容量倒配现象、（主、备）电源接反现象、电源位置接错现象。

2. 原因分析

施工单位未认真核对图纸，调试前未进行确认。

3. 处理措施

根据测试过程中发现的问题，建议施工单位认真核对图纸，按照图纸上的要求进行整改。电源开关容量倒配现象请设计单位核查，根据实际情况拿出具体解决方案和设计联系单。

二、主变互备自投功能测试不成功

1. 问题描述

温州主变电所 20 kV 母联开关自投功能测试过程中，发现 20 kV 母联开关自投成功后，主所 20 kV 馈线开关跳闸，下级车站变电所 0.4 kV 母联开关自投全部成功现象；主变互备自投功能测试不成功。

2. 原因分析

整定值设置有问题。

3. 处理措施

组织召开运营公司机电部、中铁通、设计院、施工单位、各设备厂家。由设计单位调整整定值，各设备厂家落实完成后进行重新测试。

三、隧道风机无法启动火灾工况模式问题

1. 问题描述

在隧道风机启动时启动电流远大于工作电流，导致变压器超负荷运转，变电所母线电压下降至 85% 额定电压以下，导致低压配电箱双电源切换装置动作，产生瞬间失电。

2. 原因分析

软启动柜设置最大启动电流与设计院计算值不一致，导致变压器超负荷运转。

3. 处理措施

通过风机错峰启动降低线路电流。

第五节 车站设备问题

S1 线一期工程 18 座车站共梳理出 636 条调试问题，按照各责任单位进行分类统计，具体如图 5.1。

其中，弱电总包单位问题占调试问题总数的 25%，主要体现在 BAS、FAS、ISCS 系统自身设备安装、程序问题以及与接口设备的点位问题。例如，BAS 与 RTU 接口测试中，"有功电度""无功电度"两组数据因外部工具容量不够，需要修改 PLC 参数；FAS 与防火阀接口测试中 FAS 系统中防火阀接线接反；消防泵联动测试中消报按钮无法联动消防泵；火灾联动时相应防烟分区 ISCS 平台未显示等问题。

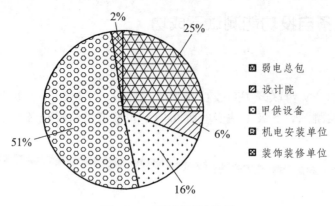

图 5.1　调试问题分类

机电安装单位问题占调试问题总数的 51%，主要体现在：第一，设备未安装完成，如潜污泵控制箱未安装、非消防电源箱未安装；第二，设备安装时未预留物理空间，导致无法进行测试及后续维修，如阀体开关被风管遮挡，无法操作；第三，设备接线和挂牌问题，如实际启动的排烟风机编号与 IBP 盘反馈不符，需从现场、控制柜、车控室三个地方一一核对；第四，设备安装完成后未核对设备参数，如 FAS 与压力开关接口测试中，水泵控制箱需要增加继电器转有源信号为无源干接点信号。

设计单位问题占调试问题总数的 6%，主要体现在：第一，专业设计问题，如正压风机 ZY1-B201 接在非消防电源箱内，不符合规范；第二，专业接口问题，如 DT-FY106、DT-FY107 在暖通图纸上有，在动照图纸上没有；第三，设计单位与其他单位接口问题，如智能照明执行夜间停运模式后，站厅、站台公共区无值班照明。

甲供设备问题占调试问题总数的 16%，大部分问题与机电安装单位问题相似，体现在设备未安装完成、设备接线问题、与第三方的接口未按接口协议实行。

装饰装修单位问题占调试问题总数的 2%，主要体现在自身设备安装进度和与其他单位的接口界面上，如站厅、站台应急照明灯具未装，电动排烟窗电源线未由车站设备安装单位敷设到位。

典型问题列举如下。

一、环控系统与监控专业图纸不一致

1. 问题描述

车站小系统，机电通风空调专业图纸有气灭专用阀，FAS 图纸无此阀。

2. 原因分析

环控设计与 FAS 系统设计提资时出现遗漏。

3. 直接影响

该此风阀与气灭系统接口测试，该气灭房间的相关模式执行失败，导致气体通过风管泄漏。

4. 处理措施

环控设计核查是否有该阀门,确认有该阀门后向 FAS 设计提资,FAS 安装单位相应调整。

二、隧道风机成组启动时上级母线进线开关频繁开合

1. 问题描述

隧道风机成组启动时上级母线进线开关频繁开合。

2. 原因分析

隧道风机功率较大,启动时数倍于额定电流的启动电流造成上级母线电压降低。若上级母线进线开关备用电源自投自复功能设定的电压值过高,进行开关误认为失电跳闸,风机启动过程终止,电流降为零,上级母线进线电压瞬间恢复,电压检查原件误认为电源恢复,进行开关又重新合闸。

3. 直接影响

隧道系统模式执行时,隧道风机启动过程中频繁的中断,风机返送电流将对控制回路的电气原件造成冲击。

4. 处理措施

正确设定上级进行开关的电压检测设定值,可通过错峰启动改善特殊工况对上级电网冲击。

三、隧道通风模式风机风阀动作逻辑错误

1. 问题描述

车站 1 至和车站 2 上行线车中火灾、下行线车中火灾,车站 1 站相应风机开启错误。上行线火灾时,开启了下行线的风机;下行线火灾时,开启了上行线的风机。

2. 原因分析

模式设计有误、系统专业程序错误。

3. 直接影响

模式执行失败,风机、风阀、风管损坏等,后期若编号不一致,编号规则不统一影响后期维护及设备运行安全。

4. 处理措施

调整 BAS、PLC 程序设置。

四、被控设备接口遗漏

1. 问题描述

区间火灾工况时区间疏散指示灯暂无法联动，BAS、FAS均与区间疏散指示灯无接口。

2. 原因分析

动照与系统专业设计联络时疏漏。

3. 直接影响

区间火灾工况时区间疏散指示灯无法联动，影响乘客疏散。

4. 处理措施

设计方牵头组织专家评审会，讨论解决方案。

五、冷水系统模式的模式图与原理图不一致

1. 问题描述

W1、W2模式的模式图与原理图不一致，原理图中冷水机组 WCC-W01 对应冷却塔 CT-W02 开启，冷水机组 WCC-W02 对应冷却塔 CT-W01 开启，而模式图中冷水机组 WCC-W01 对应冷却塔 CT-W01 开启，冷水机组 WCC-W02 对应冷却塔 CT-W02 开启。

2. 原因分析

设计联锁设置错误。

3. 直接影响

冷水系统模式执行失败，设备损坏。

4. 处理措施

设计方出联系单，修改 MV-W05、MV-W06 与 CT-W02 联锁；MV-W07、MV-W08 与 CT-W01 联锁，核对全部模式执行表，冷水机组与冷却塔联锁关系一致。

六、IBP盘缺少专用补风机启停按钮

1. 问题描述

IBP盘上，缺少补风机 FAF-A401 的控制按钮，IBP盘后此风机的线已放到，但 IBP 盘无

该风机接线端及操作按钮（需与设计院确认 IBP 盘上是否有补风机 FAF-A401）。

2. 原因分析

设计动作与 ISCS 提资信息错误。

3. 直接影响

IBP 盘缺少补风机启动按钮，不便于操作。

4. 处理措施

设计方出联系单，增加消防专用风机 FAF-A401 点位，IBP 盘上需设置按钮。

七、普通风机风阀联锁关系错误

1. 问题描述

执行 XA15 火灾模式时，要求 FAF-A401 开，但联锁阀要求 MD-A401 关；要求 SEF-A401 开，但连锁阀要求 MD-A409 关；要求 FAF-A701 开，但联锁阀要求 MD-A701 关。模式执行失败。

2. 原因分析

设计联锁逻辑错误。

3. 直接影响

风机因风阀联锁关系错误影响启动。

4. 处理措施

设计方出工联单：火灾模式 XA15 时，要求 FAF-A401 开，其联锁阀 MD-A401 要求开；SEF-A401 要求开，其联锁阀 MD-A409 要求开；FAF-A7-1 要求开，其联锁阀 MD-A701 要求开，核对全部模式执行表，风机与风阀联锁关系一致，无冲突。

八、设计取消未及时通知

1. 问题描述

综合监控界面属性框中的 B-F-02Z17-10A/10B、B-F-02Z17-9A/9B、B-F-02Z17-8A/8B 安装地点位置与现场对应不上。FAS 系统切非 IPA09-06、IPA09-09、IIPA08-06 这三个状态灰显，模块箱有模块，现场未接线。

2. 原因分析

B-F-02217-8A/8B 两台泵，FAS 系统切非 IPA09-06、IPA09-09、IIPA08-06 已取消。

3. 直接影响

综合监控界面设备状态异常。

4. 处理措施

设计方出工联单，综合监控修改点表和图元。FAS 反馈已取消，待设计院确认后删除图元。

九、热烟试验设备区窜烟

1. 问题描述

冷水机房在热烟测试时窜烟。

2. 原因分析

由于排热系统风道与冷水机房之间桥架、风管防火封堵不到位，致使机房窜烟。

3. 直接影响

车站不能有效控制烟雾，热烟测试失败。

4. 处理措施

建设单位牵头，要求相关参建单位对防火封堵进行检查整改。

十、感应电影响设备监控

1. 问题描述

FAS 系统与专用排烟风机接口位置感应电压过高。

2. 原因分析

环控柜多为上进线，在控制及动力线缆进柜处产生干扰；控制线缆及动力线缆混用线槽。

3. 直接影响

FAS 不能正常监视专用排烟风机运行状态。

4. 处理措施

控制柜增加继电器，线缆进行分槽敷设。

十一、防火阀 FAS 无法接线

1. 问题描述

由于暖通专业风管安装位置上的原因，FAS 监控线缆无法接到部分防火阀上。

2. 原因分析

风管及保温棉安装后，防火阀接线无操作空间。

3. 直接影响

FAS 不能正常监视防火阀运行状态。

4. 处理措施

拆卸风管、凿墙。

十二、临时线缆更改正式线缆接线错误

1. 问题描述

达道站的防淹门状态显示红闪，即防淹门一直持续给信号系统开门请求信号，导致该区段无法人工或自动分配进路。

2. 原因分析

在接线过程中错误的将防淹门 IBP 盘上下行线位置接反，下行控制线不通。

3. 直接影响

信号 HMI 防淹门状态异常，无法排进路。

4. 处理措施

防淹门厂家重新接线。

十三、缆线接续线序或成端错误

1. 问题描述

急停按钮、防火阀接线错误。

2. 原因分析

未按图施工或施工交底不明确。

3. 直接影响

设备无法动作或与预期要求不一致。

4. 处理措施

现场改线。

十四、隧道风机无反转功能及风阀联锁风机接口缺失

1. 问题描述

隧道风机 TVF 到场后发现仅能正转，无反转功能，无法满足设计要求；隧道风机控制柜内无风阀开启反馈线接口，有重大安全隐患。

2. 原因分析

施工单位采购控制柜时未仔细阅读设备参数要求。

3. 直接影响

无法使用。

4. 处理措施

控制柜返厂更换，增加隧道风机反转功能；增加控制柜内联锁风阀信号线接口，满足组合风阀开启到位后风机启动的前后时间要求。

十五、正压风机电源接入非消防电源箱

1. 问题描述

现场调试发现正压风机电源引至非消防电源箱，仅有一路供电，不符合消防设备供电要求。

2. 原因分析

设计院设计问题。

3. 直接影响

重大安全隐患，火灾时无法保证其功能。

4. 处理措施

设计方出具变更联系单，施工单位将电源线改至消防电源箱内，满足其一级负荷两路供电的要求。

第六章

机电设备调试管理建议

接口调试是系统性的管理工作，应在项目前期就开始规划各专业的接口界面。实施阶段应严格按照既定的接口关系落实各项工作，为以后的调试工作提供条件。

以下为 S1 线调试过程中总结的管理意见。

一、加强设计接口界面管理

为避免接口差、错、漏，应重点关注与信号专业的接口。在调试过程中，经常出现接口双方不一致的问题，严重影响调试进度。此类情况发生往往涉及施工图纸变更、设备的采购，使调试的时间延长。为避免此类问题发生，设计单位需明确配合调试人员并组织解决调试当中发现的问题，应及时通知需要变更的项目，保证调试的顺利进行。

二、加强图纸质量管理和重视设计联络会

针对调试中的专业设计问题和专业接口问题，需由总体院工点院按照质量管理体系控制内审程序，重视校审、会签流程。针对设计单位与其他单位接口的问题，设计院需重视设计联络会，派驻有经验的设计人员参加，考虑运营单位使用情况和现场情况，尽可能避免无法落地的接口内容出现。

三、充分发挥监理作用

以监理的监督角色作为问题整改、销项的推力。调试过程中发现的问题以问题库采用闭环管理，以监理下发问题整改通知书为依据，责任方回复监理单位整改回复书，由监理及联调单位现场销项后在整改回复书上签字，即视为问题销项完成，避免出现已整改问题未销项，影响调试进度。

四、做好设备进场质量把控及单机单系统测试

甲供设备和安装单位在接口测试中出现的很多设备缺陷都可以在设备进场时进行筛选，避免部分设备更换周期较长，影响后续测试，如垂梯、风机控制柜等。此时，需监理单位关注设备进场时间，做好设备进场验收手续。施工单位在设备安装完成后应在监理单位的见证下进行单机单系统的测试，留存测试记录。例如，水泵、风机、风阀均可按照设备位置与图纸的一致性、电气功能的完整性、设备标识的统一性这几项进行测试。

调试中各方案的顺利进行依赖各个合格的接口测试，而接口测试顺利进行的基础则是单机单系统的正常运行。所以，做好设备质量把控和单机单系统测试可以解决大部分甲供设备、施工单位的调试问题。

五、弱电总包与风水电安装单位施工计划的匹配

弱电总包内 BAS 系统的模块箱安装，FAS 系统的防火阀接线，ISCS 系统的交换机安装，门禁系统的电插锁，均须在风水电安装单位的相应前序工程做完才能进行，所以弱电总包与风水电各标段安装单位联系格外紧密。现场测试时经常出现水泵、风机、AFC、广播等设备安装好，弱电控制系统未接线，程序未编制的情况。作为业主，可以将风水电安装单位与弱电总包单位的施工计划进行对比、调整，合理安排交叉施工，可以有效推进工程进度并减少调试时出现交叉界面的问题。

六、变配电专业与低压配电专业施工图的确认

调试过程中发现较多车站（区间）变电所内低压柜与低压配电箱整定值不匹配的问题，导致后期整改频繁，严重影响调试进度。设计单位总体院需协调工点院在施工图出图前做好接口内容的复核会签。变配电施工总包与风水电施工总包在设备排产前对施工图上的接口内容进行二次确认并形成书面的会议纪要，设计院需针对接口内容上的问题逐一回复，保证排产设备符合后期运营需求。

七、加强各专业接口调试问题整改质量的考核力度

不同单位、不同系统间容易出现推诿、扯皮现象，这就要求调试组织单位统一意见，坚决按照调试节点计划，从重、从严进行考核，对不能履行承诺的单位和个人，不能按时完成节点工期的单位和个人。不能积极配合调试的单位和个人，拖延、抵制调试的单位和个人，不服从管理的单位和个人都应该进行严肃的处理。

附录 各专业接口关系表

附表 1 车辆专业接口关系

序号	接口专业	接口内容	接口具体要求	本专业负责内容	接口专业负责内容	备注
1	通信	车辆段 DCC 行车无线调度台	安装于车辆段检查库边跨 DCC 内共计 2 套	车辆专业信号楼调度工区接受培训后使用	由通信专业负责；上述工作完成后移交车辆专业使用，通信专业 DCC 调度、值班员进行车辆专业使用培训	
2	通信	车辆专业为专用无线通信设备 [TAU、天线、车载台、车载台主机、合路器、车载台控制盒（含麦克风挂件）] 任列车提供安装位置	TAU、天线、车载台、车载台主机、合路器、车载台控制盒安装	车辆供应商负责安装设计，并根据通信要求提供空间（安装支架）并安装设备由车辆专业乘务人员接受培训后使用	通信专业提供设备外形尺寸，安装尺寸，安装要求（安装兼容要求，电磁兼容要求），应经用户认可并安装由通信负责；设备的维护由通信专业负责	
3	通信	车辆专业为无线车载设备（车载台、车载台主机等有源设备）提供电源及接地	1. 通信专业提供车载台主机 110 V 连接器插头、电源线、接地端子和接地螺栓。 2. 车辆专业提供用于车载台敷设电缆的需通道、接地线缆并安装。 3. 通信提供供电源参数需求。	车辆供应商负责车载设备敷设用于车载设备通道，并安装，压接电缆，提供车辆端子排，空气开关及供电	1. 通信供应商提供车载设备一端 110 V 连接器插头和电源线（车载台主机一端连接器已压接好），折弯半径要求，并满足 NFF16101 防火要求。 2. 通信提供供电源参数需求。 （1）额定电压：DC 110 V，波动范围：77～137.5 V； （2）车辆所提供的电源形式：静止逆变器加整流器和蓄电池； （3）静止逆变器加整流器的输出电压：DC（110±11）V； （4）静止逆变器加整流器的输出电压纹波系数：≤5%	车辆系统电源端子与接地端子

序号	接口专业	接口内容	接口具体要求	本专业负责内容	接口专业负责内容	备注
4	通信	OCC通过车地无线通道实现对车辆客室的广播	接口类型：RS232。通信协议、车辆专业进行接口协议（详见接口文件）列车广播系统由车辆专业提供	联调阶段对上述车地通信功能的调试由车辆专业牵头，通信专业配合	OCC终端设备采购、安装与调试由通信专业负责	
5	通信	车辆为车载台提供一列车上两个TAU的主备切换传输通道	接口类型：DB9以太网；接口数量：2个/列车	负责接头、制作插头、数据线缆和配合测试	提供电缆和TAU侧接头，并负责测试	
6.	信号	车载信号设备机械与电气接口	车载信号设备CC主机、MR主机、radio、MR天线、中继器、速度应答器天线、传感器等与车辆之间的机械与电气接口	车辆供应商负责车载信号设备的供电、接地、安装及车辆侧布线，信号供应商协助	信号专业提交车载信号设备需的机械尺寸、电气接口及安装需求，电磁兼容要求，和车辆供应商共同确认接口设计方案	
7	信号	车载信号设备调试	车载信号设备CC主机、MR主机、radio、MR天线、中继器、速度应答器等的静态与动态调试	车辆供应商提供车载信号设备设计与调试所需的车辆参数，并协助信号专业完成车载设备的静调和动调	信号专业负责制定车载信号设备的相关调试计划	
8	信号	车载信号设备使用、维护与培训		车辆专业司乘人员接受培训后能正确使用车载信号设备	信号专业负责车载信号设备的司机手册编制，并负责对司乘人员的培训，车载信号设备的维护由信号专业负责	
9	信号	车辆段/停车场微机联锁现地控制工作台	安装于车辆段信号楼内共计2套	车辆专业信号楼调度工班接受培训后使用	设备采购、安装、调试、维护由信号专业负责；上述工作完成后移交车辆专业使用，信号专业负责对车辆信号专业班进行设备使用培训	安装于检查库边跨车辆段控制中心（DCC）内

序号	接口专业	接口内容	接口具体要求	本专业负责内容	接口专业负责内容	备注
10	信息化	提供数据编码、信息、文件、相应接口条件	中标单位应指定专人负责温州市域轨道交通数据中心各项接口工作,参加相关培训,全力配合温州市域轨道交通数据中心建设、资产管理及运营期项目的实施后期涉及与数据中心的数据编码、信息、文件、相应接口条件等;严格按照《温州市域数据中心接口规范》执行	根据温州市域轨道数据中心接口规范要求的数据提供数据编码、信息、文件、相应接口条件等	提供温州市域轨道数据中心接口规范	
11	接触网	供电系统对车辆的接口要求	需车辆提供供电所需设计参数	负责提供车辆参数 (1)车辆编组形式主回路; (2)接线方式及工作模式; (3)车辆牵引及辅助设备功率; (4)列车(电机)牵引力特性曲线; (5)列车基本阻力特性曲线; (6)列车(电机)供电特性曲线; (7)列车制动特性曲线; (8)列车再生电流曲线; (9)列车输入电流曲线; (10)列车(电机)效率曲线; (11)车辆的质量; (12)列车在制动状态下的制动量曲线		

序号	接口专业		接口内容	接口具体要求	本专业负责内容	接口专业负责内容	备注
12	接触网	接触网	车辆对供电系统的接口要求	需供电接触网专业提供车辆所需设计参数		负责提供正线及车辆段、车库、架空线布置图,包括接触线分段区的长度及位置	
13		变电	车辆对供电系统的接口要求	需变电专业提供车辆所需设计参数		负责提供牵引电站的馈出保护特性	
14		接触网	电分段及分相区布置及预告信号	牵引供电符合 GB/T 1402—2010 和 IEC60850—2014;供电以车辆匹配合 GB/T 28027—2011;电分相相关设备安装与调试	负责车载自动过分相设备 GFX-3 安装;负责车辆自动过分相调试	负责地面所埋磁钢并且满足 TB/T 3197—2008 要求,配合车辆专业完成车辆自动过分相调试	
15	轨道		轨道专业需车辆提供参数	车辆专业提供轨道设计所需车辆参数	车辆专业提供车辆参数: (1)车辆荷载大小、方向、作用点; (2)车辆转向架形式、尺寸; (3)车辆轮辐形式、尺寸; (4)车辆车钩的型式、尺寸; (5)车辆在最小半径曲线和大坡道时有何特殊要求		
16	轨道		线路信息	轨距,正线、辅助线及车场线的轨底坡度,外轨超高,数据坡度,曲线半径等,走行轨和道岔的种类及型号,线路允许车辆最高速度及特殊区段最高限速	车辆专业依据上述信息进行车辆动力学参数设计,在调试阶段应调试车相应信息	协调总工办提供上述信息	

序号	接口专业	接口内容	接口具体要求	本专业负责内容	接口专业负责内容	备注
17	站台门	车辆专业提供车辆参数表	实现车辆门与滑动门——对应，保持站台门/安全门系统不侵界	提供如下车辆参数实现实现车辆门与滑动门——对应，保持站台门/安全门系统不侵界：(1)列车车门的数量、布置情况及车门紧急解锁的相关要求；(2)车辆的尺寸参数等	机电专业提出具体参数需求，实现车辆门与滑动门——对应，保持站台门/安全门系统不侵界：(1)列车车门的数量、布置情况及车门紧急解锁的相关要求；(2)车辆的尺寸参数等	单向需求
18	土建	隧道上部回/排风口位置应与列车空调冷凝器的位置对齐		车辆提供空调冷凝器位置，与机电专业共同确认位置是否对齐	机电专业提供隧道回/排风口位置，与车辆专业共同确认位置是否对齐	
19	土建	提供站台参数		提供参数为限界计算部分参数	提供站台距轨面高度、与线路中心距离、线间距、站台长度	
20		物资库存管理		车辆专业负责二级库的管理及采购计划申报	物资专业制定仓管、工具管理办法及各中心职责划分	
21	乘务中心	司机驾驶及乘客服务需求	乘务中心根据司机驾驶及乘客服务，提供车辆专业司机驾驶室内装及司控器布置、开关门按钮等需求，提供PIS系统、提供司机室内装电气、数据连挂、广播、紧急报警、乘客报站报警、乘客标识、救援连挂、安全驾驶等需求	根据乘务中心提供的司机驾驶及乘客服务需求进行车辆专业司机驾驶室内装及开关门电气需求，PIS系统及电气、数据连挂、提供司机室内PIS系统、广播、紧急报警、乘客报站等需求、列车标识等系统的设计施工	乘务中心根据司机驾驶及乘客服务，提供车辆专业司机驾驶室及开关门控制器手柄、司控器布置、PIS系统提供司机室内装电气、数据连挂、广播、乘客报警、列车标识、安全驾驶等需求	

215

附表 2 信号专业接口关系

序号	接口专业	接口内容	接口具体要求	本专业负责内容	接口专业负责内容	备注
1	车辆	车载信号设备机械与电气接口	车载信号设备 CC 主机、MR 主机、radio、应答器天线、中继器、速度传感器等与车辆之间的机械与电气接口	信号专业提交车载信号设备的机械尺寸、安装需求、电磁兼容要求，和车辆供应商共同确认接口设计方案	车辆供应商根据接口设计方案负责车载信号设备的供电、接地、安装及车辆侧布线，信号供应商协助	
2	车辆	车载信号设备调试	车载信号设备 CC 主机、MR 主机、radio、应答器天线、中继器、速度传感器等的静态动态功能调试	信号专业负责制定车载信号设备的相关调试计划	车辆供应商提供车载信号设备，并设计与调试所需的车辆参数，并协助信号专业完成车载设备的静调和动调	
3	车辆	车载信号设备使用、维护与培训		信号专业的司机乘人员的培训，并负责司乘人员对由信号专业负责的维护的车载信号设备进行使用负责	车辆专业司乘人员接受培训后能正确使用车载信号设备	
4	车辆	车辆段/停车场微机联锁现地控制工作台	安装于车辆信号楼内，共计 2 套	设备采购、安装、调试、负责；上述工作完成后移后交车辆专业使用，信号专业对移后培训，车辆专业对车载工班的维护由信号专业负责培训	车辆专业信号楼调度工班接受培训后信号设备	安装于检查库边跨车辆段控制中心内（DCC）
5	通信	通信专业为信号专业提供传输通道	通信传输子系统在正线各车站、车辆段、停车场、控制中心以及维修中心为信号维护支持子系统提供 10 Mb/s 的独立以太网传输通道	提出要求，负责接线、敷设电缆，负责接口测试	提供满足信号要求的传输通道至接口单元，配合调试	控制中心、车辆段、停车场、正线各车站通信中心通信室配线架外线端子
6	通信	通信系统在控制中心为信号系统提供一级母钟的标准时钟信号	接口协议：NTP 接口数量：1 处（2 个）	实施 ATS 至通信配线架的电缆连接和测试；CLK 的现场接口测试；提交测试计划和测试报告；制定接口传输协议	负责 CLK 设备侧的两路独立 RJ45 网络接口，位置在通信机房；配合接口测试	控制中心通信室设备侧用专用设备配线架外线端子侧

序号	接口专业	接口内容	接口具体要求	本专业负责内容	接口专业负责内容	备注
7	通信	信号系统为通信系统在控制中心、车辆段和停车场为信号系统提供显示大屏（其中OCC 2×10块，车辆段和停车场各2×3块）；并将信号系统的输入信号源投送至大屏	接口数量：1处（2个）无线系统根据信号系统提供的列车组号、列车车次号、列车司机号、列车运行信息、列车所处于车辆段、列车所处的线路和线路位置等信息，自动维护和更新无线系统CAD调度子系统内部的列车位置信息	负责提供信号设备室（ATS）柜内设备与列车自动监控、无线设备与通信系统之间冗余（正常/备用）接口；确定接口传输协议；提交测试计划和测试报告；负责接口测试	提供信号系统与无线通信系统间的接口连接及其连接装置；负责实施自动列车监控（ATS）系统无线连接及测试，电缆连接及测试，配合现场接口测试	控制中心信号设备室配线架外线端子侧
8	通信	通信系统在控制中心、车辆段和停车场为信号系统提供显示大屏	接口数量：OCC、车辆段和停车场各1个。通信专业负责分配信号提供总体的大屏上的分辨率；信号系统负责大屏部分的画面设计	负责大屏显示信号部分的画面设计；负责在信号系统大屏显示外线端子处的网络提供网络方式时使用的协议；提交测试计划和测试报告；配合大屏幕显示系统（DLP）的现场接口测试	负责分配信号系统在大屏上的显示，提供总体的分辨率信息；负责范围、提供总体显示信息；负责接口测试	控制中心、车辆场段、停车场外线端子侧
9	通信	调度大厅信号设备规格及设备布置	信号专业提供调度大厅信号设备数量。通信专业牵头协调大厅设备规格及布置	提出调度大厅信号设备清单及其安装需求	牵头OCC调度大厅信号设备一规格及其安装布置	
10	通信	弱电电缆支架线缆敷设预留	在地下段，信号专业为通信专业预留区间光电缆敷设位置	信号专业负责安装电缆支架并预留通信敷设条件	在电缆支架预留敷设光电缆	正线地下隧道
11	ISCS	信号系统为ISCS系统提供列车运行相关信息	信号系统提供列车在车站运行的乘客服务信息、相关列车阻塞信息、重要故障信息、计划运营时刻表等信息；具备回应ISCS对SIG与ISCS之间的通道检测的功能	提供控制中心信号系统设备防火墙与ISCS系统设备之间的冗余口接口；配合ISCS的接口测试	提供ISCS至ATS间的接口连接；与对方连接附件；接口安装定同商定后共同接口传输协议；负责牵头组织接口测试	控制中心信号设备室配线架外线端子侧

序号	接口专业	接口内容	接口具体要求	本专业负责内容	接口专业负责内容	备注
12	ISCS	车站控制室设备布置	IBP盘上信号设备、按钮及表示灯等设备数量及布置	提供IBP盘上与信号有关的所有按钮和表示灯的数量、类型、规格要求及车控室信号设备数量;负责接口电气回路图及接线图设计;提出技术要求及发给配合有关的IBP盘工艺布置;负责发送IBP盘与报警信号、接受IBP盘显示及报警信号、接受IBP盘与信号有关的信号;负责提供的线缆及连接至IBP端子排的线缆及连接	负责采购IBP盘上与信号有关的所有按钮和表示灯;提供IBP盘上与信号有关的安装配线和工艺布置,所有按钮和表示灯,在IBP盘内为信号系统工艺布置接线端子,接口预留接线端子排接受ISCS专业统一布置	车控室IBP盘外线端子侧
13	ISCS	弱电电缆支架线缆敷设预留	在地下段,信号专业为ISCS专业(含FAS/BAS)在电缆支架预留敷设条件	负责安装电缆支架并预留ISCS专业(含FAS/BAS)敷设条件	在电缆支架敷设电缆	正线地下隧道
14	设备区装修	车站设备区装修	设备区装修专业按要求提供相关设备用房及生产用房,接时负责成装修,并负责防火封堵,防水封堵	信号专业设备区各设备用房、生产用房的提资;负责提供设备系统二次结构数据;负责墙体上开槽设备及管线在墙体后的管线敷设,开槽后的墙穿越装修砌筑的洞口预留提资,对风口安装位置及提出安装要求及提出设备用房温湿度要求	负责设备区各设备用房及生产用房砌筑;负责按设计图纸标准及系统专业需专业提资设二次结构基础、地面处理、静电地板、地面装修、墙体、门窗、吊顶、照明、墙面装修、空调设备、附属配件等施工;负责设备区所有洞口的防火封堵、防水封堵	
15	设备区装修	站台层设备信号设备安装	信号专业给风水电专业提供发车指示器、自动折返按钮安装位置、尺寸	信号专业负责提资	风水电专业负责确认整体美装评估	

序号	接口专业	接口内容	接口具体要求	本专业负责内容	接口专业负责内容	备注
16	设备区装修	综合支吊架	桥架管道的综合安装	提供槽道的基础数据（截面积、单位承重等）	负责根据信号专业的要求完成综合支吊架的安装	
17	低压配电	1. 提供两路独立、不带切换的输入电源。 2. 提供敷设电缆（配电箱至防雷箱，信号专业负责处接线）。 3. 提供接地端子箱。 4. 信号设备室法拉第笼（砖墙内）施工	低压配电专业在正线各设备用房提供两路相互独立的三相五线AC 380 V 一级负荷电源以及接地端子箱，在正线各非集中站单站独立的单相三线AC 220 V 一级负荷电源及接地端子箱（砖墙内）的施工及法拉第笼（砖墙内）的施工	1. 负责防雷箱处接线。 2. 负责从接地端子箱引接至本专业设备。 3. 负责提供信号设备室要求	1. 负责提供低压配电的电缆引至防雷箱，负责双电源处接线，并负责信号电源的安装。 2. 提供弱电接地排一排（接地电阻端子数量不少于16个，接地端子小于1 Ω）及其附件，并负责安装和正确测试。 3. 配合信号专业施工、安装。 4. 负责调试。 5. 负责信号设备室（砖墙内）法拉第笼施工	
18	公共区装修	站台层公共区信号设备安装	信号专业给公共区装修专业提供站台紧急停车按钮安装位置、尺寸	信号专业负责投资；负责紧急停车按钮立柱或在柱上的安装及电缆连接	公共区装修专业负责确认整体美观评估。装修承包商负责包箱立柱或的安装及开孔	
19	站台门	站台中心坐标	站台门专业提供给信号系统站台中心坐标	信号专业提供	站台门专业提供	
20	站台门	站台门系统运行模式、控制方式	信号系统向站台门专业提供编组信息、开门和关门的命令信息，提供连续的安全门状态信息及劳路信息	提供接口分界点信号系统侧的所有接口电路设计。负责实施本接口的功能、性能测试及联合调试	提供接口分界点站台门系统侧的所有接口设备。配合接口系统的功能、性能测试及联合调试	站台门设备室内的配线架外线端子处

序号	接口专业	接口内容	接口具体要求	本专业负责内容	接口专业负责内容	备注
21	电力	供电信息	接口类型：以太网接口数量：2个 SCADA 系统引供牵引系统实时提供供电牵引各段供电分段的相关信息	提供信号系统至电力监控系统间的接口连接电缆及其系统间安装连接附件；确定接口传输协议；提供测试计划和测试报告；负责接口测试	负责提供列车自动监控（ATS）设备接入控制中心电力监控系统冗余（正常/备用）接口；配合 ATS 与电力监控系统（SCADA）的现场接口测试	控制中心 SCADA 系统配线架外线端子侧
22	接触网	吸上线安装	吸上线安装	配合车辆段内吸上线与扼流变压器的连接	负责吸上线与扼流变压器的连接	扼流变压器中性点端子
23	接触网	分相区	分相区及磁钢的坐标协调	提供信号的分相区及磁钢的坐标平面布置，并提出分相区布置位置建议	接触网专业根据信号及磁钢的坐标及磁钢的分相区	
24	接触网	回流线接口	正线回流线电缆安装	信号专业明确回流轨位置，认可接轨点位置	接触网专业负责回流电缆与钢轨的连接	接触网专业回流电缆在钢轨上焊接时，要避开信号专业安装在钢轨上的计轴设备
25	车辆段	信号专业车辆段设备用房、生产用房；土建预留	车辆段桐岭站设备用房、生产用房。车辆段专业预留坑、管、洞	信号专业按照车辆段设备设计提供要求预留坑、槽、洞	车辆段专业负责工程实施	
26	车辆段	法拉第笼	信号设备机房的法拉第笼	负责提供信号设备室法拉第笼的安装实施要求	负责信号设备室法拉第笼安装实施	
27	车辆段	桐岭站区间电缆沟车辆段电缆沟槽	桐岭站区间电缆沟车辆段电缆沟槽	信号专业提交信号电缆路径要求；信号专业提交电缆直径需求，钢管直径需求	车辆段专业提供桐岭站区间室外综合电缆沟、预留干线过轨钢管	

序号	接口专业	接口内容	接口具体要求	本专业负责内容	接口专业负责内容	备注
28	车辆段	用电需求	车辆段信号专业车辆段（含试车线、培训中心）、停车场信号设备用房提供两路相互独立的三相五线 AC 380 V 一级负荷电源以及接地端子箱，在车辆段维修中心提供两路切换的单相三线 AC 220 V 一级负荷电源及接地端子箱	信号负责提供资料及工程验收	车辆段专业负责工程实施	信号防雷配电箱进线、地线、信号设备室接地排、信号专业自行压接
29	车辆段	车辆段信号设备用房照明灯具设置	车辆段信号设备用房照明灯具设置要求	信号负责提供资料及工程验收	车辆段专业负责工程实施	照明布置需注意设备维护方便
30	车辆段	车辆段信号专业用房的环境要求	车辆段提供满足信号专业用房的温度、湿度、通风等环境及消防条件	信号负责提供资料及工程验收	车辆段专业负责工程实施	车辆段需注意空调出风口位置，下方需避让信号设备
31	车辆段	车辆段 DCC 大厅信号设备布置	DCC 大厅信号设备布置	信号专业提供 DCC 大厅信号设备数量及相关参数	车辆段专业统一布置	
32	车辆段	车辆段道岔转辙机安装机型号	信号专业提供正线道岔配套转辙机型号。车辆段提供道岔转辙机安装图	信号专业提供车辆段道岔配套转辙机型号，并负责安装转辙机	车辆段提供道岔的转辙机安装图（工电联整），负责道岔调平整	
33	车辆段	车辆段轨道绝缘节	按信号需求配轨并预留绝缘节安装条件（胶结绝缘需预留）	信号专业提供资料及工程验收	车辆段专业负责工程实施	
34	车辆段	车辆段机旁设备安装预留	预留安装信号设备所需的抗、槽、管、洞、道岔安装的软铁	信号专业提供资料及工程验收	车辆段专业负责工程实施	
35	车辆段	信号专业在车辆段的设备区装修	车辆段专业根据信号专业的工艺要求对设备用房进行装修	信号专业提供资料及工程验收	车辆段专业负责工程实施	

序号	接口专业	接口内容	接口具体要求	本专业负责内容	接口专业负责内容	备注
36	车辆段	线路标示	停车标位置、数量	信号专业提供车辆段内信号所需停车标安装位置	车辆段专业负责停车标的施工	
37	车辆段	工程管理界面	区间属地管理工作	信号专业负责桐岭及昆明车区间、桐岭站及其车辆段信号设备、施工、监理的招标与管理。协调信号施工单位，配合轨道施工单位的区间属地管理工作	负责属地管理工作	
38	行车	培训	信号系统设备培训	组织行车人员进行信号系统设备培训	组织人员参加培训	
39	行车	设备管理	信号设备的维护支持、故障处理	信号专业在运营期间提供信号设备的维护支持、故障处理	设备故障申报	
40	行车	设备使用权移交	工具备品及技术资料、签订交接备忘录	信号专业提供工具备品及技术资料的清单	双方共同签订交接备忘录	
41	行车	工程介入	满足运营需求	根据设备安装进度，适时征求客运中心（调度中心）意见、建议	客运中心（调度中心）及时反馈运营需求，并跟进意见采纳落实情况	
42	轨道/站场	轨旁设备安装预留	预留安装信号、管、槽、洞、道岔跳线安装的软线	信号专业负责资及工程验收	轨道专业负责工程实施	
43	轨道/站场	道岔转辙机安装图	道岔转辙机型号；轨道专业提供正线道岔转辙机安装图	信号专业提供正线道岔配套转辙机型号及工程实施	轨道专业提供道岔配套转辙机安装图	

序号	接口专业	接口内容	接口具体要求	本专业负责内容	接口专业负责内容	备注
44	轨道/站场	工程管理接口	区间属地管理工作	协调信号施工单位，配合区间属地管理工作	负责区间属地管理工作	
45	轨道/站场	钢轨计轴安装	信号专业需在轨道上安装计轴磁头	信号专业安装计轴磁头	轨道专业长轨锁定之后，发联系单，双方会签锁定区段，由轨道专业出具长轨锁定证明，信号专业开始安装	正线钢轨
46	区间/隧道	贯通地线	预留贯通地线接地端子	信号专业负责提资	桥隧专业负责工程实施	
47	区间/隧道	信号设备安装要求	预留地下区间信号设备安装位置；道岔转辙机安装隧道加宽；预留信号电缆通过人防隔断门的电缆管洞	信号负责提资及工程验收	桥隧专业负责工程实施	
48	车站	信号专业车站设备用房、生产用房	信号专业设备用房、生产用房的要求	信号专业负责提资	车站专业应按照信号专业提资要求提供设备用房、生产用房	
49	车站	法拉第笼	9个设备集中站（高架站、地面站）的信号设备室的法拉第笼	信号专业负责提资	信号专业为9个设备集中站（高架、地面站）的信号设备室提供法拉第笼	
50	车站	贯通地线	预留贯通地线接地端子	信号专业负责提资	车站专业负责工程实施	
51	控制中心	用电需求	控制中心为信号专业用房提供两路相互独立的三相五线 AC 380 V 一级负荷电源以及接地端子箱	信号专业负责提资及工程验收	控制中心专业负责工程实施	
52	控制中心	信号专业用房的环境要求	OCC 提供满足信号专业用房的温度、湿度、通风等环境及消防条件	信号专业负责提资及工程验收	控制中心专业负责工程实施	

序号	接口专业	接口内容	接口具体要求	本专业负责内容	接口专业负责内容	备注
53	控制中心	设备区装修	控制中心专业根据信号专业的工艺要求对设备用房进行装修	信号专业负责提资及工程验收	控制中心专业负责工程实施	
54	控制中心	信号专业控制中心设备用房、生产用房	信号专业设备用房、生产用房的要求；预留信号专业所需的坑、槽、管、洞	信号专业负责提资	应按照信号专业提资要求提供设备用房、生产用房、预留坑、槽、管、洞	
55	控制中心	法拉第笼	信号设备机房的法拉第笼	负责提供信号设备室法拉第笼施工要求	负责信号设备室法拉第笼的施工	
56	信息化系统	列车时刻表、运行图信息、列车运行状态、设备故障信息等	接口协议：TCP/IP	具备软件接入的条件	提供温州市域机道数据分中心明确了双方义务，规范中明确了双方义务，面以及相应的责任与条件具备软件接入的条件	硬件网络层面已打通

附表3 通信专业接口关系

序号	接口专业	接口内容	接口具体要求	本专业负责内容	接口专业负责内容	备注
1	车辆	车辆专业为无线车载设备(车载合、车载主机等)有源设备)提供电源设备及接地	1. 通信专业提供车载主机一端110 V连接器插头、电源线、接地端子和接地螺栓。2. 车辆专业提供用于车载合设备安装、接地线缆所需通道、接地线缆并安装。3. 通信提供电源参数需求	1. 通信供应商应提供车载设备110 V连接器插头和电源线(车载主机一端连接器已压接好),折弯半径满足要求,并满足NFF16101防火要求 2. 通信提供电源参数需求 (1)额定电压:DC 110 V,波动范围:77~137.5 V;(2)车辆所提供的电源形式:静止逆变器+整流器的输出和蓄电池;(3)静止逆变器+整流器的输出电压精度:DC(110±11)V;(4)静止逆变器+整流器的输出电压纹波系数:≤5%	提供数据电缆所需设备通道,并安装,提供电缆,提供车辆接电端子排,提供车辆空气开关及供电	车辆系统电源端子与接地端子
2	车辆	车辆专业为专用无线通信设备(TAU、天线、车载合、车载主机、合路器、车载合控制盒(含麦克风挂件))在列车提供安装位置	TAU、天线、车载合、车载主机、合路器、车载合控制盒安装	通信专业提供设备外形尺寸、安装尺寸,安装要求(安装支架)、用户确认书),电磁兼容要求,并负责安装督导;设备的维护保护由通信专业负责	负责安装设计,并根据通信要求提供空间(安装支架)并安装设备由车辆专业安装司乘人员接受培训后使用	列车
3	车辆	PIS数据流由OCC下传至车辆;CCTV数据流由车辆上传至OCC	车载PIS、CCTV通过无线系统接入通信地面PIS及CCTV系统	通信专业提供地面PIS及CCTV系统,负责OCC服务器上述车地通信功能的调试由通信专业配合	车辆专业提供车载PIS及CCTV系统,联调阶段对上述车地通信功能的调试与调试	车载TAU

序号	接口专业	接口内容	接口具体要求	本专业负责内容	接口专业负责内容	备注
4	车辆	OCC通过车地无线通道实现对车辆客室的广播	接口类型：RS232。通信专业提供接口类型与接口协议，车辆专业进行核实（详见接口文件）列车广播系统由车辆提供	OCC终端设备采购、安装与调试由通信专业负责	联调阶段对上述车地通信功能的调试由车辆专业牵头，通信专业配合	
5	车辆	车辆段DCC行车无线调度台	安装于车辆段检查库边路DCC内共计2套	设备采购、安装、调试、维护由上述工作完成后移交车辆专业使用，通信专业对DCC调度、值班员进行设备使用培训	车辆信号车辆专业接受培训楼调工班调训后使用	
6	车辆	车辆段运转调度台	安装于车辆段检修库内共计2套	设备采购、安装、调试、维护由通信专业负责；通信专业对车辆场调度进行设备使用培训	车辆专业车场调度工班调训后使用	
7	车辆	车地通信	车辆故障信息上传至OCC	提供传输通道	联调阶段对上述车地通信功能的调试由车辆专业牵头，通信专业配合	
8	车辆	车辆传输为车载提供一列车上上2个TAU的主备切换传输通道	接口类型：以太网口。接口数量：2列。	提供电缆和TAU侧接头，负责测试	负责接线、制作插头、敷设线缆和配合测试	
9	车辆工艺设备	车辆段综合布线	通信专业配合提供楼宇弱电综合布线的要求，车辆段进行招标、监理与施工管理	协助配合提供综合布线要求	招标、监理、施工管理	
10	车辆工艺设备	工程车车载电台	车辆采购通信专业负责采购工程车车载电台技术参数及安装尺寸参数	提供车载电台技术参数	提供电台合数量，并负责采购	

序号	接口专业	接口内容	接口具体要求	本专业负责内容	接口专业负责内容	备注
11	车辆工艺设备	工艺设备通信、信息接口	电话、网络、通信插口	通信专业提供车辆段工艺设备需要的电话、网络、通信接口	车辆段专业提供工艺设备电话、网络、通信接口需求	
12	车辆工艺设备	轮对受电弓状态动态检测棚	光缆需求	设备间与DCC间铺设光缆1根	1. 提供专用预埋件（LD、CCD）。2. 安装车底电子标签或图像识别硬件。3. 负责设备安装	
13	车辆工艺设备	列车外皮清洗机	电话机网线需求	控制室设置电话线、网线、接内网	1. 明确端洗无电区长度。2. 除接口专业负责内容外的设备安装及调试	
14	车辆工艺设备	安全联锁系统	DVI-I接口	提供大屏，预留DVI接口，明确最大像素要求，配合调试	1. 负责协议转换。2. 提供安全联锁主机与大屏控制线缆，负责敷设及调试	
15	车辆工艺设备	立体仓库	电话机网线需求	负责设立控制室电话和网线	负责提供电话机网线需求	
16	车辆工艺设备	不落轮镟车床		机柜处设置网线，用于镟轮数据传输	1. 负责提供设备安装尺寸条件。2. 负责设备安装调试。3. 提供动车组、工程车卡爪	

序号	接口专业	接口内容	接口具体要求	本专业负责内容	接口专业负责内容	备注
17	车辆工艺设备	工程车辆		提供车载电台规格参数，负责后期编组	1. 负责工程车辆到段调试。2. 负责车载电台安装调试。3. 负责检测设备调试	控制中心、车辆场、停车场、正线各车站以及维修中心通信设备室配线架外线端子
18	信号	通信专业为信号专业提供传输通道	通信传输子系统在正线各车站、车辆段、停车场、控制中心以及信号维修支持子系统提供10M的独立以太网传输通道	提供满足信号要求的传输通道	提出要求，负责接线、敷设电缆，负责接口测试	
19	信号	通信系统为信号系统提供一级母钟的标准时钟信号	接口协议：NTP；接口数量：1处（2个）。	负责时钟系统设立RJ45网络接口，位置在通信设备机房；配合接口测试	实施ATS至通信配线架间的电缆连接和测试；CLK的通信设备侧的两路独立接口，提供现场接口测试；制定测试计划和测试报告；制定接口传输协议	控制中心专用通信设备室配线架外线端子侧
20	信号	信号系统为通信无线系统提供列车位置信息	无线系统根据信号系统提供的列车车组号、列车车次号、列车司机号、列车运行信息、列车所处的车辆段、列车线路的位置等信息自动维护和更新无线系统内部的列车位置信息	提供无线通信系统与信号系统之间的接口连接电缆及连接装置；负责实施无线连接及测试；电缆连接及测试；配合现场接口测试	提供信号设备室配线柜内ATS与无线通信系统之间确定的接口；提供接口传输的冗余系统；实施接口协议；提供测试计划和测试报告；负责接口测试	控制中心信号设备室配线架外线端子

序号	接口专业	接口内容	接口具体要求	本专业负责内容	接口专业负责内容	备注
21	信号	通信系统在控制中心、车辆段和停车场为信号系统提供显示大屏（其中OCC 2×10块，车辆段和停车场各2×3块），并将信号系统的输入信号源投至大屏	接口数量：OCC、车辆段和停车场各1个。通信专业负责分配信号系统在大屏上的显示范围，提供总体的分辨率信息。信号系统负责信号系统部分的画面设计	负责分配信号系统在大屏上的分辨率信息；负责接口测试	1. 负责大屏信号系统部分的画面设计。2. 信号系统至大屏显示处的网络线缆。3. 提供网络方式使用的协议。4. 提供测试计划和测试报告。5. 配合大屏显示系统的现场接口测试	控制中心、车辆段、停车场大屏外侧线端子
22	信号	调度大厅设备统一规格及设备布置	信号专业提供调度大厅信号设备规格及设备数量。通信专业牵头协调设备规格及布置	牵头OCC调度大厅设备规格统一及其安装布置	提出调度大厅信号设备清单及安装需求	
23	信号	弱电电缆支架线缆敷设预留	在地下段，信号专业为通信专业预留区同光电缆数据线	在电缆支架预留层敷设光电缆	信号专业负责安装电缆支架并给通信预留	正线地下隧道
24	AFC	通信专业根据AFC系统要求，向其提供连接控制中心至灵昆车辆段、桐岭车辆段的100 Mb/s以太网点到点传输通道	接口数量：控制中心3个，灵昆车辆段3个，桐岭车辆段3个；接口类型：FE电口；物理接口：RJ45；线缆规格：超五类网线；接口协议：以太网协议	通信专业提供满足AFC要求的通道，开放通信协议	AFC专业负责至AFC机房设备室配线架通信网络电缆外侧的网络数据线缆	控制中心、灵昆车辆段和桐岭车辆段通信设备室配线架外侧线端子

序号	接口专业	接口内容	接口具体要求	本专业负责内容	接口专业负责内容	备注
25	AFC	通信专业根据AFC系统要求,向其提供连接控制中心、车站的以太网传输通道1 000 Mb/s以太网	接口数量:控制中心2个,灵昆车辆段及桐岭车辆段各2个,各车站2个;接口类型:GE光口;物理接口:FC/PC;线缆规格:多模光缆;接口协议:以太网协议	通信专业提供满足AFC要求的传输通道至接口单元,开放通信协议	AFC专业负责至AFC机房通信设备室配线架外侧的网络电缆,敷设的网络电缆	控制中心、车辆段、车站通信设备室配线架外侧线端子
26	AFC	专用通信时钟系统在控制中心、灵昆车辆段和桐岭车辆段为AFC系统提供时钟信号(一级母钟)	接口数量:控制中心、灵昆车辆段和桐岭车辆段各1个;接口类型:RJ45	通信专业在控制中心和灵昆车辆段和桐岭车辆段为AFC系统提供标准时钟信号(一级母钟)	AFC专业负责至AFC机房通信设备室配线架外侧的网络电缆,敷设电缆	控制中心、灵昆车辆段和桐岭车辆段通信设备室配线架外侧端子
27	AFC	通信专业在车站向AFC系统中的车站计算机系统(SC)提供电源UPS电源(一级负荷)	接口类型:硬线;接口数量:每个车站一处。AFC专业提出电源要求提供输出分路	通信专业提供满足AFC要求的输出分路	AFC专业提出电源要求,负责接电源电缆,敷设电缆	车站通信电源室交流输出电屏输出的分路端子
28	AFC	监控摄像机安装	通信专业为每个车站的票务管理室内、客服中心、闸机、TVM附近设置摄像机	通信专业负责摄像机的安装	AFC配合通信监控的调试CCTV监控厅	车站票务室、客服中心及站厅
29	ISCS	OCC行调、环调和总调可通过ISCS工作站控制全线车站内的广播	RS422或以太网接口	网络电缆(带编号)与ISCS设备连接,为ISCS操作员工作站配置音频话筒和后备键盘,接受ISCS协议转换,完成音频控制,配合调试广播	通过FEP进行协议转换,实现对应区域信号PA的控制功能	OCC综合监控所在设备室配线架外侧
30	ISCS	车站值班站长可通过ISCS工作站控制该车站内的广播	RS422或以太网接口	网络电缆(带编号)与ISCS设备连接,为ISCS操作员工作站配置音频话筒和后备键盘,接受ISCS协议转换,完成音频控制,配合调试广播	通过FEP进行协议转换,实现对应区域音频信号PA的控制功能	车站综合监控所在设备室配线架外侧

序号	接口专业	接口内容	接口具体要求	本专业负责内容	接口专业负责内容	备注
31	ISCS	OCC行调、环调电调和总调可通过ISCS工作站控制CCTV的画面切换和单画面、四画面选择	10/100 Mb/s 以太网，TCP/IP 协议，RJ45 接口	网络电缆（带编号）与ISCS设备连接，在车控室内配置后备防灾工作站，以实现对CCTV视频画面的后备控制功能，接受ISCS控制，完成高清视频信号的传输，并在CCTV液晶监视器上显示图像，配合调试	通过FEP进行协议转换，实现对视频信号的控制功能	OCC综合监控所在设备室配线架外线侧
32	ISCS	车站值班员可通过ISCS工作站，控制该站CCTV的画面切换和单画面、四画面选择	10/100 Mb/s 以太网，TCP/IP 协议，RJ45 接口	网络电缆（带编号）与ISCS设备连接，在车控室内配置后备防灾工作站，以实现对CCTV视频画面的后备控制功能，接受ISCS控制，完成高清视频信号的传输，并在CCTV液晶监视器上显示图像，配合调试	通过FEP进行协议转换，实现对视频信号的控制功能	车站综合监控所在设备室配线架外线侧
33	ISCS	可编辑如下信息并发送： (1) 地铁运营的提示信息； (2) 相关灾害信息； (3) 不负责将ATS的数据包解析，采用透传方式	10/100 Mb/s 以太网，TCP/IP 协议，RJ45 接口	网络电缆（带编号）连接至运营控制中心，控制中心在ISCS配线架外线侧，接收ISCS下发的文本信息，在对应PIS显示屏上显示	通过FEP进行协议转换，实现在PIS设备本信息显示及PIS所需要的ATS信息	OCC综合监控所在设备室配线架外线侧
34	ISCS	可编辑如下信息并发送： (1) 地铁运营的提示信息； (2) 相关灾害信息； (3) 不负责将ATS的数据包解析	10/100 Mb/s 以太网，TCP/IP 协议，RJ45 接口	网络电缆（带编号）连接至车站，接收ISCS下发的文本信息，在对应PIS显示屏上显示，并配合调试	通过FEP进行协议转换，实现文本信息在PIS设备的显示及PIS所需要的ATS信息	车站综合监控所在设备室配线架外线侧
35	ISCS	接收标准时间信息	100 Mb/s 以太网，TCP/IP 协议，RJ45 接口	2 路以太网接口与控制中心ISCS的FEP连接	通过FEP连接2路以太网接口	OCC通信设备房配线架外线侧

序号	接口专业	接口内容	接口具体要求	本专业负责内容	接口专业负责内容	备注
36	ISCS	提供单模光纤端口	单模光纤接口（带编号）	通信系统为综合监控系统提供由控制中心至本工程各车站、车辆段、停车场等模光纤（上行4芯、下行4芯）要求隔站跳接	光缆（带编号）与通信ODF配线架连接，接光纤端设，成端及连通由ISCS负责	控制中心、各车站、车辆段、停车场通信设备室ODF配线架外侧
37	ISCS	通信专业为ISCS系统提供车站设备的UPS供电	电源接口	通信专业为综合监控系统车站设备室内的通信设备提供UPS供电，供电容量为6 kV·A	供电电缆（带编号）与通信配电柜连接，接电缆的敷设、连接端及连通由ISCS负责	车站通信设备室通信电柜配电线配线架外侧
38	ISCS	IBP盘时钟安装	通信专业负责提供IBP盘子钟，并敷设线缆至车站设备室二级母钟，同时提供子钟安装要求	负责子钟安装、负责接线、敷设电缆	提供IBP盘	车控室IBP盘
39	ISCS	车控室各终端安装	通信专业提供车控室终端数量、型号及尺寸要求，ISCS专业提供安装位置	明确设备数量、规格	提供安装位置	车控室IBP盘
40	设备安装修及综合吊支架	车站设备房装修专业提供各系统专业需求，提供生产用房、设备用房及接口完成装修，并负责防火封堵、防水封堵	风水电专业没时提供装修完成的设备用房在墙体上开槽敷设，开槽后修补墙体，穿越装修砌筑墙面预留的洞口预留，及提出其他装修要求	负责提供设备基础数据；负责通信专业内的管线在墙体上开槽敷设及垃圾收集处理，对风管位置提出要求，及提出设备房装修其他要求	负责接线及系统专业二次设计图纸需求提供设备基础、墙体、静电地板、地面处理、门窗、墙面砌筑、吊顶、照明、墙面装修配件等设备、附属配件等设施，空调等设施工；负责设备区所有洞口的防火封堵、防水封堵	

序号	接口专业	接口内容	接口具体要求	本专业负责内容	接口专业负责内容	备注
41	设备装修及综合支吊架	综合支吊架	桥架管道的综合安装	提供槽道的基础数据（截面积、单位承重等）	根据通信的要求完成综合支吊架的安装	
42	低压配电	低压配电为根据通信系统要求，在车站通信电源室、公安交通室、通信设备室、民用通信设备室提供一级负荷电源	通信专业提供要求，包括切换箱位置、回路配置、输入空开整定值等。低压配电根据通信电源到两路电制电源相互线制电源切换箱	负责从双电源箱低压断路器出线下端口接进线电缆至本设备接口处，负责接口测试	负责按照通信的专业提供低压配电的双电源箱；配合通信专业安装调试	车站通信电源室两路电源切换输出馈线端
43	低压配电	低压配电为通信系统，在车站通信电源室、公安通信设备室、民用通信设备室提供接地端子排，接地电阻不大于 1Ω	通信提出要求（包括端子排接地端子数量）	负责从接地端子箱端子排处引接至本设备通信接口处负责接口测试	提供接地端子排；配合接口调试	车站通信电源室的接地端子排
44	低压配电	1. 低压配电在车站为 DAS 大屏及光接收器提供电源。 2. 低压配电在车站为 DAS 大屏提供接地，接地电阻不大于 1Ω	1. 共 6 个。低压配电在机场站、温州站，高铁车站为 DAS 系统大屏提供电源，每座车站 2 个大屏。接口类型：10 A 空开；物理接口：接线端子。 2. 共 6 个。低压配电在机场站、温州站，高铁站为 DAS 大屏提供接地，每个车站 2 个大屏	1. 提出要求（包括配电箱位置），负责接口测试。 2. 提出要求（包括端子排接地端子数量），负责接口测试	1. 在车站提供符合通信要求的电源（交流配电箱由动力照明专业提供，配置相应的防雷保护）；提供接地端子排，配合接口测试。 2. 提供接地端子排，配合接口测试	分界点：站厅显示媒体大屏显示体的附近

序号	接口专业	接口内容	接口具体要求	本专业负责内容	接口专业负责内容	备注
45	屏蔽门	通信负责将LCD屏播放控制器安装在屏蔽门/安全门控制室内，并提供HDMI信号，屏蔽门负责从LCD播放控制器输出端引线至LCD屏	接口类型：HDMI物理接口；视频接口数量：共38个，每座车站2个	通信专业负责将LCD屏播放控制器安装在屏蔽门/安全门控制室内，并提供HDMI信号	屏蔽门专业负责从LCD播放控制器输出端引线至LCD屏	屏蔽门/安全门控制室LCD播放输出端控制器
46	屏蔽门	通信负责将LCD屏播放控制器安装在屏蔽门/安全门控制室内，从屏蔽门控制室内的墙插取电	接口数量：1个	通信专业负责将LCD屏播放控制器安装在屏蔽门/安全门控制室内，从屏蔽门控制室内的墙插取电		
47	电扶梯	远程监控电梯轿厢内情况，实现电梯五方通话	通信专业负责电话装置以及通话室之间的通话通信线	通信专业负责敷设电梯专用电话电缆以及通信线缆的管线到电梯机房或电梯控制箱	电扶梯专业负责的电梯专用电缆敷设至桥厢及电梯控制柜内的线缆成端，以及桥厢内电话和摄像头的安装及采购	
48	公共区装修	车站公共区装修	1. 装修负责楼梯口导向牌安装；通信负责安装摄像机，存在位置冲突，现场协调，开现场联合会，现场解决。2. 装修确定车站装修表面的颜色；通信根据各车站装修表面确认摄像机外及终端设备颜色，保证色调统一，美观。3. 装修在站厅、站台公共区预留安装位置；通信负责广播、摄像机、时钟、PIS屏、无线天线的安装、检查及协调	负责安装摄像机、时钟、PIS屏等终端设备及调试	负责龙骨架立柱制作安装，并配合通信专业开孔	

49	电力	由通信专业为所有 20（10）kV 配电所和变电所提供 SCADA 电力远动通信通道	接口数量：2 个	在各车站变电所内设置两个 FE 通信接口至各车站变电所）FE 通信接口处的线缆敷设及成端的调试	负责区间变电所到车站变电所 SCADA 通道的汇聚（含汇聚设备及连接线缆敷设至车站变电所端）；负责通信接口电力远动终端设备至所内 FE 通信接口处（分界点）的线缆连接、配合 SCADA 通道的调试
50	电力	SCADA 系统连接控制中心大屏	满足 S1 线供电调度系统接入	由网络交换连接接 2 路网络电缆分别至全屏控制器、全屏应用服务器，显示图像	提供信号源及信号线缆（网线或光缆）至大信机柜侧网络接口处屏 OPS 控制中的网络交换机
51	电力	通信专业为控制中心提供一级母钟信号；通信专业在车站、车辆段、停车场为 SCADA 提供二级母钟信号	接口数量：控制中心 2 个（1 主 1 备），站场各一个	提供标准时钟信号，采用 NTP 协议	控制中心及站场通信设备提供通信光缆、设备接口测试
52	变电	牵引变电所、分区所、开闭所、分区所兼开闭所通信室设备配线室线外线端子	通信专业提供从牵引变电所、分区所、开闭所至闭所附近车站专业提供传输通道传送至控制中心	负责完成牵引变电所、分区所、开闭所内的通信传输装置及调度电话传送电话的安装与调试	提出通道要求并负责本专业设备站场通信设备线缆及接口成端端子工作
53	控制中心智能化	控制中心楼宇智能化视频会议提供传输通道	接口数量：3 处（车辆段 2 处、控制中心 1 处）通信专业根据视频会议要求，向传输提供电缆，并提供电话传输的有线传输通道（带宽 100 Mb/s）	提供满足控制中心要求的传输通道至接口单元	控制中心通信设备配线架外线端子；负责自动化专业只负责部分技术接口

序号	接口专业	接口内容	接口具体要求	本专业负责内容	接口专业负责内容	备注
54	控制中心智能化	通信专业提供交换机、路由器、防火墙等控制中心计算机网络系统设备	控制中心智能化系统提供设备安装位置，通信专业负责设备安装及调试	通信提供相关设备，并负责安装及调试	预留弱电井机柜空间	自动化专业只负责技术部分，未包括分
55	车辆段	工程管理界面	区间属地管理工作	桐岭车辆段及其区间，合布线车辆段除单体综工的招标与管理	车辆段专业负责管理；车辆段内的属地负责桐岭站及其区间，灵昆车辆段内单体建筑楼（办公楼、宿舍楼）设备、施工、监理的招标及管理	
56	车辆段	车辆段预留周界安防系统相关的土建条件	通信专业提出周界安防系统的设置条件，车辆段预留相关的土建条件。接口数量：1处。	通信负责提资工程验收、线路及设备的安装、调试	车辆段专业负责提资预留	
57	车辆段	车辆段设备及管理用房	车辆段为通信专业提供车辆段内生产用房（包括设备用房、引入室、弱电间、弱电井等）和维修管理用房，以及预留沟	通信专业提出需求，并进行核实	按通信要求预留条件	
58	车辆段	车辆段土建条件预留	车辆段预留沟、槽、管、洞以及设置电缆桥架、管线等的条件	通信专业提出要求，并进行核实	按通信要求负责接口测试	
59	车辆段	车辆段设备区装修	车辆段专业根据通信专业的工艺要求对设备房进行装修，包括铺设防静电地板、防尘措施等	提出装修要求，并进行核实	按通信要求实施	车辆段内通信相关设备房
60	车辆段	车辆段公共区装修	车辆段根据通信专业要求在公共区预留监控、电话等终端的安装条件	提出需求，并进行核实	按通信要求进行预留	

序号	接口专业	接口内容	接口具体要求	本专业负责内容	接口专业负责内容	备注
61	车辆段	车辆段出入段线及车辆段内为通信专业提供通信线缆、漏泄电缆、通信管线等的设置条件	1.车辆段专业在车辆段出入段线及车辆段内为通信专业提供通信设备（含基站及相关配套设备）、漏泄电缆、通信管线等的设置条件。2.车辆段专业负责建筑之间的各单体建筑以及各单体建筑通信号楼之间的电缆沟槽管、电缆井预埋管引入至建筑房间内	提出通信相关设施、漏泄电缆、通信管线等的设置要求，并进行核实；负责接口测试	按通信要求预留相关通信设施的设置条件；配合接口测试	车辆段内及车辆段出入段线
62	车辆段	桐岭站区间为通信专业提供通信设备、漏泄电缆、通信管线等的设置条件	桐岭站区间为通信专业提供通信设备（含基站及相关配套设备）、漏泄电缆、通信管线等的设置条件	提出通信相关设施、漏泄电缆、通信管线等的设置要求，并进行核实；负责接口测试	按通信要求预留相关通信设施的设置条件；配合接口测试	桐岭站区间
63	车辆段	车辆段通风空调设置	车辆段专业提供通信设备室、通信电源室的温度、湿度、通风环境及消防条件	提出具体要求，并在实施过程中确定	按通信要求实施，并配合接口测试	控制中心通信设备室、电源室（含UPS室）
64	车辆段	车辆段通信设备室内设置维修插座和接地端子	车辆段专业根据通信专业各电源室、各设备室、引入室和配线室、弱电井等设置要求，在各设备室设置接地端子	提出要求；负责接口测试	提供接地端子排，配合调试	
65	车辆段	远程监视电梯轿厢内、厅门外情况；实现电梯轿厢内、轿顶、轿底、控制室对讲	通信专业负责数设垂直电梯五方对讲电话电缆以及视频监控到电梯轿厢控制箱；电技梯专业负责数设到电梯轿厢的专用电缆敷设，以及轿厢内电梯控制箱	通信专业负责数设垂直电梯五方对讲电话电缆以及视频监控至电梯控制箱，以及轿厢内电梯控制箱	车辆段专业负责像和摄像机的采购和安装	

续附表

序号	接口专业	接口内容	接口具体要求	本专业负责内容	接口专业负责内容	备注
66	车辆段	车辆段的大屏安装	通信专业提出大屏的安装要求，车辆段预留安装空间；通信专业提出大屏显示系统电源的安装需求，车辆段预留电源空间；通信专业提供大屏相关设备	提供大屏相关设备，提出大屏及大屏电源的要求	按通信要求实施	
67	车辆段	车辆段综合楼楼顶的专用无线通信铁塔安装（含接地条件）	接口数量：2处。铁塔位置应在通信设备室附近的弱电井上方，请在车辆段和停车场基础顶综合楼（机电楼）顶设置附近预埋至弱电井，并在铁塔基础附近预埋由弱电井通达至屋顶的φ100钢管4根，钢管应高出屋顶0.5 m，为防止雨水进入，屋顶上的钢管应做弯头处理。同时，还应在基础附近预留接地钢筋（接地电阻不大于4Ω）。通信铁塔塔身高度为10 m，铁塔、天馈线以及施工维护人员总质量按2 500 kg计。要求按图纸预留4座混凝土基础（500 mm×500 mm×300 mm）及16个相应的φ24地脚螺栓（埋深700 mm）	提供铁塔安装基础要求	按通信要求实施；负责接口测试	车辆段建筑物顶部
68	信息化系统	CCTV视频	接口协议：SDK/HTTP	负责按照接口协议获取视频信息	厂商提供相应的接口规范，内部EIP接入相关车站监控视频	没有视频闸网，内部考虑安全因素未接入

序号	接口专业	接口内容	接口具体要求	本专业负责内容	接口专业负责内容	备注
69	信息化系统	设备告警故障信息	接口协议：MODBUS	负责提供点表信息，具备软件接入的条件	提供温州市域轨道数据中心接口规范，规范中明确了双方分工界面以及相应的责任与义务具备软件接入的条件	硬件网络层面已打通
70	信息化系统	TD-LTE	无线局域网	无	EAM、乘务管理、施工调度系统在TD-LTE网络内使用	已完成接入
71	信息化系统	OA系统与信息化专业对接	接口数量：1处	通信专业配合信息化专业进行OCC大楼网络调试，提供相关IP地址	信息化专业负责OCC大楼网络调试	
72	客运中心	客运中心提供安检设备的安装位置，通信专业进行安检设备的采购并根据要求安装				
73	客运中心	客运中心提供公务电话和无线终端的编号方式，通信专业根据要求进行落实				

序号	接口专业	接口内容	接口具体要求	本专业负责内容	接口专业负责内容	备注
74	控制中心	OCC 提供无线系统天线杆塔安装条件	接口数量：1 处。铁塔位置应应在通信设备室附近的弱电井上方，请在车辆段和停车场的综合楼（机电楼）顶设置铁塔基础预埋件，并在铁塔基础附近预埋由弱电井通达屋顶的 $\phi100$ 钢管 4 根，钢管应高出屋顶的 0.5 m，为防止雨水进入，屋上的钢管应做成弯头处理。同时，还应在基础附近预留接地钢筋（接地电阻不大于 4 Ω）。通信铁塔塔身高度为 10 m，铁塔，天馈线以及施工维护人员总质量按 2 500 kg 计。要求按图纸预留 4 座混凝土基础（500 mm × 500 mm × 300 mm）及 16 个相应的 $\phi24$ 地脚螺栓（埋深 700 mm）	提供天线安装基础要求；配合接口测试	按通信专业要求接口负责实施；测试	控制中心裙楼建筑物顶部
75	控制中心	OCC 提供时钟系统天线安装条件	北斗和 GPS 共用一根天线，馈线长度不超过 200 m	提供天线安装基础要求；配合接口测试	按通信专业要求接口负责实施；测试	控制中心裙楼建筑物顶部
76	控制中心	OCC 设备及管理用房	接口数量：1 处。控制中心内为生产用房（包括设备用房、引入室、弱电井等）和维修管理用房	通信专业提出需求，并于后期进行核实	按通信专业要求预留接口条件；测试	
77	控制中心	OCC 土建条件预留	控制中心预留沟、槽、管、洞以及管线等的条件设置电缆桥架、管线	通信专业提出要求，并于后期进行核实	按通信专业要求预留接口条件；测试	

续附表

序号	接口专业	接口内容	接口具体要求	本专业负责内容	接口专业负责内容	备注
78	控制中心	控制中心设备区装修	置业公司根据通信专业的工艺要求对设备房进行装修，包括静电地板、防鼠挡板等；通信专业提供防水封堵、防火封堵条件	提出装修要求，并进行通信相关设备的安装	按通信要求实施	控制中心通信相关设备房
79	控制中心	控制中心公共区装修	置业公司根据通信专业要求在公共区预留通信、电话等终端的安装条件	提出需求，并于后期进行核实	按通信要求进行预留	
80	控制中心	控制中心通风空调设置	OCC提供满足通信设备室、通信电源室的温度、湿度、通风等环境及消防条件	提出具体要求，并在实施过程中确定	按通信要求实施；负责接口测试	控制中心通信设备室、电源室（含UPS室）
81	控制中心	控制中心设备室维修插座和接地端子	接口数量：1处。控制中心各电源室、各设备室、引入室和配线间、弱电井等位置设置维修插座，在各设备和电源设置接地端子，接地电阻值不大于1Ω	提出要求；负责接口测试	提供接地端排、维修插座、配合调试	控制中心通信电源室及控制中心调度大厅UPS室的接地端子排
82	控制中心	控制中心为通信提供一级负荷电源	接口数量：1处，2路出线。通信专业提供要求，包括切换箱位置、回路配置、输入空开等值；控制中心根据通信的要求，提供三相电源到两路电源切换箱	提出要求；负责接口测试	提供电源切换箱	控制中心通信电源室两路电路切换箱输出馈线端
83	控制中心	控制中心的大屏显示系统	通信专业提出安装空间，通信显示系统的安装需求，OCC预留屏显示系统电源；OCC预留安装空间；通信专业提供大屏相关设备	提供大屏相关设备；提出大屏显示系统及电源空间的要求	按通信要求实施	OCC的控制室

序号	接口专业	接口内容	接口具体要求	本专业负责内容	接口专业负责内容	备注
84	控制中心	控制中心调度台安装	通信专业提供调度台安装要求；控制中心提供通信要求预留调度台安装空间，提供线管预埋等空间	提出要求	按通信要求实施	
85	土建	车站设备及管理用房	土建专业为专用通信系统提供车站生产用房（包括设备用房、引入室、弱电井等）和维修管预留及预留电缆沟、槽、管、洞以及设置电缆桥架、管线等的条件	通信专业提出需求，并于后期进行核实	按通信要求预留条件；负责接口测试	
86	土建	车站土建条件预留	1. 土建专业负责车站及设备室内结构孔洞的预留，多条孔洞修补，通信专业负责检查、核对。 2. 土建专业负责车站出入口孔洞的预留及孔洞内防水处理，孔洞至运营商引入井内的钢管预埋，通信专业负责指定位置、与运营商协调			
87	土建	区间土建条件预留	1. 土建专业负责区间安装及检查、核对。站内垂直爬架出站台层；通信专业负责检查、核对。 2. 土建专业负责预留区间通信设备安装位置，通信专业负责检查、核对。 3. 区间需预留区间接地端子；通信专业按要求进行施工。 4. 土建专业为专用通信系统提供全线区间、隧道区间、地面过渡段、高架桥梁区间的通信设备及线缆的安装位置（含基站及、区间支持相关配套设备）、漏进电缆、区间支换机、区间摄像机等的安装位置			

序号	接口专业	接口内容	接口具体要求	本专业负责内容	接口专业负责内容	备注
88	铺轨	过轨管道及轨道标高	1. 土建负责预留通信所需的区间过轨管道；通信负责检查、核对。 2. 铺轨负责确定铺轨标高；通信负责核查、安装设备			
89	人防	人防管线要求	通信专业提出穿墙管要求，人防专业按要求落实	通信专业提供穿墙管线的具体需求	土建专业按要求实施	
90	物业开发	ATM机等商业光纤预留	通信专业按资产公司要求预留ATM机等商业网络设备光纤	按要求提供光纤	提出需求	
91	物业开发	PIS系统建设	通信专业提供PIS系统后台及终端用以编辑及播放；资产经营公司提供相关片源	提供PIS系统	提供片源	

附表 4　电力专业接口关系

序号	接口专业	接口内容	接口具体要求	本专业负责内容	接口专业负责内容	备注
1	通信	由通信专业为所有 20（10）kV 配电所和变电所提供 SCADA 电力远动通信通道	接口数量：2	负责区间变电所到车站 SCADA 通信通道的汇聚（含汇聚成端端）；负责各变电所所内电力远动终端设备至变电所内 FE 通信接口处（分界点）的线缆连接，配合 SCADA 通道的调试	在各车站变电所内设置两个 FE 通信接口（分界点）；负责通信机房至各车站变电站 SCADA 电力远动通信通道及线缆敷设成端端；负责通信接口处（分界点）FE 通信接口处的线缆敷设及成端端，负责 SCADA 通道的调试	
2	通信	SCADA 系统连接控制中心大屏	满足 S1 线供电调度系统接入	提供信号源及信号缆（网线或者光缆及信号缆）至大屏控制柜中的网络交换机	由网络交换连接 2 路网络电缆分别至屏控幕控制器、全屏及应用服务器，显示图像；负责调度大厅内的线槽制作	分界：机柜网络接口处
3	通信	通信专业提供一级母钟的标准时钟信号；通信专业在车站、停车场为 SCADA 提供二级母钟的标准时钟信号	接口数量：控制中心 2 个（1 主 1 备），站场各一个	提出需求，敷设电缆，负责接口测试	提供标准时钟信号，采用 NTP 协议	控制中心信号机柜接口处；场站通信设备至机架外线端子
4	FAS	电力专业配合 FAS 专业完成电气火灾监控主机的安装，变电所内的电源由低压专业双电源切换箱提供	硬线接口	电气火灾报警系统主机供电由电力专业 UPS 提供，负责地下站及地面站电气火灾报警系统高压柜和剩余电流探测器一成套出厂，由低压柜剩余电流探测器一成套出厂，由低压柜提供 AC 220 V 电源由低压柜提供低压开关柜厂家在成套前半个月通知上海宝信软件探测器及感应线圈的供电并货的接口调试	FAS 专业提供高架站及地面站电气接线子排，提供并敷设电气火灾报警系统电缆至 FAS 主机的线口调试	

244

序号	接口专业	接口内容	接口具体要求	本专业负责内容	接口专业负责内容	备注
5	BAS	BAS对变电所的能量采集及区间机电设备的监控	通信接口 MODBUS RTU	电力专业提供低压变电所的通信管理机的通信接口；负责通信协议的转换；配合BAS进行调试	BAS提供并敷设、安装从车站或区间PLC的通信箱理到车低压变电所的通信光缆、光缆两端的光电转换设备（长距离）或通信电缆、所需的控制网TAP头、终端电阻；负责调试	在低压变电所通信管理机的通信接口
6	BAS	BAS通过RI/O通信网关从区间雨水泵控制箱中采集水泵的状态和水位报警信息紧急情况下，实现对区间水泵的远程控制	通信接口 MODBUS RTU	给排水专业提供水泵控制箱内相应的通信接口，并指导区间雨水泵侧的安装接线；配合BAS进行调试	BAS提供和敷设从水泵控制柜到远程BAS控制柜子排上的通信电缆，并负责区间雨水泵与BAS侧的接线；负责调试	
7	BAS	在BAS与射流风机控制柜之间建立通信通道，实现对射流风机的监视和控制	通信接口 MODBUS RTU	提供射流风机控制柜之接口接线端子及终端电阻，明确接线端子编号，并在射流风机控制柜内预留相应的走线空间，射流风机控制柜通讯拨码开关的设置配合BAS进行调试	BAS负责射流风机控制柜通信网关至BAS控制柜的通信电缆、敷设、射流风机控制柜针头的制作以及射流风机控制柜负责端子排上的接线端子接线负责调试	
8	BAS	在BAS与隧道风机控制柜之间建立通信通道，实现对隧道风机的自动对监视和控制	通信接口 MODBUS RTU	提供隧道风机控制柜控制柜内的接口接线端子及终端电阻，明确接线端子编号，并在隧道风机控制柜内预留相应的走线空间。负责隧道风机控制柜通讯拨码开关的设置配合BAS进行调试	BAS负责隧道风机控制柜通信网关至BAS控制柜的通信电缆、敷设、隧道风机控制柜针头的制作以及隧道风机控制柜负责端子排上的接线端子接线负责调试	

序号	接口专业	接口内容	接口具体要求	本专业负责内容	接口专业负责内容	备注
9	综合监控系统	预留与ISCS接口条件，满足兼容性和互通性要求	接口类型：10/100 Mb/s TPC/IP以太网口；数量：2个	提供2个网络通信接口（AC 220 V）光电转换器的供电信息；无偿配合接口调试	提供网线；若采用光纤，则需提供4个光电转换器及安装调试；负责协议转换；负责配合接口调试	中央电力监控所在设备室配线架备架外线侧
10	信号	供电信息	SCADA系统间信号系统实时提供牵引供电相关信息；接口数量：以太网口；数量：2个	负责提供列车自动监控系统（ATS）设备接入控制中心电力监控系统（SCADA）设备机柜内的冗余（正常/备用）接口；配合ATS与电力监控系统（SCADA）的现场接口测试	提供信号系统至电力监控系统间的接口连接电缆及其安装连接附件；确定测试接口的安装接插件；提供测试计划和传输协议；负责接口测试；测试报告；负责接口测试	控制中心SCADA系统配线架外线端子侧
11	信息化	提供数据编码、信息、文件、相应接口条件	中标单位应指定专人负责温州市域轨道交通数据中心各项接口工作，全力配合温州市域轨道数据中心的数据编码、信息、文件、接口严加相关培训，全力配合数据中心建设、资产管理及运营项目的实施。后期涉及数据中心的数据编码、信息、文件、接口严格按照《温州市域轨道交通数据中心接口规范》执行中标单位不得以由行《温州市域轨道接口规范》为此增加任何商务要求	根据温州市域轨道数据中心接口规范要求的数据编码、信息、文件、相应接口条件等	提供温州市域轨道数据中心接口规范	
12	变电	牵引变电所内20 kV开关柜	牵引变电所内20 kV开关柜出线电缆终端头处	负责施工分界处20 kV电缆的敷设	负责施工分界处电缆终端的制作、安装、连接及相关试验等	

序号	接口专业	接口内容	接口具体要求	本专业负责内容	接口专业负责内容	备注
13	变电	分区所兼开闭所、分区所、开闭所	分区所兼开闭所、分区所、开闭所（或20kV、10kV）自用电变压器高压电缆终端头处	负责施工分界处 20 kV（或10 kV）电缆的敷设；负责所亭围墙外的电缆敷设的支架和桥架	负责施工分界处电缆终端端的制作、安装、连接及相关试验；负责分区所兼开闭所、分区所、开闭所围墙内下所有电缆支架的制作及安装	
14	变电	调度系统调试	调度系统调试	负责控制中心供电调度系统与控制中心供电系统的调试	配合完成电力工程安装承包商完成电力牵引及供电系统统一调试	
15	变电	视频分析工作站供电及通信	视频分析工作站供电及通信调试	负责控制中心视频分析调度机房和电源至视频分析工作室的供电电缆的敷设及调试	负责视频分析工作室设备的安装并配合调试	
16	外电	车辆段10 kV变电所进线电缆终端头处	10 kV开关柜与10 kV变电所进线电缆之间的连接与测试	负责车辆段10 kV终端的采购、制作、相关试验，同时及相关专业做好相关试验	负责车辆段变电所内10 kV进线电缆的敷设及相同时协调配合电力公司及电力专业做好相关安装试验	
17	低压配电	1. 接引0.4 kV开关柜出线电缆。 2. 接引总等电位连接端子箱（MEB）至接地总等电位连接端子板（LEB）	低压配电负责自0.4 kV低压开关柜至专用电源低压断路器下端头之间电缆的连接，并负责此设备的正确性测试；负责自供电系统总等电位连接端子板（MEB）至接地总等电位连接端子板（LEB）的连接的正确性测试，配合供电专业的安装调试。负责给低压配电专业提供低压电源开关柜，给低压配电电源专业提供等电位连接端子板（MEB）	负责给低压开关柜，给低压段供电0.4 kV电源至等电位连接端子板（MEB）；负责此段供电电力系统总等电位连接端子板（LEB）的连接的正确性测试；负责给低压配电专业提供0.4 kV电源配电柜，给低压配电专业提供等电位连接端子板（MEB）；	负责自0.4 kV低压馈线断路器下端头之间连接的正确性，并负责此配电柜设备之间连接的正确性测试；负责供电系统总等电位连接端子板（MEB）至接地，并负责此连接的正确性测试；配合供电电力专业做好相关安装调试	分界点： 1. 总等电位（MEB）下连接端子板下端 0.4 kV 开关柜低压馈线断路器下端 2. 0.4 kV 开关柜低压馈线断路器下端

序号	接口专业	接口内容	接口具体要求	本专业负责内容	接口专业负责内容	备注
18	设备房及装修及综合支吊架	提供高压电缆敷设综合支吊架及设备房内的装修	按设计图纸标准及专业需求提供墙体、地面处理、门窗、照明、墙面装修等附属配件等	负责电缆敷设过程造成的防火封堵，负责检查设备房施工是否设计及安装要求	负责生产用房区各设备用房及生产用房砌筑，负责按设计图纸标准及系统专业接口需求提供墙体、地面处理、门窗、照明、墙面装修、空调设备、附属配件等；车站、工作井内高压电缆负责施工及吊架支架综合支吊架的施工	
19	暖通	风机端子排	风机控制柜与风机本体的连接，风机控制柜与风机的接口调试	电力专业负责提供风机控制柜及电缆处接线端子排至风机的接口调试	配合风机控制柜至风机的接口调试	
20	给排水	水泵控制柜端子排	水泵控制柜与水泵连接，水泵控制柜与水泵的接口调试	电力专业负责提供水泵控制柜端子排处接线端子，负责水泵控制柜与水泵的接口调试	负责水泵本体至水泵控制柜的连接，配合水泵控制柜至水泵的接口调试	
21	土建	屏柜的安装固定	完成屏柜的接地及预埋接地系统可靠连接；预埋件应按照设计图纸安装	负责按照设计图纸检查落实设备安装基础（含预埋槽钢等）安装是否满足设计及安装要求；负责按设计施工图连接本工程的沟、管、孔、洞、电缆井；负责检查土建所留接地端子是否完善并负责接地端子与MEB的连接；负责综合变电所内电缆支架及盖板的施工	负责按设计图纸要求完成变电所内设备基础（含预埋槽钢等）的制作及基础坑回填；负责按设计图纸所需要的沟、管、孔洞、电缆井范围内的施工；负责提供综合变电所内接地端子	

序号	接口专业	接口内容	接口具体要求	本专业负责内容	接口专业负责内容	备注
22	土建	提供电缆敷设条件	在桥梁、隧道、路基段等区域提供电缆敷设所需的沟、管、孔洞	1. 按照设计图纸要求检查土建工程在桥梁、隧道、路基段为本工程电缆敷设所需的沟、管、孔洞。 2. 负责检查桥梁、隧道、路基段为本工程所预留的接地端子并负责接地端子与电缆的连接。 3. 负责隧道内电缆支架与接地端子与电缆的连接。 4. 负责所内MEB的连接	1. 负责预留设电缆敷设所需的工程预留设电缆敷设所需的沟、管、孔洞。 2. 负责提供电缆接地所需的接地端子	

附表 5　变电专业接口关系

序号	接口专业	接口内容	接口具体要求	本专业负责内容	接口专业负责内容	备注
1	车辆	车辆对供电系统的接口要求	需变电专业提供车辆所需设计参数	负责提供牵引电站的反馈、出保护特性		
3	车辆工艺设备	变电相关检修设备	用户需求书编制	负责提供变电相关设备需求	负责汇总用户需求书	
2	通信	牵引变电所、分区所、开闭所、车站网开关室的变电专业通信传输设备配线架外线端子	实现牵引变电所、分区所、开闭所、车站网开关室、控制闭所分析中心与变电专业通信信号（含视频的传输）之间的传输	提出通道要求并负责本专业设备端的线缆成端工作	负责牵引变电所、分区所、开闭所、分区所兼开闭所、车站网开关室控制室设备配线架上传数据点的光缆外线架设，提供至牵引近附点的光缆通道传送至控制中心（含视频分析工作站），以及调度电话的安装与调试，并负责传输通道的线缆成端工作	
4	低压配电	两路相互独立的三相交流电源	提供变电专业网开关控制屏设备用房两路相互独立的三相交流电源	负责从双电源箱路断器下端出线引接进线电缆至本专业设备	负责按照变电专业要求的低压供电端口，配合变电专业安装调试	
5	低压配电	接地端子	提供变电专业设备用房控制屏接地端子	负责从接地端子处引接至本专业设备	负责按照变电专业要求安装接地端子并引至变电专业安装调试	
6	低压配电	综合管线通道	提供综合管线通道	车站内控制电缆敷设	预留综合管线通道	

序号	接口专业	接口内容	接口具体要求	本专业负责内容	接口专业负责内容	备注
7	设备房及装修相关支吊架	车站设备房装修需求，提供相关设备用房，按时完成防火封堵	各专业按各系统专业生产用房及设备用房、防火封堵、防水封堵，并负责防火封堵	负责变电专业内的管线在墙体上开槽敷设，开槽后的墙体修补及垃圾清理，穿越墙体砌筑墙面的洞口预留，提出设备房装修的其他要求	负责设备区各设备用房及生产用房砌筑，负责按设计图纸标准及系统要求提供设备基础、墙体、地面、电地板、静处理、吊顶、门窗、照明、地面装修、空调设备、附属配件等，负责设备区所有洞口的防火封堵、防水封堵	
8	接触网	接触网 27.5 kV 电缆	27.5 kV 电缆敷设及电缆头安装及相关支架安装	提供接口处接触网 27.5 kV 电缆头，负责施工分界处的电缆终端制作、安装，连接及相关试验，并负责牵引至分区所所、分区所、开闭所所兼开闭所，分区所、开闭所所内围墙以下所有电缆支架的制作及安装	负责从分界面处将牵引所馈出的供电线连接至接触网	
9	接触网	距离亭所亭 1 km 内电动隔离开关远动控制	电动隔离开关操作机构电源电缆敷设、连接等	负责由牵引所亭至轨道旁电动隔离开关操作机构电力电缆和操作电源电缆引入电动操作机构箱，并与端子排连接	负责轨道旁电动隔离开关电动操作机构箱的安装	
10	接触网	接触网电动隔离开关操作机构电力电缆敷设	电动隔离开关控制电缆敷设、成端、连接及调试等	负责接触网电动隔离开关的光电缆敷设、成端、连接及调试等	配合变电专业完成开关远动系统调试	
11	接触网	回流箱及回流电缆的安装	回流电缆及相关设备安装	提供接地分界处电缆头，负责施工分界处电缆终端的制作、安装、连接及相关试验	负责回流箱铜排至钢轨（回流线）的回流敷设	

251

序号	接口专业	接口内容	接口具体要求	本专业负责内容	接口专业负责内容	备注
12	接触网	牵引供电短路试验	供电短路试验	负责牵引供电系统短路试验	配合变电专业完成牵引供电系统短路试验	
13	电力	牵引变电所内20 kV开关柜	牵引变电所内20 kV开关柜出线电缆终端头处	负责施工分界处电缆终端的制作、安装及相关试验等	负责施工分界处20 kV电缆的敷设	
14	电力	分区所兼开闭所、分区所、开闭所	分区所兼开闭所、分区所、开闭所20 kV（或10 kV）自用电变压器电缆终端头处	负责施工分界处电缆终端的制作、安装及相关试验等；负责分区所兼开闭所、分区所、开闭所围墙内所有电缆支架的制作及安装	负责施工分界处20 kV（或10 kV）电缆的敷设；负责所亭围墙外墙的电缆敷设的支架和桥架	
15	电力	调度系统调试	调度系统调试	配合电力工程安装完成牵引供电系统与供电中心控制系统的调度系统调试	负责控制中心供电调度系统的调试与牵引及供电中心调度系统的调试	
16	电力	视频分析工作站处	视频分析工作站安装、调试	负责视频分析工作站的安装调试	负责控制中心至视频分析工作室机房和电源至供电中心调度工作室的电缆敷设	
17	外电	110 kV组合电器进线套筒电缆终端头处	110 kV组合电器与110 kV进线电缆之间的连接与测试	负责110 kV电缆插接终端的采购、制作、安装、连接及相关试验及验收。同时配合电力公司及外电专业做好相关安装	负责牵引变电所内110 kV进线电缆的敷设，同时协调电力公司及变电专业做好相关试验	
18	外电	通信设备室通信管理机外线端子	变电综合自动化外电通信管理机间连接及调试	负责变电所外自动化设备与控制中心之间的设备安装调试及线缆端子，并配合电力公司及电力专业调试	负责本专业设备端的线缆敷设工作，并协调电力公司及变电专业设备端的线缆端子及变电专业做好调试	

序号	接口专业	接口内容	接口具体要求	本专业负责内容	接口专业负责内容	备注
19	外电	变电综自设备接线端子处	变电综合自动化设备与外电电能质量设备、在线监测装置间连接及调试	负责安装调试电能质量在线波录设备	配合电能质量在线监测装置及故障录波设备调试工作	
20	车辆段	箱式分区所兼开闭所	变电专业箱式分区所提供进所道路及场坪	变电专业负责箱式分区所兼开闭所的基础浇制及安装	车辆段为变电专业分区所兼开闭所提供进所道路及场坪处理	
21	土建	南洋大道分区所、半岛二开闭所	负责为变电专业分区所、开闭所提供进所道路及场坪处理	变电专业负责箱式分区所开闭所的基础浇制及安装	为变电专业箱式分区所开闭所提供进所道路及场坪处理	
22	土建	提供设备用房,并且根据变电专业的要求,预留沟、槽、管、洞等条件	车站为变电专业网开关控制屏提供设备用房,并且根据变电专业的要求,预留沟、槽、管、洞等条件	提供槽道的基础数据(截面积、单位承重等)	预留沟、槽、管、洞	
23	信息化系统	提供数据编码、信息、文件、相应接口条件	中标单位应指定专人负责温州市域轨道交通数据中心各项接口工作,参加相关培训,全力配合温州市域轨道交通数据中心建设、资产管理及运管理项目的实施,后期涉及数据运管理与数据的格接按照《温州市域轨道交通接口规范》执行,中标单位不得以此为由增加任何商务要求	根据温州市域轨道数据中心接口规范要求的数据编码、信息、文件、相应接口条件	提供温州市域轨道数据中心接口规范	

附表 6 FAS 专业接口关系

序号	接口专业	接口内容	接口具体要求	本专业负责内容	接口专业负责内容	备注
1	ISCS	ISCS 监视各车站的 FAS 系统运行状态	10/100 Mb/s 以太网 TCP/IP, RJ45 接口	网络电缆（带编号）与车站 ISCS 的交换机连接，车站的 FAS 控制器由 FAS 提供	通过 FEP 进行协议转换	车站综合监控所在设备室配线架外侧
2	ISCS	统一车控室 IBP 的工艺设计	单回路，单常开无源干触点，硬线接口	网络电缆（带编号）连接到车站车控室 IBP 接线端子	统一布置 IBP 的按钮和指示灯，提供相关接线位置	车控室 IBP 盘接线端子处
3	BAS	FAS、BAS 联动执行灾害模式（含 FAS 转发列车阻塞信息，列车标识信息、位置、运行方向等）	RS485 通信接口	FAS 提供 FACP 盘内的接口接线端子，明确端子，并在 FACP 盘内预留相应的夹线空间。配合 BAS 进行接口调试	BAS 配置一块用于与 FAS 接口的通信网关，通信网关通过通信电缆（带编号）接到 FACP 盘的接线端子上 BAS 负责通信电缆的提供、敷设以及 FACP 盘接线端子排上的接线。负责调试	在地下车站控制室 FACP 盘上
4	ACS	实现火灾情况下自动释放门禁	硬线接口	FAS 负责门禁自动释放按钮至 FAS 输入、输出到楼控电源、信号二总线的提供、敷设、端头的制作以及接口责任空间并负责接口调试	ACS 提供 ACS 自动释放按钮的接线端子，明确端子编号，并预留相应的夹线空间，配合接口调试	在 IBP 盘（或消防控制盘）上的联动控制端与 ACS 自动释放按钮的接线端子上
5	气灭	FAS 系统监视气灭系统的运行状态	硬线接口	FAS 负责气瓶电磁阀及至气瓶电磁阀及压力开关的信号二总线的提供、敷设、端头的制作以及接口调试	气灭系统提供电磁阀选择阀及压力开关的接线端子、明确端子编号，并在气瓶间内预留相应的夹线空间，配合接口调试	在气体灭火控制盘内的接线端子外侧

序号	接口专业	接口内容	接口具体要求	本专业负责内容	接口专业负责内容	备注
6	AFC	1. AFC自动检票机全部打开（紧急情况下的直接操作）。2. 监视紧急情况下自动检票机开闸情况	接口数量：2处；接口类型：硬线连接，单回路无源干触点；接口位置：紧急按钮控制箱	1. 火灾情况下，控制AFC释放自动检票机。2. 接收紧急情况下自动检票机开闸情况反馈信号	1. 接收FAS火灾指令，实现紧急模式自动控制，释放自动检票机。2. 发送紧急情况下闸机开闸情况反馈信号	
7	电扶梯	火灾时FAS通过输出模块来控制电梯停靠入口层或地面层，通过输入模块分别接收电梯故障迫降完成的动作信号	硬线接口	FAS负责FAS模块至电梯控制箱的电缆线的提供、敷设、端头的制作以及接线并负责接口调试	提供电梯控制箱上的通信接口，明确接口编号，并在控制箱内预留相应的走线空间，配合接口调试	在电梯控制箱的接线端子上
8	给排水	FAS监视消防泵、稳压泵、液位仪、电磁阀的运行及故障状态	硬线接口	FAS负责IBP盘（或消防联动控制盘）至消防泵、稳压泵、液位仪、电磁阀的控制电缆线的提供、敷设、端头的制作以及接线，并负责接口调试	消防水系统提供消防泵、稳压泵、液位仪、电磁阀的相关接线端子，明确相应的端子编号，并预留相应的走线空间，配合接口调试	在消防泵、稳压泵、控制箱的接线端子上
9	给排水	FAS监视水流指示器、安全信号阀、湿式报警阀状态	硬线接口	FAS负责FAS输入模块至水流指示器、安全信号阀、湿式报警阀的总信号二总线的提供、敷设、端头的制作以及接线，并负责接口调试	消防水系统提供水流指示器、安全信号阀、湿式报警阀等设备的信号输出端子	在水流信号阀、湿式报警阀等设备的信号输出端子上
10	给排水	FAS监控消火栓起泵按钮的运行状态	硬线接口	FAS负责消火栓起泵按钮的提供、敷设，并负责接口调试	消防水系统在消火栓按钮安装位置内预留起泵接线及走线空间，并配合接口调试	在消火栓箱的起泵按钮输出信号端子上
11	低压配电	火灾情况下，FAS切除非消防电源	硬线接口	FAS负责消防负荷配电箱励磁脱扣器至非消防负荷配电箱励磁脱扣的电源及信号二总线的制作以及接线，并负责接口调试	低压配电系统提供非消防负荷配电箱励磁脱扣的接线端子，明确相应的接线端子编号，并预留相应的走线空间，配合接口调试	在低压配电回路的出线端子上

序号	接口专业	接口内容	接口具体要求	本专业负责内容	接口专业负责内容	备注
12	低压配电	火灾情况下，FAS 强启应急照明	硬线接口	FAS 负责 FAS 输入/输出模块至应急照明配电箱的电源及信号二总线的提供、敷设、端头的制作以及接线并负责接口调试	低压配电系统提供应急照明配电箱柜消防强启的相关接线端子，明确端子编号，并配合接口调试	在应急照明配电箱柜端子排外侧
13	低压配电	低压专业为 FAS 设备提供接地端子	硬线接口	FAS 负责 FAS 设备至弱电接地排接地电缆的提供、敷设、端头的制作以及接线并负责接口调试	低压配电系统提供弱电接地排的相关接线端子，明确端子编号，并配合接口调试	在车控室、消防控制室弱电接地端子上
14	低压配电	低压配电专业为 FAS 主机和气灭控制箱提供电源	硬线接口	FAS 专业负责接双电源切换箱电源出线端子	低压配电系统为 FAS 主机和气灭控制箱提供双电源，提供双电源切换箱电源出线端子	在双电源切换箱出线端处
15	电力	电力专业配合 FAS 专业完成电气火灾探测器的安装，变电所内的电气火灾主机电源由低压柜内的电 UPS 提供	设备及通信接口	FAS 专业提供高架站及地面站架空数据线缆敷设及线端子排，提供并数据电缆至站地下站线缆敷设至 UPS 接线端子；FAS 主机的线缆至 FAS 主机调试气火灾报警系统的线缆及接口调试	电气火灾报警系统主机由 UPS 供电，负责地下站数据敷设至 UPS 接线端子排，高架及地面站电气火灾报警系统应由数据线缆由厂家供高架剩余电流探测器和感应线圈由低压柜厂家统一成套出厂，剩余电流探测器线圈由低压柜内低压电源由低压柜厂家AC220 电源由低压柜供。低压柜前半个月以联系单形式通知上海信供货，电感应及软件的供货。电力专业负责配合接口调试	车站综合变电所低压柜各馈出回路位置，FAS 主机通信接口位置

序号	接口专业	接口内容	接口具体要求	本专业负责内容	接口专业负责内容	备注
16	暖通	FAS监控消防排烟风机的运行状态	硬线接口	FAS负责FAS输入、输出模块至消防排烟风机控制箱的电源、信号二总线的提供、敷设、端头的制作以及接线并负责接口调试	暖通专业提供消防排烟风机控制箱相关的接线端子、明确端子编号，并预留相应的走线空间，配合接口调试	在消防排烟风机控制箱的接线端子上
17	暖通	实现FAS对消防排烟风机的紧急操作	硬线接口	FAS负责IBP盘（消防联动控制盘）至排烟风机控制箱控制电缆的提供、敷设、端头的制作以及接线，并负责接口调试	暖通专业提供排烟风机控制箱相关的接线端子，并预留相应的走线空间，配合接口调试	在消防排烟风机控制箱的接线端子上
18	暖通	FAS监控电动风阀的运行状态	硬线接口	FAS负责FAS输入、输出模块至电动风阀执行器的电源、信号二总线的提供、敷设、端头的制作以及接线，并负责接口调试	暖通专业提供电动风阀执行器的相关接线端子、明确端子编号，并预留相应的走线空间，配合接口调试	在电动风阀的执行器接线端子上
19	暖通	FAS监控防火阀的运行状态	硬线接口	FAS负责FAS输入模块至防火阀执行器的电源、信号二总线的提供、敷设，并负责接口调试	暖通专业提供至防火阀执行器输入模块二总线的相关接线端子、端头的敷设，并负责接口调试	在防火阀的执行器接线端子上
20	公共区装修	火灾时FAS自动控制非疏散通道上的防火卷帘降落，进行防火分隔	硬线接口	FAS负责FAS输入、输出模块至防火卷帘控制箱的电源、信号二总线的提供、敷设、端头的制作以及接线，并负责接口调试	防火卷帘专业提供防火卷帘控制箱相关的接线端子、明确端子编号，并预留相应的走线空间，配合接口调试	在非疏散通道防火卷帘控制箱的接线端子上

序号	接口专业	接口内容	接口具体要求	本专业负责 FAS 负责内容	接口专业负责内容	备注
21	公共区装修	火灾时 FAS 自动控制疏散通道上的防火卷帘进行两次降落,便于人员逃生及防火分隔	硬线接口	FAS 负责 FAS 输入、输出模块至防火卷帘控制箱的电源、信号二总线的提供、敷设、接线、端头的制作以及接口调试	防火卷帘门专业提供防火卷帘控制箱的相关接线,并明确接线端子编号,配留相应的走线空间,负责接口调试	在疏散通道防火卷帘控制箱的接线端子上
22	设备区装修			FAS 负责提供设备基础数据,负责系统内的管线在墙体上开槽、地面处理、静电地板、照明、墙体、门窗、吊顶、空调设备、穿越墙体砌墙的修补及敷设,清理,墙面装修,墙装设备的安装、对风口安装、洞口预留,及提出风口要求,及提出设备位置附属配件等施工,负责设备区所有洞口的防火封堵及修其他要求	负责按设计图纸标准及系统专业需求提供设备基础,设备区所有洞口的防水封堵	通用做法
23	幕墙	FAS 控制电动门	硬线接口	FAS 负责敷设缆线接线并负责接口调试	幕墙专业提供端子排配合接口调试	电动门侧
24	幕墙	FAS 控制电动排烟窗	硬线接口	FAS 负责敷设缆线接线并负责接口调试	幕墙专业提供端子排配合接口调试	电动排烟窗侧

附表 7 ISCS 专业接口关系

序号	接口专业	接口内容	接口具体要求	本专业负责内容	接口专业负责内容	备注
1	信号	信号系统为 ISCS 系统提供列车运行相关信息	接口数量：1 处（2 个）。信号系统提供列车在车站运行的乘客服务信息、线路列车运行相关信息及阻塞信息，重要故障信息，计划运营时刻运行时刻表等，具备回应 ISCS 对 SIG 与 ISCS 之间的通道检测的功能	提供 ISCS 至 ATS 间的接口连接电缆及其安装连接附件；与对方协商后共同确定统一的接口传输协议；负责牵头组织接口测试	提供控制中心信号系统设备间防火墙网口接口；配合 ISCS 的冗余网口测试	控制中心信号设备室配线架外线端子侧
2	信号	车站控制室设备布置	IBP 盘上信号设备、按钮及表示灯等设备数量及布置	负责采购 IBP 盘上信号有关的所有按钮和表示灯；提供 IBP 盘上与信号有关的所有按钮和表示灯的安装和工艺布置；在 IBP 盘内为信号系统预留接线端子排，由 ISCS 专业统一布置	提供 IBP 盘上与信号有关的所有按钮和表示灯的数量、类型、规格要求及车控室设备信号回路图及接线图的设计，提出技术要求并给予配合；负责发送 IBP 盘与信号有关的显示及报警信号，接受 IBP 盘与信号有关的控制信号；负责提供信号至 ISCS 侧 IBP 端子排的接线缆及连接	车控室 IBP 盘外线端子侧
3	信号	弱电电缆支架线缆敷设预留	在地下段，信号专业为 ISCS 专业（含 FAS/BAS）在电缆支架预留区间电缆敷设条件	在电缆支架敷设电缆	负责安装电缆支架并预留 ISCS 专业（含 FAS/BAS）数设条件	正线地下隧道
4	通信	OCC 行调、环调和总调可通过 ISCS 工作站控制全线车站的广播	RS422 或以太网接口	通过 FEP 进行协议转换，实现对 PA 的控制功能	网络电缆（带编号）与 ISCS 设备连接，为 ISCS 操作员与站配置音频话筒和后备键盘，接受 ISCS 控制，完成音频信号在配线架外线侧对应区域调试	OCC 综合监控室控制所在设备室配线架外线侧

序号	接口专业	接口内容	接口具体要求	本专业负责内容	接口专业负责内容	备注
5	通信	车站值班站长可通过 ISCS 工作站，控制该车站内的广播	RS422 或以太网接口	通过 FEP 进行协议转换，实现对 PA 的控制功能	网络电缆（带编号）与 ISCS 设备连接，为 ISCS 操作员工作站配置音频话筒和后备键盘，接受音频信号在对应区域的广播，配合调试	车站综合监控室所在控室，控制在设备架外线侧配线架
6	通信	OCC 行调、环调电调总调可通过 ISCS 工作站控制 CCTV 的画面切换和单画面、四画面选择	10/100 Mb/s 以太网，TCP/IP 协议，RJ45 接口	通过 FEP 进行协议转换，实现对视频信号的控制功能	网络电缆（带编号）与 ISCS 设备连接，在车控室内配置防灾工作站，以实现对 CCTV 控制，完成高清视频信号的传输，并在 CCTV 液晶监视器上显示图像，配合调试	OCC 综合监控室所在控室，控制在设备架外线侧配线架
7	通信	车站值班员可通过 ISCS 工作站，控制该车站 CCTV 的画面切换和单画面、四画面选择	10/100 Mb/s 以太网，TCP/IP 协议，RJ45 接口	通过 FEP 进行协议转换，实现对视频信号的控制功能	网络电缆（带编号）与 ISCS 设备连接，在车控室内配置防灾工作站，以实现对 CCTV 控制，接受视频信号，完成高清视频信号的传输，并在 CCTV 液晶监视器上显示图像，配合调试	车站综合监控室所在控室，控制在设备架外线侧配线架
8	通信	可编辑如下信息并发送：（1）地铁运营管的提示信息；（2）相关灾害信息；（3）ATS 的数据包（不负责解析，直接采用透传方式）	10/100 Mb/s 以太网，TCP/IP 协议，RJ45 接口	通过 FEP 进行协议转换，实现文本信息及 PIS 所需要的 ATS 显示信息	网络电缆（带编号）连接至 ISCS 配线架外线；接收 ISCS 下发的文本信息，在对应 PIS 显示屏上显示，配合调试	OCC 综合监控室所在控室，控制在设备架外线侧配线架

序号	接口专业	接口内容	接口具体要求	本专业负责内容	接口专业负责内容	备注
9	通信	可编辑如下信息并发送：(1) 地铁运营的提示信息；(2) 相关灾害信息；(3) 将 ATS 的数据包（不负责解析，直接采用透传方式）	10/100 Mb/s 以太网，TCP/IP 协议，RJ45 接口	通过 FEP 进行协议转换，实现文本信息在 PIS 设备的显示及 PIS 所需要的 ATS 信息	网络电缆（带编号）连接车站 ISCS 配线架至外线侧；接收 ISCS 下发的文本信息，在对应 PIS 显示屏上显示，并配合调试 PIS 显示屏上显示	车站综合监控所在设备室配线架外线侧
10	通信	接收标准时间信息	100 Mb/s 以太网，TCP/IP 协议 RJ45 接口	通过 FEP 连接 2 路以太网接口	2 路以太网接口与控制中心 ISCS 的 FEP 连接	OCC 通信设备机房配线架外线侧
11	通信	提供单模光纤端口	单模光纤接口（带编号）	光缆（带编号）配线架至 ODF 配线架敷设、成端及连通由 ISCS 负责	通信系统为综合监控系统提供由控制中心至本工程各车站、各车辆段、停车场各站信息室处的单模光纤（上行 4 芯、下行 4 芯），要求隔站跳接	控制中心、各车站、停车场、车辆段、通信系统设备 ODF 配线架外侧
12	通信	通信专业为 ISCS 系统提供车站设备的 UPS 供电	电源接口	供电电缆（带编号）与通信配电柜连接电缆的敷设、成端及连通由 ISCS 负责	通信专业为综合监控系统各车站的通信设备提供电，供电容量为 6 kV·A	车站通信设备配电柜配电供综合监控系统各车站设备的 UPS
13	通信	IBP 盘时钟安装	通信专业负责提供 IBP 盘子钟，并敷设线缆至车站设备室一级母钟，同时提供子钟安装要求	提供 IBP 盘	负责子钟安装设计，负责线、敷设电缆	车控室 IBP 盘
14	通信	车控室终端安装	通信专业提供车控室终端数量、型号尺寸及 ISCS 专业提供安装位置	提供安装位置	明确设备数量、规格	车控室 IBP 盘

序号	接口专业	接口内容	接口具体要求	本专业负责内容	接口专业负责内容	备注
15	FAS	ISCS 监视各车站的 FAS 系统运行状态	10/100 Mb/s 以太网，TCP/IP 协议，RJ45 接口	通过 FEP 进行协议转换	网络电缆（带编号）与车站 ISCS 的交换机连接车站的 FAS 控制器由 FAS 提供	车站综合监控室控所在设备架外线侧配线架
16	FAS	统一车控室 IBP 的工艺设计	单回路，单常开无源干触点，硬线接口	统一布置 IBP 的按钮和指示灯，提供相关接线位置	网络电缆（带编号）连接到车站车控室 IBP 接线端子	车控室端车控室 IBP 盘接线子
17	BAS	ISCS 可监控各车站 BAS 系统的运行状态	10/100 Mb/s 以太网，TCP/IP 协议，RJ45 接口	通过 FEP 进行协议转换	网络电缆（带编号）与车站的交换机连接。车站的 BAS 通信控制器由 BAS 提供	车站综合监控室控所在设备架外线侧配线架
18	BAS	统一车控室 IBP 的工艺设计	单回路，单常开无源干触点，硬线接口	统一布置 IBP 的按钮和指示灯，提供 BAS 的远程 I/O 在 IBP 内的安装位置	网络电缆（带编号）连接到车站车控室 IBP 接线端子，提供 BAS 安装在 IBP 内远程 I/O	车控室 IBP 盘端子处
19	ACS	在 ACS 和 ISCS 之间提供通信通道	以太网，RJ45 接口	提供从数据配线端子到综合监控系统交换机的电缆	提供的连接端子及带标识的从配线端子到门禁终端设备计算机的电缆	车站/车辆段/停车场综合监控室控所在设备
20	ACS	手动控制 ACS 的紧急释放	继电器干接点连接	在车控室 IBP 盘上为 ACS 提供紧急状况释放按钮及表示灯	提供带标识的从 IBP 配线端子到门禁终端设备的电缆	车控室端 IBP 盘接线子
21	ACS	在 ACS 和 ISCS 之间提供通信通道	以太网，RJ45 接口	提供交换机指定端口	提供交换机及带标识连接电缆到门禁服务器	OCC 综合监控室
22	AFC	AFC 专业为 ISCS 专业在 OCC 的服务器上提供运行的客流等数据。ISCS 专业提供交换数据的格式和接口要求	接口类型：10/100 Mb/s 以太网，TCP/IP 协议、RJ45 接口；接口位置：控制中心 ISCS 设备室内配线架的接线端外侧	接收客流统计数据（以车站为单位），接收大客流标志备信息（运行、非运行两种状态）。车站 AFC 处于紧急/降级模式时，可及时将其状态信息发送到 ISCS。ISCS 系统每间隔 2 s 检测 ISCS 与 AFC 之间的通道	提供客流统计数据（以车站为单位），提供大客流标志信息（运行、非运行状态）；提供车站终端设备信息（运行、非运行两种状态）；车站 AFC 处于紧急/降级模式时，可及时将其状态信息发送到 ISCS。回应 ISCS 对通道的检测	

序号	接口专业	接口内容	接口具体要求	本专业负责内容	接口专业负责内容	备注
23	AFC	控制 AFC 自动检票机全部释放（紧急情况时的直接操作）；接收自动检票机释放反馈信号	接口类型：硬线连接，双回路无源干触点；接口位置：IBP 盘接线端子	IBP 操作盘	车站紧急模式控制	
24	站台门	在站台门系统和 ISCS 之间提供通信通道	10/100 Mb/s 以太网，TCP/IP 协议，RJ45 接口	提供站台门系统控制器到车站 ISCS 的 FEP 的网络电缆（带编号），通过 FEP 进行协议转换	提供冗余的以太网接口与 ISCS 的 FEP 连接	车站站台门设备室
25	站台门	在 IBP 盘上提供站台门控制按钮和指示灯	单回路，单常开无源干触点，硬线接口	负责提供 IBP 盘接线端子，统一布置 IBP 的按钮和指示灯	提供并敷设站台门系统控制器到车站车控室 IBP 接线端子的硬线电缆（带编号）	车站控制室 IBP 盘接线端子处
26	电扶梯	ISCS 实现对电扶梯的后备紧急控制	硬线接口	ISCS 接电扶梯专业要求，在 IBP 盘上统一设置急停按钮及指示灯，并配合电扶梯进行接口调试	电扶梯控制柜至 IBP 盘接线端子处的电缆，负责向 ISCS 提供 IBP 上急停控制按钮及指示灯的设置要求，并负责接口调试	在 IBP 盘的接线端子排处
27	电力	预留与 ISCS 接口条件，满足兼容性和互通性要求	接口类型：10/100 Mb/s 以太网，TPC/IP 协议；数量：2 个	提供网络线；若采用光纤，则需提供 4 个光转换器，负责协议转换	提供 2 个网络通信接口；光电转换器的供电（AC 220 V）及安装配合；无偿配合接口调试	中央电力监控所在设备室
28	车辆段	车辆段低压配电专业为 ISCS 系统 UPS 提供电源	电源接口	ISCS 负责 UPS 至 ISCS 双电源切换电源的相关电缆作以及接口调试	低压配提供 ISCS 双电源的切换端子，明确接线端子编号，并配合接口调试	车辆段综合监控所在设备室 ISCS 双电源切换箱的出线端子
29	车辆段	ISCS 监视车辆段的 FAS/BAS 系统运行状态	10/100 Mb/s 以太网，TCP/IP 协议，RJ45 接口	通过 FEP 进行协议转换	提供网络电缆（带编号）与车辆段 ISCS 的交换机连接	车辆段综合监控所在设备室配线架外线侧接口（预留接口）

序号	接口专业	接口内容	接口具体要求	本专业负责内容	接口专业负责内容	备注
30	控制中心	OCC 低压配电专业为 ISCS 系统 UPS 提供电源	电源接口	ISCS 负责 UPS 至 ISCS 双电源切换箱电源电缆的提供、敷设、端头的制作以及接线并负责接口调试	低压配电提供 ISCS 双电源切换接线端子,明确接线端子编号,并配合接口调试	OCC 综合监控所在设备室 ISCS 双电源出线切换箱的端子
31	信息化系统	设备告警故障、状态信息	接口协议:MODBUS	负责提供点表信息,具备软件接入的条件	提供温州市域轨道数据中心接口规范,规范中明确了双方分工界面以及相应的责任与义务具备软件接入的条件	硬件网络层面已打通
32	控制中心智能化系统	相互预留接入的条件	软件相互预留接入条件	具备软件接入条件	具备软件接入的条件	

附表 8　BAS 专业接口关系

序号	接口专业	接口内容	接口具体要求	本专业负责内容	接口专业负责内容	备注
1	ISCS	ISCS 可监控各车站 BAS 系统的运行状态	10/100 Mb/s 以太网，TCP/IP 协议，RJ45 接口	网络电缆（带编号）与车站 ISCS 的交换机连接车站的 BAS 提供，通信控制器由 BAS 提供	通过 FEP 进行协议转换	车站综合监控所在设备室配线架外线侧
2	ISCS	ISCS 统一车控室 IBP 的工艺设计	单回路，单常开无源干触点，硬线接口	网络电缆（带编号）连接到车站车控室 IBP 接线端子，提供 BAS 安装在 IBP 内远程 I/O	统一布置 IBP 的按钮和指示灯，提供 BAS 的远程 I/O 在 IBP 内的安装位置	车站车控室 IBP 盘端子处
3	FAS	FAS、BAS 联动执行灾害模式（含 FAS 转发列车阻塞信息，列车标识信息，位置，运行方向等）	RS485 通信接口	BAS 配置一共用于与 FAS 接口的通信网关，通信网关通过通讯（带编号）接到 FACP 盘的出线端子上，BAS 负责通信电缆的提供，敷设以及 FACP 盘接线端子排上的接线负责调试	FAS 提供 FACP 盘内的接口接线端子，明确接线端子编号，并在 FACP 盘内预留配合 BAS 相应的夹线空间配合接口调试	在地下车站控制室 FACP 盘上
4	ACS	ACS 与 BAS 共用 UPS	电源接口	BAS 提供车控室、消防控制室及中央控制室内的 UPS 配电箱至 ACS 的出线回路、开关及编号，并负责接口调试	ACS 负责 ACS 设备至 BAS 设备的 UPS 配电的电源电缆的提供、敷设，并配合 BAS 进行接口调试	在车控室、消防控制室及中央控制室的 UPS 配电盘上
5	低压配电	BAS 对智能照明进行监控	通信接口 MODBUS RTU	BAS 负责连接电缆的提供、敷设，并负责调试	低压配电提供智能照明主机通信接口，并在智能照明主机箱内预留相应的夹线空间配合 BAS 进行调试	在车控室附近配电间智能照明电控箱内
6	低压配电	BAS 系统监视 EPS 的运行状态	通信接口 MODBUS RTU	BAS 负责 EPS 通信网关至 BAS 控制器的通信电缆的提供、敷设和 BAS 控制柜端子排上的接线以及 EPS 端子排上的接线，负责调试	低压配电提供 EPS 柜内的端子编号，并在 EPS 柜内预留相应的夹线空间。负责 EPS 通信拨码开关与 BAS 进行通信调试；负责设置配合 BAS 进行调试	在车站/区间变电所 EPS 通信接口上

序号	接口专业	接口内容	接口具体要求	本专业负责内容	接口专业负责内容	备注
7	低压配电	低压专业为BAS提供接地端子排	硬线接口	BAS负责BAS设备至弱电接地排接地电缆的提供、敷设、端头的制作以及接地接口负责调试	低压配电提供弱电接地端子，明确接地端子编号，并配合接口调试	在车控室、环控电控室、弱电设备间、消防控制室、高架站站厅接地端子上
8	低压配电	低压专业为BAS系统UPS提供电源	硬线接口	BAS负责UPS至BAS电源切换箱电缆的提供、敷设、端头的制作以及接口并负责调试	低压配电提供BAS双电源切换箱的相关接线端子，明确端子编号，并配合接口调试	在地下站环控电控室、高架站设备室
9	低压配电	BAS对低压智能通信系统进行监控	通信接口 MODBUS TCP	BAS提供并敷设、安装从智能PLC的通信管理器到车站或区间电转换设备、光缆、光缆两端（长距离）或通信控制网TAP头、以及所需的控制网TAP头、终端电阻；负责调试	提供智能低压通信管理器以及安装TAP头的空间及导线，负责通信协议的转换；配合BAS进行调试	各车站智能低压系统
10	低压配电	在BAS与轴流风机控制柜之间建立电缆连通，实现对轴流风机的自动监视和控制	硬线接口	BAS负责轴流风机控制柜至BAS楼模块箱的硬线接线电缆的提供、敷设、BAS控制轴流风机控制柜针对的制作以及接线端子排上的接线，负责调试	提供轴流风机控制柜控制柜内的接线端子，并在轴流风机控制柜明确风机控制柜控制柜相应编号公共端的短接，配合BAS进行调试	在车站/工作井轴流风机控制柜控制柜的接线端子上
11	低压配电	在BAS与排热风机控制柜通信通道，实现对排热风机的自动监视和控制	通信接口 MODBUS RTU	BAS关至BAS信网关的通信电缆的提供、敷设、BAS控制排热风机控制柜针对的制作以及排热风机控制柜接线端子排上的接线，负责调试	提供排热风机控制柜控制柜内的接口端子电阻，明确排热风机控制柜终端电阻，并在排热风机控制柜内预留相应的夹线空间，负责变频信号开关的设置，配合BAS进行通信接码行调试	在车站排热风机控制柜的通信接口上

序号	接口专业	接口内容	接口具体要求	本专业负责内容	接口专业负责内容	备注
12	电力/低压配电	在 BAS 与射流风机控制柜之间建立通信通道,实现对射流风机的监视和控制	通信接口 MODBUS RTU	BAS 负责射流风机控制柜通信网关至 BAS 控制器的通信电缆的提供、敷设,BAS 控制柜控制端针对射流风机作以及射流风机控制柜接线端子排上的接线	提供射流风机控制柜控制端柜内的接口内阻,明确端子编号,并在射流风机控制柜控制端柜内预留相应的去线空间。负责码开关的设置,配合 BAS 进行调试	在隧道口射流风机控制柜的通信接口上
13	电力/低压配电	在 BAS 与隧道风机控制柜之间建立通信通道,实现对隧道风机的自动监视和控制	通信接口 MODBUS RTU	BAS 负责隧道风机控制柜通信网关至 BAS 控制器的通信电缆的提供、敷设,BAS 控制柜控制端针对隧道风机作以及隧道风机控制柜接线端子排上的接线;负责调试	提供隧道风机控制柜控制端柜内的接口内阻,明确端子编号,并在隧道风机控制柜控制端柜内预留相应的去线空间。负责码开关的设置,配合 BAS 进行调试	在车站/区间环控机房隧道风机控制柜的通信接口上
14	暖通\低压配电	BAS 监视电动组合风阀、电动风阀的相关状态信息,对阀门进行控制	硬线接口	BAS 负责电动风阀至 RI/O 相应接线端子排的接线;提供相应的接线端子排,并指导电动风阀侧的提供、敷设和接线;负责调试	负责电动风阀的供货,提供相应的接线端子排并指导电动风阀侧的安装接线;配合 BAS 进行调试	在电动组合风阀控制箱的接线端子排上
15	暖通	BAS 对电动防火阀的状态进行监控	硬线接口	BAS 负责地下站电动防火阀(非消防专用)至 RI/O 相应接线端子排的接线和敷设;负责调试;提供的数据和电缆的电源和电动防火阀侧的接线	暖通专业负责各类防火阀的供货和安装,指导电动防火阀的供货,敷设火阀门的供货上的防火阀门)相关接线端子上的接线	在地下站电动防火阀(除设置在专用排烟风管上的防火阀门)相关接线端子上

267

序号	接口专业	接口内容	接口具体要求	本专业负责内容	接口专业负责内容	备注
16	暖通	BAS对冷水机组的状态进行监控	通信接口 MODBUS RTU	BAS负责至冷水群控系统通信网关至的提供、敷设、BAS控制柜控制器的提供、BAS控制柜控制系统通信电缆针头的制作以及冷水群控系统通信接口接线端子排上的接线调试	提供冷水群控系统控制箱内的通信接口及终端电阻，并明确接线端子编号，并在冷水群控系统控制柜内预留相应的夹线空间。负责冷水群控系统通信拨码开关的设置，配合BAS进行调试	在车站冷水机房冷水群控系统的通信接口上
17	暖通	在BAS与温控轴流风机控制柜之间建立电缆连通，实现对温控轴流风机的自动监视和控制	硬线接口	BAS负责至温控轴流风机控制柜内的接口硬线电缆的提供、敷设、BAS控制柜内及温控轴流风机控制柜控制针头的制作以及温控轴流风机控制柜接线端子排上的接线调试	提供温控轴流风机控制柜内的接口接线端子，明确温控轴流风机控制柜内预留相应的夹线空间。负责信号公共端的短接，配合BAS进行调试	在车站/工作井温控轴流风机控制柜的接线端子上
18	暖通	BAS对风机温度及振动状态的报警	通信接口 MODBUS RTU	1. 负责相应接线端子排至BAS模块接端子的提供、敷设和接线。 2. 负责调试	1. 风机监测箱中提供与BAS通信用的接线端子。 2. 配合BAS进行调试	在风机监测箱控制器的接线端子上
19	暖通	BAS对多联分体空调系统进行监控	通信接口 MODBUS RTU	BAS负责多联机转接组至BAS模块接端子排的提供、敷设和BAS模块接针头及多联机转接组件接端子排上的接线。负责调试	暖通专业提供多联机接组件的通信电缆电阻，明确接线端子编号，并在多联机组件顶留相应的夹线空间。负责多联机通信地址的设置，配合BAS进行调试	在多联机接组件通信接口上

序号	接口专业	接口内容	接口具体要求	本专业负责内容	接口专业负责内容	备注
20	电扶梯	BAS监视电梯运行状态及故障报警	通信接口	BAS提供和敷设从电梯控制器到BAS远程控制柜通信端口的通信电缆（3芯），并负责电梯侧的安装接线和BAS侧的接线；负责调试	提供电梯控制箱内相应的通信端口（3个端子，A、B、G），并负责电梯侧的安装接线；配合BAS进行调试	在电梯端口上（顶层控制柜）通信端口的控制器的
21	电扶梯	BAS监视电扶梯的运行状态及故障报警	通信接口	BAS提供和敷设从电扶梯控制器到BAS远程控制柜通信端口的通信电缆（3芯电缆），并负责电扶梯侧和BAS侧的安装接线；负责调试	电扶梯专业提供电扶梯控制箱内相应的通信端口（3个端子，A、B、G），并负责电扶梯侧的安装接线；配合BAS进行调试	在电扶梯控制器的通信端口上（位于基坑）
22	给排水	BAS通过RI/O从变频加压给水装置中采集水泵的状态和水位报警信息	通信接口 MODBUS RTU	BAS提供和敷设从变频加压给水装置到BAS远程控制柜端子排的通信电缆，并负责变频加压给水装置侧和BAS侧的接线	给排水专业提供给水泵控制箱内相应的通信接口，并负责导变频加压给水装置侧的安装接线；配合BAS进行调试	在变频加压给水装置控制箱接口上
23	给排水	BAS通过RI/O从潜污泵控制箱中采集水泵的状态，紧急情况下BAS远程对潜污泵实现启停控制	硬线接口	BAS提供和敷设从潜污泵控制箱到BAS远程控制柜端子排的硬线电缆，并负责潜污泵侧和BAS侧的接线	给排水专业提供潜污泵控制箱内相应的接线端子，并负责导潜污泵侧的安装接线；配合BAS进行调试	在潜污泵控制箱的接线端子上
24	给排水	BAS通过RI/O通信模块从污水密闭提升装置中采集控制箱中采集水泵的状态和水位报警信息	通信接口 MODBUS RTU	BAS提供控制箱到污水密闭提升装置的通信电缆，并负责污水密闭提升装置侧和BAS侧的接线	给排水专业提供污水密闭提升装置闭提升装置的通信接口，并负责导污水密闭提升装置侧的安装接线；配合BAS进行调试	在污水密闭提升装置控制箱的通信端口上
25	给排水	BAS通过RI/O从废水泵控制箱中采集水泵的状态和水位报警信息，监视液位信息	硬线接口	BAS提供和敷设从废水泵控制箱到BAS远程控制柜端子排的硬线电缆，并负责废水泵侧和BAS侧的接线	给排水专业提供废水泵控制箱内相应的接线端子，并负责导废水泵侧的安装接线；配合BAS进行调试	在废水泵控制箱的接线端子上

续附表

序号	接口专业	接口内容	接口具体要求	本专业负责内容	接口专业负责内容	备注
26	给排水/电力	BAS 通过 RI/O 通信网关从区间水泵控制箱中采集水泵的状态和水位信息。紧急情况下，实现对区间水泵的远程控制	通信接口 MODBUS RTU	BAS 提供和敷设从水泵控制箱到通信电缆，并负责 BAS 侧的接线；负责调试	给排水专业提供水泵控制箱内相应的通信接口，并指导区间雨水泵控制箱 BAS 侧的接线；配合 BAS 进行调试	在区间雨水泵控制箱内的通信接口上
27	设备区装修			BAS 负责提供设备基础数据，负责专业在墙体上的管线开槽敷设、开槽补修及穿越墙体砌筑墙的洞口预留，对风口安装位置提出要求，及提出其他要求	负责按设计图纸标准及系统所需要求提供设备基础、墙体、墙面、门窗、地面处理、静电地板、吊顶、照明、空调设备、装修等附属配件等施工。负责设备房所有洞口的防火封堵、防水封堵	通用做法
28	设备区装修	综合支吊架	各专业桥架管道的综合安装	提供槽道的基础数据(截面积、单位承重量等)	根据 BAS 专业要求完成综合支吊架的安装	通用做法
29	电力	BAS 对变电所的能量采集及区间机电设备的监控	通信接口 MODBUS RTU	BAS 提供并敷设管理机到变电所 PLC 的通信光缆、光缆两端的光端机或通信电缆(长距离)或通信网 TAP 头、终端电阻；负责调试	电力专业提供低压变电所管理机所需的通信接口；负责通信协议的转换；配合 BAS 进行调试	在低压变电所通信管理机的通信接口上
30	建筑	BAS 通过 RI/O 从人防门门信号箱中采集人防门的开关门到位状态	硬线接口	BAS 提供和敷设从人防门控制箱到远程控制箱端子排的硬线电缆，并负责 BAS 侧的安装接线；负责调试	人防门专业提供人防门信号箱内相应的接线端子，并指导人防门侧的接线；配合 BAS 进行调试	在区间防护密闭隔断门附近的信号箱出换端子上
31	OCC	OCC 低压配电专业中央级 BAS BAS 系统设备电源	硬线接口	BAS 负责中央级 UPS 至 BAS 双电源切换电源电缆的提供、敷设、端子的制作以及接线并负责接口调试	OCC 低压配电专业提供相关的 BAS 双电源切换端子，明确端子编号，并配合接口调试	在 OCC 中央控制室的 BAS 双电源切换箱出换端子处

附表 9　通风空调专业接口关系

序号	接口专业	接口内容	接口具体要求	本专业负责内容	接口专业负责内容	备注
1	FAS	FAS监控消防排烟风机的运行状态	硬线接口	暖通专业提供消防排烟风机控制箱的相关接线端子、明确接线端子编号，并预留相应的走线空间，配合接口调试	FAS负责FAS输入、输出模块至消防排烟风机控制箱的电源、信号二总线的提供、敷设、端头制作以及接线并负责接口调试	在消防排烟风机控制箱的接线端子上
2	FAS	实现FAS对消防排烟风机的紧急操作	硬线接口	暖通专业提供排烟风机控制箱的相关接线端子、明确端子编号，并预留相应的走线空间，配合接口调试	FAS负责IBP盘（消防联动控制盘）至排烟风机控制箱的电缆的提供、敷设及接线作以及接线并负责接口调试	在消防排烟风机控制箱端子上
3	FAS	FAS监控电动风阀的运行状态	硬线接口	暖通专业提供电动风阀执行器的相关接线端子、明确端子编号，并预留相应的走线空间，配合接口调试	FAS负责FAS输入、输出模块至电动风阀执行器的电源、信号二总线的提供、敷设、端头制作以及接线并负责接口调试	在电动风阀执行器接线端子上
4	FAS	FAS监控防火阀的运行状态	硬线接口	暖通专业至防火阀FAS输入模块总线的提供、敷设、端头的制作以及接线并负责接口调试	FAS负责FAS输入模块至防火阀执行器的信号二总线的提供、敷设、端头的制作以及接线并负责接口调试	在防火阀的接线端子上
5	BAS	BAS对电动防火阀的状态进行监控	硬线接口	暖通专业负责各类防火阀的供货和安装，指导电动防火阀侧的安装接线，配合BAS进行调试	BAS负责地下站电动防火阀（非消防专用）至RI/O相应接线端子排的控制电缆的提供、敷设和接线；负责调试；负责提供电动防火阀的电源和电缆的敷设和接线	在地下站电动防火阀（除设置管路专用排烟风阀的防火阀）相关接线端子上
6	BAS	BAS监视电动组合风阀、电动风阀的相关状态信息，对阀门进行控制	硬线接口	负责电动风阀相应的接线端子排，提供并指导电动风阀侧的安装接线；配合BAS进行调试	BAS负责电动组合风阀至RI/O相应接线端子排的控制电缆的提供、敷设和接线	在电动组合风阀控制箱的接线端子上

序号	接口专业	接口内容	接口具体要求	本专业负责内容	接口专业负责内容	备注
7	BAS	BAS 对冷水机组的状态进行监控	通信接口 MODBUS RTU	暖通专业提供冷水机组群控系统控制柜内的通信接口接线端子及终端电阻，明确端子编号，并在冷水机组群控系统接线箱内预留相应的走线空间负责冷水机组群控系统通信拨码开关的设置。配合 BAS 进行调试	BAS 负责冷水机组群控系统通信网关至 BAS 控制器的通信电缆的提供、敷设，BAS 控制柜控制针接口制作以及冷水机组群控系统通信接口接线。端子排上端子制作。配合 BAS 负责调试	在车站冷水机房冷水机组群控系统冷水机组通信接口上
8	BAS	在 BAS 与温控抽风机控制柜之间建立电缆连通，实现对温控抽风机的自动监视和控制	硬线接口	提供温控抽风机控制柜内的接口接线端子、明确端子编号，并在温控抽风机控制柜内预留相应的走线空间。负责信号公共端的短接。配合 BAS 进行调试	BAS 负责温控抽风机控制柜至 BAS 模块接线端子排的控制电缆线缆的提供、敷设，BAS 控制柜端子排制作以及温控抽风机控制柜控制针接线端子排上接口的接线。负责调试	在车站/工作在温控抽风机控制柜的接线端子上
9	BAS	BAS 对风机温度及振动状态的报警	通信接口 MODBUS RTU	1. 完风机监测箱用的通信端子及终端电阻，明确端子编号； BAS 通信端子排 2. 配合 BAS 进行调试	1. 负责风机监测箱至 BAS 模块相应接线端子排电缆的提供、敷设和接线。 2. 负责调试	在风机监测箱控制的接线端子上
10	BAS	BAS 对多联分体空调系统进行监控	通信接口 MODBUS RTU	暖通专业提供多联机转接组件接线端子及终端电阻，明确端子编号，并在多联机组转接件预留相应的走线空间，并在多联机通信地址的设置负责多联机转接组件 BAS 进行调试	BAS 负责多联机接接件至BAS模块接线箱的提供、敷设和 BAS 模块针转接开关的制作以及多联机转接组件上的接口的接线。负责调试	在多联机转接箱接线端组件通信接口上

序号	接口专业	接口内容	接口具体要求	本专业负责内容	接口专业负责内容	备注
11	低压配电	为暖通设备专业提供配电箱。为暖通设备专业至区间的风机提供配电箱	按照暖通专业要求提供低压配电箱,提供低压配电电缆引至设备控制柜的电缆和手操箱,配合暖通专业安装调试	负责通风设备及接线	负责按照暖通专业要求提供低压配电的配电箱,提供低压配电电缆引至"通风设备至设备控制柜"的电缆和手操箱,并负责安装测试;配合暖通专业安装调试	内部接口
12	公共区装修	风口、检修口	风口及检修口与吊顶、墙面关系	负责按图纸需求对风口进行安装	提供标高及安装位置,按需求提供检修口	
13	电力	风机端子排	风机控制柜与风机本体的连接,风机控制柜与风机的接口调试	配合风机控制柜至风机接口调试	负责提供风机端子排至风机控制柜处电缆的连接,负责风机控制柜至风机的接口调试	
14	房建	环控与房建	按图纸预留常闭排烟口孔洞和通风孔洞,并配合风阀的安装	负责核查校验土建预留排烟口孔洞和通风孔洞,并负责安装	负责按图纸预留常闭排烟口孔洞,并配合风阀的安装	
15	土建	土建工程制作、预留预埋及钢制预埋件、结构风道及孔洞、管路所需孔洞	土建预留预埋项目,承包人负责在其基础上安装设备、管路和风口	负责预留、预埋及钢制预埋件、结构风道及孔洞、管路所需孔洞的核查校验	负责站及区间的预留、预埋项,钢制预埋件、结构风道及孔洞、管路所需孔洞的施工	
16	信息化系统	提供数据编码、信息、文件、相应接口条件	负责按照设计图纸要求核查并检查低压配电、防雷接地部分预埋、预留项目,核对低压配电用房净空、净宽,结构质量是否满足设计及规范要求	根据温州市域轨道数据中心接口规范要求提供数据编码、信息、文件、相应接口条件等	提供温州市域轨道数据中心接口规范	

附表 10　给排水空调专业接口关系

序号	接口专业	接口内容	接口具体要求	本专业负责内容	接口专业负责内容	备注
1	FAS	FAS 监视消防泵、稳压泵、液位仪、电磁阀的运行及故障状态	硬线接口	消防水系统提供消防泵、稳压泵、液位仪、电磁阀的相关接线端子，明确相应的走线空间，并配合接口调试	FAS 负责 IBP 盘（或消防联动控制盘）至消防泵、稳压泵、电磁阀的控制电缆的提供、敷设，并负责接口调试	在消防泵、稳压泵控制箱控制的信号输出端子线端子上
2	FAS	FAS 监视水流指示器、安全信号阀、湿式报警状态	硬线接口	消防水系统提供水流指示器、安全信号阀、湿式报警阀的相关接线端子，明确相应的走线接线端子编号，并配合接口调试	FAS 负责 FAS 输入模块至水流指示器、安全信号阀、湿式报警阀的信号二总线的提供、敷设，端头的制作以及接线，并负责接口调试	在水流指示器、安全信号阀、湿式报警阀等设备接线的信号端子上
3	FAS	FAS 监控消火栓箱起泵按钮的运行状态	硬线接口	消防水系统在消火栓箱内预留起泵按钮安装位置及走线空间，并配合接口调试	FAS 负责消火栓箱的起泵线及至 FAS 信号二总线的提供、敷设，端头的制作以及接线，并负责接口调试	在消火栓箱起泵按钮的信号输出端子上
4	BAS	BAS 通过 RI/O 通信网关从区间雨水泵控制箱中采集水泵的状态和水位报警信息紧急情况下，实现对区间水泵的远程控制	通信接口 MODBUS RTU	给排水专业提供水泵控制箱内相应的通信接口，并指导排区间雨水泵侧的安装接线；配合 BAS 进行调试	BAS 提供和敷设从水泵控制箱到 BAS 远程控制柜的通信电缆，并负责排区间雨水控制箱的通信接口上侧的接线；负责调试	在区间雨水控制箱的通信接口上
5	BAS	BAS 通过 RI/O 从变频加压给水装置中采集水泵的状态和水位报警信息	通信接口 MODBUS RTU	给排水专业提供水泵控制箱内相应的通信接口，并指导变频加压给水装置侧的安装接线；配合 BAS 进行调试	BAS 提供和敷设从水泵控制箱到 BAS 远程控制柜的通信电缆，并负责变频加压给水装置侧和 BAS 变频控制装置通信接口上	在变频加压给水控制装置通信接口上

序号	接口专业	接口内容	接口具体要求	本专业负责内容	接口专业负责内容	备注
6	BAS	BAS通过RI/O从潜污泵控制箱中采集潜污泵的状态和水位报警信息,紧急情况下BAS远程对潜污泵实现启停控制	硬线接口	给排水专业提供潜污泵控制箱内相应的接线端子,并指导潜污泵侧的安装接线;配合BAS进行调试	BAS提供和敷设从潜污泵控制箱到BAS远程控制柜端子排的硬线电缆,并负责潜污泵侧和BAS侧的接线;负责调试	在潜污泵控制箱的接线端子上
7	BAS	BAS通过RI/O通信模块从污水密闭提升装置控制箱中采集污水泵的状态和水位报警信息	通信接口 MODBUS RTU	给排水专业提供污水密闭提升装置控制箱内的通信接口,并指导污水密闭提升装置侧的安装调试	BAS提供和敷设从污水密闭提升装置控制箱到通信模块的通信电缆,并负责污水密闭提升装置侧和BAS侧的接线;负责调试	在污水密闭提升装置接口上
8	BAS	BAS通过RI/O从废水泵控制箱中采集废水泵的状态和水位报警信息,监视液位信息	硬线接口	给排水专业提供废水泵控制箱内相应的接线端子,并指导废水泵侧的安装接线;配合BAS进行调试	BAS提供和敷设从废水泵控制箱到BAS远程控制柜端子排的硬线电缆,并负责废水泵侧和BAS侧的接线;负责调试	在废水泵控制箱的接线端子上
9	低压配电	1. 为给排水专业提供前端配电箱。2. 为给排水专业提供敷设电缆(配电箱至给排水设备控制柜)。3. 为区间水泵房提供配电箱	负责按照给排水专业要求提供低压配电的配电箱,提供低压配电的电缆,引至"给排水设备控制柜",并配合专业安装调试	负责提供自带设备控制柜,负责提供设备间线缆,给排水设备间至给排水设备控制柜	负责按照给排水专业要求提供低压配电箱,提供低压配电的电缆,并引至"给排水设备控制柜",配合给排水设备间安装测试;配合给排水专业安装调试	内部接口
10	电力	水泵控制柜端子排	水泵控制柜与水泵的连接,风机控制柜与风机的接口调试	负责水泵本体至水泵控制柜处线缆的连接,配合水泵控制柜与水泵的接口调试	负责提供水泵控制柜端子排处接线端子,负责水泵控制柜的接口调试	

序号	接口专业	接口内容	接口具体要求	本专业负责内容	接口专业负责内容	备注
11	公共区装修	1. 提供消防箱柜、冲水栓及管网预留项。2. 提供公共区卫生间给排水引入管道安装	室内消防设施由给排水专业负责（装修施工单位负责安装消防箱柜、冲水栓及管网），公共区卫生间卫生器具、公共区地漏等设备及给排水管道连接由装修单位负责，给排水专业负责配合	负责提供消防箱柜、冲水栓及管网安装。提供公共区卫生间给排水引入管道安装	负责公共区消防箱柜的装饰装门内。负责公共区卫生间卫生器具、公共区地漏等设备	
12	土建	1. 核对检查给排水预留、预留项。2. 核对集水坑、水泵房是否满足设计及规范要求。3. 提供引入污水管。4. 土建提供消防水池、水箱。5. 土建预埋、预留穿越人防须为钢套管项目满足人防验收规范要求	负责按照设计图纸要求核对并检查给排水土建部分预埋、预留项目，核对水池水箱、集水坑、水泵房净空、结构质量是否满足设计及规范要求	1. 负责按照设计图纸要求核对并检查给排水土建部分预埋、预留项目，核对水池水箱、集水坑、水泵房净空、结构质量是否满足设计及规范要求。2. 污水以化粪池为界，给排水以化粪池提供、土建以化粪池专业负责接入	按设计图纸要求结构内预埋预留项目处。土建提供消防水池、粪池水池。土建提供消防水箱否、水箱。土建预埋、预留项埋、预留穿越人防须为钢套管满足人防验收规范要求	
13	与市政自来水管网连接	市政给水引入管与车站给水系统连接	负责总水表系统给水系统至市政给水管网接合市政自来水管至总水表井及总水表井的施工、安装	负责给水以室外水表井门为界（水表井后车站井、水表、水表配套水阀不属于本专业工程范围（含水表井以内水管），水表井后最后一个水阀门以内的管）属本工程范围（车站3 m范围以内）	负责将水表井引至车站3 m范围以内、水表、水表配套水阀等的施工安装	

序号	接口专业	接口内容	接口具体要求	本专业负责内容	接口专业负责内容	备注
14	市政排水管网	市政排水管网与车站排水连接	负责排水管线连接段与车站配合排水检查井、排水检查井与市政排水管线的连接施工	负责排水检查井与车站连接段施工，排水管线与市政排水管线的连接施工	负责排水检查井、排水检查井与市政排水管线的连接施工	
15	信息化系统	提供数据编码、信息、文件、相应接口条件	负责按照并检查设计图纸要求对并检查低压配电、防雷接地部分预埋、预留项目，核对低压配电用房净空、净宽、结构质量是否满足设计及规范要求	根据温州市域轨道数据中心接口规范要求的接口提供数据编码、信息、文件、相应接口条件等	提供温州市域轨道数据中心接口规范	

附表11　自动扶梯、垂梯专业接口关系

序号	接口专业	接口内容	接口具体要求	本专业负责内容	接口专业负责内容	备注
1	通信	远程监视电梯轿厢内情况,实现电梯五方通话	通信专业负责电梯控制柜与车控室之间的通话装置及通信信缆,负责视频及通信信缆	电扶梯至电梯控制柜内的专用电话接线端,以及轿厢内电话接收和摄像头的安装及采购	通信专业负责电梯五方对讲电话控制电缆监控线缆敷设以及对讲电话的管线敷设到电源和电梯机房或电梯控制箱	电梯控制箱
2	FAS	火灾时FAS通过输出模块来控制电梯停靠地面层或出入口层,通过输入模块接收电梯故障及迫降完成的动作信号	硬线接口	电梯系统提供电梯控制箱上的通信接口,明确接口编号,并在控制箱内预留相应的安装空间,配合接口调试	FAS负责FAS模块至电梯控制箱的提供、敷设,端头的制作以及接线并负责接口调试	在电梯控制箱上的接线端子上
3	BAS	BAS监视扶梯的运行状态及故障报警	通信接口	电扶梯专业提供扶梯控制箱内相应的通信接口(3个端子、A、B、G),并指导扶梯侧的安装;配合BAS进行调试	BAS提供和敷设从扶梯控制器到BAS远程控制柜通信端口的通信电缆(3芯电缆),并负责扶梯侧和BAS侧的安装接线;负责调试	在扶梯控制箱的通信端口上(位于上基坑)
4	BAS	BAS监视电梯的运行状态及故障报警	通信接口	提供电梯控制箱内相应的通信端口(3个端子、A、B、G),并指导电梯侧的安装;配合BAS进行调试	BAS提供和敷设从电梯控制器到BAS远程控制柜通信端口的通信电缆(3芯),并负责电梯侧和BAS侧的安装接线;负责调试	在电梯控制箱上的通信端口上(顶层电梯控制柜)
5	ISCS	ISCS实现对扶梯的后备紧急控制	硬线接口	电扶梯控制柜至IBP盘接线端子处的电缆,负责向ISCS提供IBP上急停按钮及指示灯的设置要求,并负责配合电扶梯进行调试	ISCS按电扶梯专业要求,在IBP盘上统一设置急停按钮及指示灯,并配合电扶梯进行调试	在IBP盘的接线端子排上

序号	接口专业	接口内容	接口具体要求	本专业负责内容	接口专业负责内容	备注
6	ACS（门禁）	设置梯控系统，电梯根据设置的权限刷卡以刷卡的方式到设备层	硬线接口或通信接口	电梯专业提供相关接线端子（通信接口），明确接口编号，并随行相应的走线空间，电梯配合相应电缆的提供、敷设、调试接口预留电梯预留读卡器等接口设备安装空间	ACS负责电梯控制箱至门禁电梯控制器（控制器）的控制电缆（通信电缆）的提供、敷设、端头的制作以及接线，负责读卡器提供门禁调试门禁提供卡器等梯控设备	在电梯控制箱的接线端子或通信接口处
7	低压配电	1. 提供双电源（用于火灾疏散的电扶梯）。2. 提供配电箱（不用于火灾疏散的电扶梯）。3. 提供敷设电缆（电源至电梯自带控制箱）	负责按照电扶梯专业要求提供低压配电的双电源配电箱（配电箱），提供电缆引至电梯自带控制箱，并负责电扶梯安装；配合电扶梯专业测试调试	负责电扶梯自带控制箱至设备的线缆敷设及接线	负责按照电扶梯专业配电要求提供低压配电箱（配电箱），提供电缆引至电梯自带控制箱低压配电箱的电源	
8	公共区装修	确定自动扶梯、电梯数量、布置位置；确定承担紧急疏散任务的自动扶梯升高度；确定电梯提升高度、停靠层站数、开门方向；嵌入式导向牌体的安装	电梯的层门门套安装之后，由装修专业完成最后安装修接口	1. 电扶梯专业提供自动扶梯典型工艺布置图及技术要求。2. 电梯典型工艺布置图及技术要求。3. 电梯承包商配合嵌入式导向牌的开孔及走线调试工作	装修专业提供地面装修层大样图、地面层装修材料等；电梯的层门门套安装之后，由装修专业完成安装接口；装修负责无障碍电梯导向牌的制作与安装	

序号	接口专业	接口内容	接口具体要求	本专业负责内容	接口专业负责内容	备注
9	土建	确定自动扶梯、电梯数量、布置位置;确定自动扶梯提升高度;确定承担紧急疏散任务的自动扶梯数量和位置;确定电梯提升高度、停靠层数、开门方向	土建提供基坑、井道和吊钩,并满足电梯设备要求;土建预留扶梯安装孔洞及吊钩;为预埋件二次浇注提供条件	电扶梯专业提供自动扶梯典型工艺布置图及技术要求;电梯典型工艺布置图及要求	土建提供车站主体、出入口及其他通道相关平面图、剖面图、总图、楼梯详图等;自动扶梯、电梯数量、位置、提升高度、停靠层站数、开门方向等;承担紧急疏散任务的自动扶梯数量和位置;自动扶梯、电梯、轮椅升降台各停靠站处的建筑标高及定位尺寸	
10	信息化系统	提供数据编码、信息、文件、相应接口条件	中标单位应指定专人负责温州市域轨道交通数据中心各项接口工作,参加温州市域轨道交通数据中心相关培训,全力配合温州市域轨道交通数据中心建设、资产管理及生产管理项目的实施。后期运营涉及与数据中心要求的数据编码、信息、文件、接口严格按照《温州市域轨道交通数据中心接口规范》执行。中标单位不得以此为由增加任何商务要求	根据温州市域轨道数据中心接口规范要求提供的数据编码、信息、文件、接口条件	提供温州市域轨道数据中心接口规范	

附表 12　低压配电专业接口关系

序号	接口专业	接口内容	接口具体要求	本专业负责内容	接口专业负责内容	备注
1	信号	1. 提供两路独立、不带切换的输入电源。 2. 提供敷设电缆（配电箱至防雷箱，信号专业负责接线）。 3. 提供接地端子箱。 4. 信号设备室法拉第笼（砖墙内）施工	低压配电专业在正线各设备集中站信号设备用房提供两路相互独立的三相五线 AC 380 V 一级负荷正线各设备集中站非设备集中站提供单相三线 AC 220 V 一级负荷电源及接地端子箱。负责信号设备室法拉第笼（砖墙内）的施工	1. 负责按照信号专业要求提供电源。 2. 提供低压配电的电缆引至机房，负责双电源箱接线，并负责安装。 3. 提供弱电接地端子排（接地端子数量不少于16个，接地电阻小于1Ω）及其附件，并负责安装测试。 4. 配合信号专业施工、安装、调试。 5. 负责信号设备室（砖墙内）处法拉第笼安装	1. 负责防雷箱处接线。 2. 负责从接地端子排处引接至本专业设备。 3. 负责提供信号设备室法拉第笼施工安装要求	
2	通信	低压配电为通信根据通信系统要求，在车站通信电源室、公安通信设备室、民用通信设备室提供一级负荷电源	通信专业提供要求，包含切换箱位置、回路配置、输入空开定值；低压配电根据通信的要求，提供三相五线制电源到两路电源切换箱	负责按照通信配电专业的双电源箱提供低压配电的双电源箱安装调试配合通信专业安装调试	负责从双电源箱低压断路器出线下端引接至本设备备进线电缆至本设备处负责接口测试	分界点：车站通信室两路切换电源备本设备输出馈线端
3	通信	低压配电为通信、公安通信设备室、民用通信设备室提供接地端子排，接地电阻不大于1Ω	通信提出接地要求（包括接地端子数量）	提供接地端子排，配合接口测试调试；配合接口测试	负责从接地端子排处引接至本设备通信负责接口测试	车站通信室电源输出通信接地的端子排

序号	接口专业	接口内容	接口具体要求	本专业负责内容	接口专业负责内容	备注
4	通信	1. 低压配电在车站为 DAS 大屏及光接收器提供电源。2. 低压配电在车站为 DAS 大屏提供接地，接地电阻不大于 1Ω	1. 共 6 个低压配电机场站、温州站、高铁站等提供电源，每个车站 2 个大屏接收器提供电源。类型：10 A 空气隔离开关；配接口：物理接口：配置相应的防雷保护。温度端子。2.6 个低压配电在机场站、温州站、高铁站为 DAS 大屏提供接地，每个车站 2 个大屏接地，接地端子箱提供接地端子排处	1. 在车站由电力专业提供符合通信要求的电源（交流配电到配电箱由动力照明专业提供）；配置相应的防雷保护测试。2. 提供接地端子排，配合调试；配合接口测试	1. 提出要求（包括配电箱位置），负责接口测试。2. 提出要求（包括端子数量），负责接地端子排端子数量），负责接口测试	分界点：站厅显示屏接口屏附近的
5	AFC	实现 AFC 系统与低压配电系统的连接，为 AFC 设备提供电力和接地保护	电源要求：一级负荷。电源接口位置：双电源切换箱低压断路器出线下端口。接地接口位置：接地端子箱接地端子排处	低压配电专业按照 AFC 专业要求提供低压电的双电源及照明接地端子箱，并负责安装调试配合 AFC 专业安装调试	AFC 专业提供电源容量、位置，及接地要求；负责从双电源箱低压断路器出线下端口引至接进线电缆口至 AFC 设备接口处；负责从 AFC 设备端子箱接地端子排引接至 AFC 设备	
6	FAS	火灾情况下，FAS 切除非消防电源	硬线接口	低压配电系统提供非消防负荷的接口端子，明确端子编号，并预留相应的走线空间，配合接口调试	FAS 负责消防切非模块至非消防配电箱励磁脱扣器编号一总线的电源及信号二总线的提供、敷设、端头的制作以及接线并负责接口调试	在低压配电箱电回路脱磁扣器的出线端子上
7	FAS	火灾情况下，FAS 强启应急照明	硬线接口	低压配电箱照明配电箱强启相应照明配电箱的接口端子，明确端子编号，并配合接口调试	FAS 负责 FAS 输入/输出模块至应急照明配电箱的电源及信号二总线的提供、敷设、端头的制作以及接线并负责接口调试	在应急照明配电箱/柜端子排外侧

序号	接口专业	接口内容	接口具体要求	本专业负责内容	接口专业负责内容	备注
8	FAS	低压专业为 FAS 设备供接地端子	硬线接口	低压配电系统提供弱电接地的相关端子，明确排接端子编号，并配合接口调试	FAS 负责 FAS 设备至弱电接地排接地电缆的提供、敷设、接头端子接线，以及负责接口调试	在车控室、消防控制室弱电接地端子上
9	FAS	低压配电专业为 FAS 主机和气灭控制箱提供电源	硬线接口	低压配电专业为 FAS 主机和气灭控制箱提供双电源，提供电源出线端端子	FAS 专业负责接双电源至切换箱出线端处	在双电源切换箱出线端处
10	BAS	BAS 对低压智能通信系统进行监控	通信接口 MODBUS TCP	低压配电提供智能低压通信管理器以安装 TAP 头，通信协议的转换；配合 BAS 进行调试	BAS 提供并敷设、安装从智能低压管理器到车站或区间 PLC 的通信光缆、光缆两端的光电转换设备（长距离）或通信电缆，以及所需通信网 TAP 头、终端电阻；负责调试	各车站智能低压系统
11	BAS	BAS 对智能照明进行监控	通信接口 MODBUS RTU	低压配电提供智能照明主机接口，并在智能照明主机箱内预留相应的走线空间。调试	BAS 负责连接电缆的提供、敷设、调试	在车控室附近智能照明控制箱接口上
12	BAS	BAS 系统监视 EPS 的运行状态	通信接口 MODBUS RTU	低压配电提供 EPS 柜内的端子及终端电阻，明确端子编号，并在 EPS 柜内预留相应的走线空间。负责 EPS 通信拨码开关的设置。配合 BAS 进行调试	BAS 负责 EPS 通信网关至 BAS 控制器的通信电缆的提供、敷设和 BAS 控制柜端柜 EPS 端子排上的作以及排接上的接线。负责调试	在车站／区同变电所 EPS 通信接口上

序号	接口专业	接口内容	接口具体要求	本专业负责内容	接口专业负责内容	备注
13	BAS	低压专业为 BAS 系统 UPS 提供电源	硬线接口	低压配电提供 BAS 双切电源切换箱的相关接线端子，明确端子编号，并配合接口调试	BAS 负责 UPS 至双切电源切换箱电缆的提供、敷设、端头的制作以及接线，并负责接口调试	在地下站环控电控室、站厅层站设备室强弱电高架
14	BAS/ACS	低压专业为 BAS/ACS 提供接地端子排	硬线接口	低压配电提供弱电接地排的相关接线端子，明确端子编号，并配合接口调试	BAS/ACS 负责 BAS/ACS 设备至接地端子排接地电缆的提供、敷设、端头的制作以及接线，并负责接口调试	在车控室、环控电控室、弱电设备间、消防电端室弱电接地端子上
15	BAS	在 BAS 与轴流风机控制柜之间建立电缆连通，实现对轴流风机的自动监视和控制	硬线接口	提供轴流风机控制柜内的接口接线端子，并在轴流风机控制柜控制柜内预留相应的夹线空间。负责公共端的短接。配合 BAS 进行调试	BAS 负责轴流风机控制柜至 BAS 模块接线电缆的提供、敷设，BAS 作轴流风机控制柜针对轴流风机控制作的接线以及接线端子排上的接线。负责接口调试	在车站/工作井轴流风机控制柜接线端子上
16	BAS	在 BAS 与排热风机控制柜之间建立通信通道，实现对排热风机的自动监视和控制	通信接口 MODBUS RTU	提供排热风机控制柜内的接口接线端子及终端电阻，明确端子编号并在排热风机控制柜内预留相应的夹线空间。负责变频控制相应设置配合 BAS 进行调试	BAS 负责通信控制器至通信控制柜通信电缆的提供、敷设，BAS 作排热风机控制柜针对排热风机控制作的接线以及接线端子排上的接线。负责调试	在车站排热风机控制柜的通信接口上

序号	接口专业	接口内容	接口具体要求	本专业负责内容	接口专业负责内容	备注
17	BAS	在 BAS 与射流风机控制柜之间建立通信通道，实现对射流风机的监视和控制	通信接口 MODBUS RTU	提供射流风机控制柜控制柜内的接口接线端子排，明确接线端子编号，并在射流风机控制柜内预留相应的走线空间。负责射流风机控制柜通信拨码开关的设置配合 BAS 进行调试	BAS 负责射流风机至控制柜的通信电缆的提供、敷设，BAS 射流风机控制柜针尖的控制柜作以及射流风机控制柜上的接线端子排上的接线。负责调试	在隧道风机控制柜的通信接口上
18	BAS	在 BAS 与隧道风机控制柜之间建立通信通道，实现对隧道风机的自动监视和控制	通信接口 MODBUS RTU	提供隧道风机控制柜控制柜内的接口接线端子排，明确接线端子编号，并在隧道风机控制柜内预留相应的走线空间。负责隧道风机控制柜通信拨码开关的设置配合 BAS 进行调试	BAS 负责隧道风机至控制柜的通信电缆的提供、敷设，BAS 隧道风机控制柜针尖的控制柜作以及隧道风机控制柜接线端子排上的接线。负责调试	在车站/区间环控机房隧道风机控制柜的通信接口上
19	BAS	BAS 监视电动组合风阀、电动阀合风阀的相关状态信息，对阀门进行控制	硬线接口	负责电动风阀的供货，提供相应的接线端子排，并指导电动风阀侧的安装接线；配合 BAS 进行调试	BAS 负责电动风阀至 RI/O 相应控制排的电缆的提供、敷设和接线；负责调试	在电动组合风阀控制箱的接线端子排上
20	气灭	低压配电气灭提供接地端子	硬线接口	低压配电端子接地端子排	气灭专业负责接线至气灭接地端子处	气瓶间的气灭接地端子接地端处
21	气灭	低压配电为气灭控制箱提供双电源	硬线接口	低压配电和气灭控制箱为 FAS 主机和气灭控制箱提供双电源，提供接线端子	气灭专业负责接线至双电源切换箱出线端处	在双电源切换箱出线端处

序号	接口专业	接口内容	接口具体要求	本专业负责内容	接口专业负责内容	备注
22	电扶梯	1. 提供双电源（用于火灾疏散的电扶梯）。2. 提供配电箱（不用于火灾疏散的电扶梯）。3. 提供敷设电缆（电源箱至电扶梯自带控制箱）	负责按照电扶梯专业要求提供低压配电的双电源箱及弱电端子箱（配电箱），提供低压配电的电缆引至电扶梯自带控制箱，并负责安装测试；配合电扶梯专业安装调试	负责按照电扶梯专业要求提供低压配电的双电源箱（配电箱），提供低压配电的电缆引至电扶梯自带控制箱；配合电扶梯专业安装调试	负责电扶梯自带控制设备至设备的线缆及接线	
23	安全门（屏蔽门）	1. 提供双电源。2. 提供接地端子箱	负责按照安全门（屏蔽门）专业要求提供低压配电的双电源箱及弱电接地端子箱，并负责安装测试；配合安全门（屏蔽门）专业安装调试	负责按照安全门（屏蔽门）专业要求提供低压配电的双电源箱及弱电接地端子箱（配电箱），并负责安装测试；配合安全门（屏蔽门）专业安装调试	负责从电源断路器下端出线引至本设备进线处。负责从接地端子排处引接至本设备	
24	暖通	为暖通设备专业提供前端配电箱（配电箱至暖通设备敷设电缆）；为暖通至区间的风机提供配电箱	负责按照暖通专业要求提供低压配电的配电箱，提供低压配电的电缆引至"通风设备控制柜和手操箱"，并负责安装测试；配合暖通专业安装调试	负责按照暖通专业要求提供低压配电的配电箱，提供低压配电的电缆引至"通风设备控制柜和手操箱"，并负责安装调试	负责通风设备至控制柜设备数量及设备间接线	内部接口
25	给排水	为给排水设备专业提供前端配电箱（配电箱至给排水设备敷设电缆）；为区间水泵房提供配电箱	负责按照给排水专业要求提供低压配电的配电箱，提供低压配电的电缆引至"给排水设备控制柜"，并负责安装测试；配合给排水专业安装调试	负责按照给排水专业要求提供低压配电的配电箱，提供低压配电的电缆引至"给排水设备控制柜"，并负责安装测试；配合给排水专业安装调试	负责提供控制柜，负责提供设备至控制柜的电缆，设备间线缆	内部接口

序号	接口专业	接口内容	接口具体要求	本专业负责内容	接口专业负责内容	备注
26	电力	1. 接引0.4 kV开关柜出线电缆; 2. 接引总等电位连接端子箱(MEB)至接地端子箱(LEB)	低压配电负责自0.4 kV低压开关柜馈线断路器下端至专用电设备之间的连接,并负责此连接的正确性测试;负责自供电系统总等电位连接端子箱(MEB)至接地端子箱(LEB)的连接的正确性测试;配合供电专业提供电力0.4 kV电源开关总等电位提供低压配电专业总等电位连接端子板(MEB)	负责自0.4 kV低压开关断路器下端至专用电设备的连接,并负责此连接的正确性测试;负责自供电系统总等电位连接端子箱(MEB)至接地端子箱(LEB)的连接的正确性测试;配合供电专业提供电力0.4 kV电源开关总等电位的安装调试	负责给低压配电专业供给低压开关柜,给低压配电专业提供电位总等电位连接端子板(MEB)	分界点: 1. 总等电位连接端子板(MEB)下端。2. 0.4 kV低压馈线开关柜馈线断路器下端
27	接触网	车站附近(距离所亭1 km内)电动隔离开关操作机构电源接线数设、连接等	电动隔离开操作机构电源电缆数设、连接等	负责将由配箱引至机动隔离开关的操作电源电缆引入电动操作机构箱内,并与电动操作机构箱内的端子排连接	负责隔离开关电动操作机构箱的安装	
28	变电	两路相互独立的三相交流电源	提供变电专业网房两路相互独立的三相交流电源	负责按照配电房设备的双电源箱安装测试;配合变电专业电缆安装调试	负责从双电源箱出线下端电缆进线电缆至本设备接口处	
29	变电	接地端子	提供变电专业网开关控制屏设备用房接地线接地端子	负责按照变电专业要求提供接地端子安装测试;配合变电专业安装调试	负责从接地端子引接至本设备	
30	变电	综合管线通道	提供综合管线通道	预留综合管线通道	车站内控制电缆数设	

序号	接口专业	接口内容	接口具体要求	本专业负责内容	接口专业负责内容	备注
31	公共区装修	提供配电箱	与建筑装修照明[站厅、站台公共区(含出入口)照明、标识照明]的接口下端口为界,从断路器内到断路器下口到灯具的电管、线缆及灯具等由建筑装修及灯具专业负责	负责按照公共区装修的配电源箱,并负责安装测试;配合公共区装修安装调试	负责配电箱内断路器下端口为界,从断路器下口到灯具的电管、线缆及灯具等安装	
32	公共区装修(防火卷帘)	1.提供双电源箱。2.提供敷设电缆(双电源箱至防火卷帘设备控制柜)	负责按照防火卷帘设备要求提供电源;提供双电源箱至防火卷帘设备控制柜的电缆敷设;配合人防设备的施工、安装、调试	负责按专业要求提供低压配电源箱;配合公共区装修安装调试	负责自带控制箱至设备的线缆敷设及接线。负责提供并敷设双电源箱至自带控制箱电缆,负责安装测试	
33	人防	1.提供配电箱。2.提供敷设电缆(配电柜至人防设备控制柜)。3.提供各类防护门(人防门、淹门、区间隔断门、清洁式进风/排风门等)	负责按照人防设备要求提供电源;提供配电柜至人防设备的控制柜电缆敷设;配合人防设备的施工、安装、调试	负责按照人防配电的电源箱,提供低压配电的电缆引至自带控制箱,并负责安装测试;配合人防安装调试	负责自带控制箱至设备的线缆敷设及设备接线	
34	土建	1.核对并检查低压配电预留项。2.核对并测试防雷接地预留件。3.核对低压配电用房是否满足设计规范要求	负责按照设计图纸要求核对并检查低压配电、防雷接地部分预埋、预留项目,核对低压配电用房净空、净宽、结构质量是否满足设计规范要求	负责按照设计图纸要求核对并检查低压配电、防雷接地预留项目,核对低压配电用房净空、净宽、结构质量是否满足设计规范要求	负责按照设计图纸要求预埋、预留	

序号	接口专业	接口内容	接口具体要求	本专业负责内容	接口专业负责内容	备注
35	信息化系统	提供数据编码、信息、文件、相应接口条件	中标单位应指定专人负责温州市域轨道交通数据中心各项接口工作,参加相关培训,全力配合温州市域轨道数据中心建设、资产管理及运营生产管理项目的实施。后期涉及与数据中心的数据编码、信息、文件、文通数据接口严格按照《温州市域轨道交通接口规范》执行。中标单位不得以此为由增加任何商务要求	根据温州市域轨道数据中心接口规范要求提供数据编码、信息、文件、相应接口条件等	提供温州市域轨道数据中心接口规范	

附表 13　站台门专业接口关系

序号	接口专业	接口内容	接口具体要求	本专业负责内容	接口专业负责内容	备注
1	车辆	要求车辆专业提供车辆参数表	实现车辆门与滑动门一一对应，保持站台门系统不侵界		提供如下车辆参数表实现车辆门与滑动门一一对应，保持站台门系统不侵界情况及车门紧急解锁的相关要求： （1）列车车门的数量、布置等； （2）车辆的尺寸参数	单向接口
2	信号	站台门系统运行模式、控制方式	信号系统向站台门系统提供编组信息、开门和关门的命令信息。站台门系统应向信号系统提供连续的安全门状态信息及旁路信息	1. 提供接口分界点站台门系统侧的所有接口设备。 2. 配合接口的功能、性能测试及联合调试	1. 提供接口分界点信号系统侧的所有接口设备。 2. 负责与站台门系统间的接口电路设计。 3. 负责实施本接口的功能、性能测试及联合调试	站台门设备室内的配线架外线端子处
3	信号	站台中心坐标	站台门专业提供给信号系统站台中心坐标	站台门专业提供	信号专业提资	单向接口
4	通信	站台门负责从LCD播放控制器输出端引线至LCD屏。通信负责将LCD播放控制器安装在站台门控制室内，并提供HDMI信号	接口类型：HDMI； 物理接口：视音频接口；接口数量：共38个，每座车站2个	站台门系统负责从LCD播放控制器输出端引线至LCD屏	通信系统负责将站台门LCD播放控制器安装在站台门控制室内，并提供HDMI信号	站台门LCD播放控制室LCD播放输出端
5	通信	通信负责将LCD屏播放控制器安装在屏蔽门/安全门控制室内，从屏蔽门控制室内的墙插取电	接口数量：1个		通信专业负责将LCD屏播放控制器安装在屏蔽门/安全门控制室内，从屏蔽门控制室内的墙插取电	

序号	接口专业	接口内容	接口具体要求	本专业负责内容	接口专业负责内容	备注
6	ISCS	在站台门系统和 ISCS 之间提供通信通道	10/100 Mb/s 以太网，TCP/IP 协议，RJ45 接口	提供冗余的以太网接口与 ISCS 的 FEP 连接	提供站台门系统控制器到与车站 ISCS 的 FEP 相连（网络电缆（带编号），通过 FEP 进行协议转换	车站站台门设备室
7	ISCS	在 IBP 盘上提供站台门的控制按钮和指示灯	单回路，单常开无源干触点，硬线接口	提供并敷设站台门系统控制器到车站车控室 IBP 接线端子的硬线电缆（带编号）	负责提供 IBP 盘接线端子，统一布置 IBP 的按钮和指示灯	车站控制室 IBP 盘接线端子处
8	低压配电	1. 提供双电源。2. 提供接地端子箱	负责按照站台门专业要求提供低压配电的双电源及弱电接地端子箱，并负责安装测试配合站台门专业安装调试	站台门专业负责从双电源低压断路器出线下端引接进线电缆至本设备双电源接进线接口处。负责从接地端子箱端子排火引接至本设备	低压配电专业根据站台门要求提供低压配电的电源箱及弱电接地端子箱，并负责安装测试；配合站台门专业安装调试	
9	公共区装修	站台门协调装修风格要求	确定站台门系统安装方式、位置，尺寸、设备数量稳定、车固安装	站台门系统提供结构造尺寸、固定方式，安装方式及大样；相关所需预留预埋要求	公共区装修专业根据站台门要求提供站台门系统一协调装修风格并完成装修接口	
10	限界	站台门系统限界要求	站台门系统设备布置满足限界要求，站台门系统在施工时应与限界专业进行配合	提供站台门系统设备布置	限界专业提供站台门系统限界要求	
11	土建	土建提供站台门安装条件	确定站台门系统安装方式、位置，尺寸、设备数量稳定、车固安装	站台门系统提供结构造尺寸、固定方式，安装方式及大样；相关所需预留预埋要求	土建提供车站站台平、剖面图，车站顶梁结构图	

序号	接口专业	接口内容	接口具体要求	本专业负责内容	接口专业负责内容	备注
12	信息化系统	提供数据编码、信息、文件、相应接口条件	中标单位应指定专人负责温州市域轨道交通数据中心各项接口工作，参加相关培训，全力配合温州市域轨道交通数据中心建设、资产管理及运营生产管理项目的实施。后期涉及与数据中心的数据编码、信息、文件、接口严格按照《温州市域轨道交通接口中心规范》执行。中标单位不得以此为由增加任何商务要求	站台门系统专业根据温州市域轨道数据要求的接口提供数据编码、信息、文件、相应接口条件等	提供温州市域轨道数据中心接口规范	

附表 14　自动售检票专业接口关系

序号	接口专业	接口内容	接口具体要求	本专业负责内容	接口专业负责内容	备注
1	通信	通信专业提供控制中心至灵昆车辆段、桐岭车辆段的 100 Mb/s 以太网点到点传输通道	接口数量：控制中心 3 个，桐岭车辆段 3 个，灵昆车辆段 3 个。物理接口：FE 电口。接口类型：RJ45。线缆规格：超五类网线。接口协议：以太网协议	AFC 专业负责由 AFC 机房接至通信设备室配线架外侧的网络电缆、敷设电缆	通信专业提供满足 AFC 要求的传输通道，开放通信协议接口单元，接口通信协议	控制中心，灵昆车辆段和桐岭车辆段通信设备室配线架外侧线端子
2	通信	通信专业提供连接控制中心、车站、车辆段的 1 000 Mb/s 以太网传输通道	接口数量：控制中心 2 个，各车站、车辆段及桐岭车辆段各 2 个，灵昆车辆段 2 个。接口类型：GE 光口；物理接口：FC/PC；线缆规格：多模光纤；接口协议：以太网协议	AFC 专业负责由 AFC 专业接至通信设备室配线架外侧的网络电缆、敷设电缆	通信专业提供满足 AFC 要求的传输通道，开放通信协议接口单元，接口通信协议	车站、车辆段通信设备室配线架外侧线端子
3	通信	通信专业在车站中向 AFC 系统中的车站计算机系统（SC）提供 UPS 电源（一级负荷）	接口类型：硬线；接口数量：每个车站一处。AFC 专业提供输出分路按要求提供输出分路	AFC 专业提出电源要求，负责接线，敷设电缆	通信专业提供满足 AFC 要求的输出分路	车站通信配电源交流配电屏内的输出分路端子
4	通信	通信专业在控制中心、灵昆车辆段、桐岭车辆段为 AFC 系统提供标准时钟信号（一级母钟）	接口数量：控制中心、灵昆车辆段、桐岭车辆段各 1 个。接口类型：RJ45	AFC 专业负责由 AFC 机房接至通信设备室配线架外侧的网络电缆、敷设电缆	通信专业在控制中心和灵昆车辆段为 AFC 系统提供标准时钟信号（一级母钟）	控制中心，灵昆车辆段、桐岭车辆段通信设备室配线架外侧线端子
5	通信	监控摄像机安装	通信专业在每个车站的票务管理室、客服中心、闸机和 TVM 附近设摄像机	AFC 配合通信专业 CCTV 监控调试	通信专业负责安装	各车站票务管理室、客服中心及站厅

序号	接口专业	接口内容	接口具体要求	本专业负责内容	接口专业负责内容	备注
6	ISCS	AFC专业为ISCS专业在OCC的服务器上提供相关的客流和设备运行状态等数据。ISCS专业提供数据交换的格式和接口要求	接口类型：10/100 Mb/s 以太网、TCP/IP协议、RJ45接口；接口位置：ISCS设备室内配线架的接线端外侧	提供客流统计数据（以车站为单位）；提供车站的客流标志信息；接收车站终端设备信息（运行、非运行两种状态）。车站AFC处于紧急/降级模式时，可及时将其状态信息发送到ISCS。ISCS回应ISCS对通道的检测	接收客流统计数据（以车站为单位），接收大客流标志信息；接收车站终端设备信息（运行、非运行两种状态）。车站AFC处于紧急/降级模式时，可及时将其状态信息发送到ISCS。ISCS系统每间隔2 s检测ISCS与AFC之间的通道	
7	ISCS	控制AFC自动检票机全部释放（紧急情况的直接操作）；接收自动检票机释放反馈信号	接口类型：硬线连接，双回路无源干触点；接口位置：IBP盘接线端子	车站紧急模式控制	IBP操作盘	
8	FAS	1. AFC自动检票机全部打开（紧急情况的直接操作）。2. 监视紧急情况下自动检票机开闸情况	接口数量：2处；接口类型：硬线连接，单回路无源干触点；接口位置：紧急按钮控制箱	1. 接收FAS火灾指令，实现紧急模式控制，释放自动检票机。2. 发送紧急情况下自动检票机开闸情况反馈信号	1. 火灾情况下，控制AFC释放自动检票机。2. 接收紧急情况下自动检票机开闸情况反馈信号	
9	ACS	AFC在S1线员工卡片上预留写入门禁数据的储存区域，配合接口调试	预留条件	在S1线员工卡片上预留写入门禁数据的储存区域，配合接口调试	向S1线员工卡片内写入门禁数据并于各读卡器处读取，负责接口调试	
10	控制中心智能化系统	AFC专业在S1线员工卡片上预留写入食堂、停车、门禁数据的储存区域，配合接口调试	预留条件	在S1线员工卡片上预留写入食堂、停车、门禁数据的储存区域，配合接口调试	向S1线员工卡片内写入食堂数据并于各读卡器处读取，食堂、停车、员工卡片负责接口调试	S1线员工卡片

序号	接口专业	接口内容	接口具体要求	本专业负责内容	接口专业负责内容	备注
11	低压配电	实现 AFC 系统与低压配电系统的连接，为 AFC 设备提供电力和接地保护	电源要求：一级负荷；电源接口位置：双电源切换箱低压断路器出线下端端子排处；接地接口位置：接地端子排端子排处	AFC 专业提供电源容量、位置，及接地等要求；负责从双电源切换箱低压断路器出线下端接进线电缆至 AFC 设备接口处；负责从接地端子排接口处引接至 AFC 设备	低压配电专业负责照 AFC 专业要求提供低压电的双电源端子箱，并负责弱电接地端子排；配合 AFC 专业安装测试	
12	车站设备区装修	按时提供装修完成的设备用房，负责防火封堵、防水封堵	1. 按设计图标准及系统专业要求提供设备基础、墙体、静电地板、地面处理、吊顶、门窗、照明、墙面装修、空调设备、附属配件等。 2. 设备区防火封堵、防水封堵	AFC 专业负责提供系统设备基础数据，负责系统上开墙内的管线在墙体上开槽敷设，开槽后对墙体进行补洞填实清理及穿越墙体砌筑墙的洞口预留提资，对风口安装位置提出要求，及提出设备房装修其他要求	装修专业按设计图纸标准及系统专业需求提供设备基础、静电地板、地面处理、墙体、门窗、照明、墙面装修、吊顶、门窗、空调设备、附属配件等施工。负责设备区所有洞口的防火封堵	
13	公共区装修	AFC 专业提供公共区的缆数设预留条件装修方面要求		AFC 专业提供公共区的装修方面要求；负责 S1 线车站闸机上方 LED 导向安装施工及调试	装修专业完成相关设计并反馈，负责完成 S1 线桐岭南站与温州南站的 AFC 闸机上方龙门架下端、制作安装，龙门架下端顶部预留维修和穿线的开孔，龙门架内部具备穿线条件，根据 AFC 终端布置图在闸机通道上方的龙门架预留出线口	通用做法

序号	接口专业	接口内容	接口具体要求	本专业负责内容	接口专业负责内容	备注
14	车辆段	管理界面		AFC专业负责站及车辆段部AFC施工管理、施工监理	车辆段工程部负责车辆段内的属地管理	
15	车辆段	设备用房	面积大小、结构需求	AFC专业提供AFC系统设备用房面积需求	车辆段工程部负责根据AFC要求提供设备用房	
16	车辆段	设备用房装修	装修工艺要求	AFC专业提供设备用房装修工艺要求	车辆段工程部按装修车辆段AFC设备用房，并满足车辆段AFC电源室、湿度、通风等环境及消防条件	
17	车辆段	实现AFC系统与车辆段的连接，为低压配电系统的连接AFC设备提供电力和接地保护	电源要求：一级负荷；电源接口位置：双电源切换箱低压断路器出线下端口；接地接口位置：接地端子箱端子排处	AFC专业提供电源容量、位置及接地等要求；负责从双电源切换箱低压断路器出线下端口引接进线电缆至AFC设备接口处；负责从接地端子箱子排处引接至AFC设备	车辆段工程部负责按照AFC专业要求提供低压配电的双电源箱及AFC接地端子箱，并负责AFC专业安装调试	
18	控制中心	实现AFC系统与控制中心低压配电系统的连接，为AFC设备提供电力和接地保护	电源要求：一级负荷；电源接口位置：双电源切换箱低压断路器出线下端口；接地接口位置：接地端子箱端子排处	AFC专业提供电源容量、位置及接地等要求；负责从双电源切换箱低压断路器出线下端口引接进线电缆至AFC设备接口处；负责从接地端子箱子排处引接至AFC设备	装置公司负责按照AFC专业要求提供低压配电箱的双电源端子箱，并配合AFC弱电接地测试，配合AFC专业安装调试	

序号	接口专业	接口内容	接口具体要求	本专业负责内容	接口专业负责内容	备注
19	控制中心	根据 AFC 要求满足 AFC 设备室、AFC 电源室的温度、湿度、通风等室上下水及消防的条件		AFC 专业提供设备通风空调的环境及消防方面的要求	置业公司根据控制中心的 AFC 要求满足控制中心的 AFC 设备室、AFC 电源室的温度、湿度、通风等环境及消防条件；洗票室上下水的条件	
20	信息化系统	FTP 方式接入基础参数、票卡交易、票务管理统计报表原始采入信息,票务收入、客流信息;SOCKET 方式接入设备告警故障信息	接口协议：FTP、SOCKET	具备软件接入条件	提供温州市域轨道数据中心接口规范,规范中明确了双方分工界面以及相应的责任与义务。具备软件接入的条件	
21	信息化系统	二维码刷卡数据、二维码实收数据	接口协议：FTP	具备软件接入条件	提供温州市域轨道数据中心接口规范,具备软件接入的条件	
22	信息化系统	订单信息推送及支付信息反馈	网闸：HTTP	具备软件接入的条件	IACC 系统将二维码订单信息通过网闸推送给 ITPS,ITPS 支付完成后将信息反馈 IACC	
23	信息化系统	对账单推送	接口协议：FTP	具备软件接入的条件	ITPS 系统生成对账单,存放在 FTP 服务器上,IACC 通过 FTP 服务获取对账单	

参考文献

[1] 中国土木工程学会. T/CCES 2—2017 市域快速轨道交通设计规范[S]. 北京：中国建筑工业出版社，2017.

[2] 中国铁道学会. T/CRSC 0101—2017 市域铁路设计规范[S]. 北京：中国铁道出版社，2017.

[3] 中华人民共和国住房和城乡建设部，中华人民共和国国家质量监督检验检疫总局. GB 50157—2013 地铁设计规范[S]. 北京：中国建筑工业出版社，2013.

[4] 温州市铁路与轨道交通投资集团有限公司. 温州市域铁路创新与实践[M]. 北京：人民交通出版社，2019.